JN302076

物権法

滝沢聿代
Takizawa Itsuyo
【著】

三省堂

はしがき

　物権法は、土地、建物の利用や身近な生活用品に対する権利関係を中心に、人々の日常生活を直接に支配する法であるから、具体的であり、国や地方の社会生活の実態をそのまま反映するものとなる。この意味では家族法と共通のものがあると言えよう。債権法のルールがどちらかと言えば抽象的、普遍的であり、近時ヨーロッパ法やアメリカ法の影響下にあって、活発な法改正への試みに容易になじんでいることとは対照的である。
　したがって、日本民法の歴史においても、物権法は導入された西欧法と固有、土着の法との相克という問題に各所で突き当たり、そこに法社会学が発展する場となってきた。たとえば、永小作権という物権の創設によって、旧慣習法上の小作人が蒙った不利益と小作争議、戦後の農地改革による自作農創設などの歴史的経緯や、入会権という伝統的な物権を保護する試みのために、農村や農民生活の調査が活発に行われたことなどが注目される。また、民法物権編の条文には、各所に「(規定と) 異なる慣習があるときは、その慣習に従う」という文言が挿入されており、民衆の生活と切り離されたかたちでは、物権法が機能しないことを知り得る。立法に当たっては、当然地方の慣習の存在などの調査も不十分ながら行われ、近代法の体系に合う物権へと整理がなされている。
　このように日本の物権法は、主としてはドイツ民法の物権編の構造を受け継ぎ、近代的な所有権法を中心に据え、独仏法とも共通する各種の制限物権を取り揃えているけれども、日本法としての独自性を当初から明確にしているのであり、その特色に注目しながら全体像を把握して行くことが必要である。とりわけ、物権変動の規定がフランス法から継受された意思主義・対抗要件主義を採用していることは重要であり、日本法の歴史が生み出したこの特徴のために、日本民法ならではの多彩な議論が不可避となった。さらに、解釈論のレベルになると、この制度はドイツ民法の影響をも大幅に取り込んでおり、独仏法の混在が顕著に見られる状況もある。これらは、以下の本論で明らかにすることになろう。
　日本社会の土地事情が反映されている独自の法状況も見られる。たとえ

はしがき

ば、わが国では、他人の土地を利用する関係においては、物権である地上権よりも賃貸借契約という債権契約が圧倒的に広く活用されている。国土や地形の影響によって、建物建築のための土地が相対的に狭く、他方、最近では下降気味であるとは言え、都市部の人口密度はかなり高い。したがって、土地を借りる側より貸す側に有利な社会状況があり、上述のような現象を生んだのであるが、そこに強力な借地権保護という日本法独自の展開も生まれた。こうした地上権の低迷という事情のほかに、前述した永小作権が現行法としてはほとんど機能していない現状も特殊日本的である。21世紀の今日、遠からず法改正の手が物権法にも及ばなければならず、新たな法形成の試みとその実現が求められていると言えよう。本書でも、できるだけこうした方向に沿った検討を加えることを目指し、民法改正のあり方に問題提起して行くことができたらと考えている。

　法科大学院の開設以来、法学教育のあり方は実務教育へと大きくシフトし、それに伴って伝統的な民法解釈学への関心には、少なからず衰えも見られる。しかし、最も大切なことは司法試験に合格することであり、法曹になって刑事裁判や民事裁判に関わることであろうか？　その重要性を否定する余地はもちろんないであろうが、少なくとも制度が適切に機能するためには、そのベースとなる国民的知性が不可欠である。すなわち、学問的視野に立って、法制度に未知の可能性を探るための研究活動がなくてはならず、また裁判制度全体を支える市民一般の法学的教養の高さが、常に求められているはずである。このような意味で、法科大学院については、若い人たちが夢に向かってチャレンジされることを最大限に応援できる体制が望ましいと考える一方、法学部の教養志向の伝統も捨てがたいと見て、両者が併存している現状を前向きに肯定したいと考えている。本書もそのような観点から、法と正義の世界に関心を持たれる皆さんに、幅広く読んで頂ければと期している。

　本書の内容は、民法の学説・判例の最も今日的な展開を概説したつもりであるが、基礎的な事項については、我妻栄＝有泉亨著・新訂物権法（民法講義Ⅱ）岩波書店1983年版に依った部分が少なくない。しかし、研究書を兼ねた我妻・民法講義においては、著者の情熱の赴くままに展開された

はしがき

詳細な研究成果の記述が、簡単には読み通せない迷路をなしていることもしばしばである。そのような場合には、法科大学院や法学部での学習に必要かつ有益と考えられる部分をピックアップし、私の言葉で書き直すことを試みた。

　いずれにしても、執筆に当たって心したことは、条文に即して、体系的な把握ができるようにということであり、その観点から、物権変動以外の領域においても、自説の議論をかなり自由に展開している。もちろん、上述の民法講義のほかにも、舟橋諄一・物権法（法律学全集）有斐閣1960年、星野英一・民法概論Ⅱ（物権・担保物権）良書普及会1976年、その他最近の何冊かの物権法のテキストをたびたび参照させていただき、重要な記述にはかならずどれかの一書を引用して、比較、参照できるように配慮した。また、物権変動論に関しては、拙著・物権変動の理論（有斐閣、1987年）、物権変動の理論Ⅱ（有斐閣、2009年）の内容を取り込むようにしたので、引用も多くなった。

　大部な教科書には詳細な書き込みがなされ、たくさんの知識が詰め込まれている。十分消化できればそれに越したことはないが、実は必要なときに資料に当たって確かめれば足りるような内容も少なくはない。民法を使えるようになるためには、細かい知識に拘泥するよりは、全体のストラクチュアを捉え、自ら考える手がかりをしっかり持つことが大切である。このような意図が、本書を使われる方々に、いくらかでも実感していただければ、これに過ぎるよろこびはない。なお、表現においては、なるべく明快さを出すべく、割り切ることを恐れずに書いている。法律学においては絶対の答えを求め得ないことを、読者は十分承知されていると考えるが、なお類書に当たって他説の立場を知り、必要に応じてより深く詳細な記述のある書を読み込む等の努力をしていただければと考える。また本書は、図式化もほとんど取り入れていないので、すべて文章を通して理解し、必要に応じて読者自らが図式化を試みながら読んで下さることを期待している。図式は、工夫された作者の満足ほどには、他人には分かり易いものではないとの経験から、あえて労を省いたが、学習に際してのその効用は改めて強調したいと思う。

はしがき

　本書のように、少なくとも物権法の前半を扱うテキストをまとめてみたいと考えるようになってから、たちまちに数年が過ぎてしまった。法科大学院で授業を担当している間に完成できるべきであったにもかかわらず、定年退職した後も雑事に紛れたり、思いがけない病気に出会ったりして、出版に至る道のりは容易くはなかった。この誠にささやかな本書が、それでも日の目を見ることができたのは大きなよろこびであり、不備な条件の下で、前向きにご協力下さった三省堂に厚くお礼申し上げたい。原稿の整理にあたっては、法政大学での元ゼミ生・茂呂敏宏弁護士に見直しをお願いし、種々の貴重なご指摘を頂くことができて有難かった。また、企画、校正等に多大なご助力を頂いた編集担当の鷲尾徹氏にも心から感謝申し上げます。

　平成25年2月

著　者

目 次

第1章　物権法の基礎

第1節　物権法の対象 …………………………………………………… 13
1　物権法の範囲　13
2　物権法の特徴　14

第2節　物権・物・財産 ………………………………………………… 15
1　物権の意義　15
2　物の概念と種類　16
　(1)　物の概念　16
　(2)　物の種類　17
3　資産ないし一般財産　19
4　物権と債権の区別　20
　(1)　物権の排他性　20
　(2)　物権の目的　22

第2章　物権の効力

第1節　物権法定主義 …………………………………………………… 25

第2節　優先的効力 ……………………………………………………… 27
1　各種の効力　27
2　優先的効力　27

第3節　物権的請求権 …………………………………………………… 29
1　物権的請求権の意義　29

2　物権的請求権の内容　30
　　3　判例の検討　34

第3章　物権変動

第1節　物権変動の意義　39
　1　各種の物権変動　39
　2　混同　40

第2節　公示制度　42
　1　公示の原則と公信の原則　42
　　(1)　それぞれの定義　42
　　(2)　公示と公信の一体的把握　43
　2　不動産登記制度　44
　3　ドイツ法主義とフランス法主義　48

第3節　意思主義・対抗要件主義　49
　1　民法176条・177条の沿革　49
　2　意思主義の2つの解釈　51
　　(1)　フランス法的な解釈・有因主義　51
　　(2)　ドイツ法的解釈・物権行為の独自性　52
　3　所有権移転の時期　54
　　(1)　契約成立時移転説と反対説　54
　　(2)　請負契約における所有権移転の時期　57
　4　対抗と対抗要件主義　58
　　(1)　対抗の一般理論　58
　　(2)　対抗要件主義　59

第4節　二重譲渡の理論構成　60
　1　議論の意義　60
　2　諸説の展開　62
　3　法定取得－失権説の補足　66

第5節　第三者の範囲··70

1　第三者の定義　70
2　第三者の具体例　74
　(1)　第三者となる場合　74
　(2)　第三者とならない場合　75
3　第三者の主観的要件　76
4　背信的悪意者排除説　78
　(1)　判例の展開　78
　(2)　悪意と背信的悪意の区別　80
　(3)　転得者の保護　81

第6節　登記すべき物権変動の範囲··································86

1　意義と課題　86
2　公用徴収と登記　88
3　遡及的物権変動と登記　89
　(1)　取消と登記　89
　(2)　解除と登記　90
　(3)　取消・解除のまとめ　92
　(4)　無効と登記　92
4　相続と登記　93
　(1)　共同相続と登記　93
　(2)　遺産分割と登記　95
　(3)　遺贈と登記　96
　(4)　相続放棄と登記　97
5　取得時効と登記　98
　(1)　判例理論　98
　(2)　問題点とその分析　100
　(3)　いわゆる二重譲渡ケースの問題　102
　(4)　取得時効と抵当権の関係　104

第7節　登記の効力··106

1　登記の有効性　106
2　登記の対抗力　108

3　登記の権利推定力　110
　4　登記の公信力・民法94条2項の類推適用　111
　5　仮登記　113
　6　登記請求権　116

第8節　動産物権変動と対抗要件 ……………………………117
　1　引渡の態様　117
　2　明認方法と特別法による対抗要件　120
　3　第三者の範囲　121

第4章　占有権

第1節　占有の成立 ……………………………………………123
　1　占有・占有権の意義　123
　2　占有の要素　124
　3　占有の種類　126

第2節　占有の承継 ……………………………………………132
　1　占有承継の意義　132
　2　占有承継の効果　134

第3節　占有の効力 ……………………………………………136
　1　本権の推定　136
　2　果実の収取と返還・損害賠償　138
　　(1)　善意占有者の果実収取権　138
　　(2)　占有者と回復者の関係　139
　3　占有による家畜外動物の取得　141

第4節　即時取得 ………………………………………………142
　1　即時取得の意義　142
　2　即時取得の成立要件　143
　3　即時取得の効果　149
　4　盗品・遺失物に関する特則　150

第5節　占有訴権····················152

1　占有訴権の意義　152
2　各種の占有訴権　154
3　占有訴権と本権の訴えの関係　157

第6節　占有の消滅··················159

第7節　準占有····················160

第5章　所有権

第1節　所有権の意義················163

1　所有権の歴史　163
2　所有権の一般的性質　165

第2節　所有権の内容················166

1　所有権の範囲と制限　166
2　所有権の効力　168

第3節　相隣関係··················170

1　現代社会と相隣関係の意義　170
2　隣地の使用に関する規定　171
3　隣地の通行に関する規定　171
4　流水に関する規定　175
5　境界・囲障に関する規定　175
6　竹木の枝・根の切取りないし切取り請求権　176
7　境界付近の建築・掘削の制限　177

第4節　所有権の取得················178

1　先占・遺失物の拾得・埋蔵物の発見　178
2　附合・加工・混和　179

第5節　共有 ……………………………………………………… 182

1　共有の意義と態様　182
2　共有の法的性質　185
 (1)　共有の成立　185
 (2)　共有の内部関係　185
 (3)　共有の対外関係　188
3　共有物の分割　188
4　準共有　191
5　建物区分所有法の共有　192

第6章　用益物権

第1節　用益物権の意義 ……………………………………………… 195

第2節　地上権 ………………………………………………………… 196

1　地上権の法的性質　196
2　地上権の取得と消滅　197
 (1)　地上権の取得　197
 (2)　地上権の消滅　199
3　地上権の効力　200
4　区分地上権　201
5　地上権と賃借権　202
6　地上権の将来　203

第3節　永小作権 ……………………………………………………… 204

1　永小作権の意義　204
2　永小作権の内容　205
3　永小作権の将来　206

第4節　地役権 ………………………………………………………… 208

1　地役権の意義　208
 (1)　地役権の特徴　208

(2)　地役権の種類　209
 2　地役権の取得と消滅　211
 3　地役権の効果　212
　(1)　付従性・随伴性　212
　(2)　不可分性　212
　(3)　地役権者の権利義務　213
　(4)　最近の判例　213
 4　地役権の将来　215

第5節　入会権 ……………………………………………………216

 1　入会権の意義　216
　(1)　入会権の特徴　216
　(2)　入会権の形成と変化　217
 2　入会権の法的構成　218
 3　判例における入会権の展開　220
 4　入会権の将来　222

　参考文献　225
　事項索引　226
　判例索引　231
　民法条文索引　236

装丁＝志岐デザイン事務所
組版＝木精舎

凡　例

◆**判例の略記**
　判決は「判」、決定は「決」と略記した。
　大　　　　大審院
　大連　　　大審院連合部
　最大　　　最高裁判所大法廷
　最　　　　最高裁判所
　高　　　　高等裁判所
　地　　　　地方裁判所
　支　　　　地方裁判所支部

◆**判例集・雑誌の略記**
　民集　　　　大審院民事判例集
　　　　　　　最高裁判所民事判例集
　刑集　　　　最高裁判所刑事判例集
　民録　　　　大審院民事判決録
　刑録　　　　大審院刑事判決録
　新聞　　　　法律新聞
　裁判集民事　最高裁判所裁判集民事
　下民集　　　下級裁判所民事裁判例集
　判時　　　　判例時報
　判タ　　　　判例タイムズ
　判例百選　　別冊ジュリスト民法判例百選

◆**法令名の略記**
　仮登記担保法　　　　仮登記担保契約に関する法律
　区分所有法　　　　　建物の区分所有等に関する法律
　動産及び債権譲渡特例法　動産及び債権の譲渡の対抗要件に関する民法
　　　　　　　　　　　　　の特例等に関する法律
　不登法　　　不動産登記法
　立木法　　　立木ニ関スル法律

◆**文献の略記**
　略記した文献を含めて巻末に「参考文献」を掲げた。

第1章

物 権 法 の 基 礎

第1節　物権法の対象

1　物権法の範囲

　1896年に成立した日本民法は、1条から1044条までで成り立っており、枝番号を含めても民法典としては条文数が少ない方である。これらの条文は、ドイツ民法典に倣って、パンデクテンと呼ばれる編纂方式に従って、総則・物権・債権・親族・相続の5編に分けて編集されている。そのうちの第2編の、物権と題されている範囲が物権法の対象となるけれども、ここで取り上げるのは、その前半部分だけであり、民法175条から294条までを扱うことになる。民法の編別では、物権編は398条の22までであるが、最後の部分は根抵当権に関する条文である。すなわち、民法295条以下には、留置権・先取特権・質権・抵当権という4種の担保物権が規定されているので、本来はそれらを合わせて物権法の全体像を把握することが望ましい。しかし、担保物権だけを扱う優れた教科書は多数見られるので、それらを併用することができるであろう。書名を物権法としながらも、本書は必要に応じて担保物権に言及しているだけで、物権の一般理論と物権変動、占有権、所有権と4種の用益物権を直接の対象としている。

　このうち物権の一般理論に関しては、第1編・総則のうちの第4章物という表題の下に置かれた規定、すなわち民法85条から89条までを合わせ

て参照することができる。しかし、物権編にはあまり規定がなく、民法175条の物権法定主義が注目されるのみである。物権変動に関しては、著名な民法176条、177条と動産の対抗要件に関する民法178条がある。そこに物権の混同に関する民法179条を含めて第1章が構成され、ここまでが物権編の総則と題されている。この後は、民法に規定される10種の物権のそれぞれが、概ね章単位で個別に扱われているので、ここでは担保物権を除いて、第2章から第6章までを扱うことになる。なお、入会権については章が置かれていない。このような枠組みの中で、条文の少ないところは、学説、判例による解釈論が規範を作り出して、物権法が成り立っているわけである。

上述したのは民法典の範囲における物権法についてであり、その周辺に特別法による多数の民法規範があることは言うまでもない。とりわけ不動産登記法は重要であるが、それと関連する動産及び債権譲渡特例法、建物区分所有権法、立木法、遺失物法等もここで扱う物権法の範疇にあり、必要に応じて言及する。また、借地借家法も、その成立史とともに賃借権の物権化という現象を反映するものとしてきわめて重要である。担保物権の領域では、工場抵当法、抵当証券法、自動車抵当法、仮登記担保法などに注目すべきであるが、公法関係に視野を広げるならば、河川法、道路法、土地収用法、建築基準法等が物権法に影響を及ぼすことは当然であり、法体系全体の中での物権法の位置づけに配慮することも不可欠である。

2　物権法の特徴

物権法は物の法であるが、人の法と密接に絡み合いながら民法を形成している。物権法の対象となる「物」は、自然界に存在する物の具体性を基盤にしているため、当然ながら慣習や人々の生活感情と深く結びついている。したがって、物権法はとりわけその国の伝統や文化を反映することにもなると言えよう。債権法がその抽象性ゆえにどちらかと言えば普遍的で、法改正にもなじみやすいのと対照的である。

また、民法物権編は、物権という法定の権利の構成を提示することが主要な課題となるため、全体としては動的というよりむしろ静的な特徴を示す分野である。とはいえ、それぞれの物権が有効に機能するためには、法

に不可欠の柔軟性が求められ、その結果必然的に解釈論の複雑さをも伴うことになるので、物権法も決して単純ではない。また、担保物権は債権債務関係と切り離して論じることができないし、さらに物権変動においては、契約のみならず、相続、時効取得のような法定の所有権取得原因を論じる必要もあるため、この領域でも法のダイナミックな側面は十分観察することができる。

第 2 節　物権・物・財産

1　物権の意義

　民法の財産編が物権と債権という2つの権利の区別を柱に構成されていることは、ローマ法以来の伝統である。すなわち、物を直接支配し、そこから利益を得るための権利という意味での物権と、人と人とを結びつけて給付義務により相手を拘束する債権ないし債権債務の概念は、財産取引を行う法社会の基礎である。もちろん、ここで中心的に取り上げる物権の観念ないし概念も、人間社会の長い歴史を経て形成されたものであり、物と権利の関係をどのように捉えるかは、社会の構造や慣習に応じて当然ながら一様ではなかった。とりわけ、ゲルマン法とローマ法における物権の考え方の違いは顕著であり、日本の物権法にも両者の影響が及んでいる。
　ゲルマン法における物権の特徴は、大まかに言えば抽象的な理論化が進んでおらず、占有、利用を中心とするところにあり、物の利用関係の外形（ゲヴェーレ Gewere）があればそれに物権的支配権が認められた。また、利用中心であるところから、集合物・集合財産の上の物的支配が肯定され、社会の身分関係がそのまま物権に反映される傾向を示した。これに対してローマ法は、観念的で個人主義的な法体系をもっており、物の全面的な支配権である所有権とその一部を掌握する他物権との関係が明確にされていたし、本権と占有の峻別が見られた。一物一権主義もローマ法の特徴であった。すなわち、1個の物の上には同じ内容の物権は1つしか存在し得ず、1つの物権の客体は1個の物でなければならないという物権法の基

本原則である。つまり、われわれの物権法の大枠はローマ法に依拠しており、そこにゲルマン法的な制度が一部取り込まれていることになるが、このことは占有において特に顕著である[1]。

物権は物に対する直接の支配権であるという考え方に対しては、哲学者のカントやフランスの民法学者プラニオール（M.Planiol）などが異論を唱えており、法的関係は人と人との関係であって、物と人との間に法関係が生じることはあり得ないと説いている。プラニオールによれば、物権とはある人の物に対する支配権を当事者以外のすべての人に認めさせる権利である[2]。もっともな主張であるけれども、彼の主張は結局法を守るべき一般的な義務に帰するのであり、物や物質も法の世界の一部を構成しているのだとカルボニエは述べている[3]。今日のフランス法の通説でも、物権は物に対する直接の支配権であると論じられている。

前述したように、物権の中心は物に対する全面的な支配権とされる所有権にある。用益物権と担保物権のそれぞれは、いずれもその他の物権であるから他物権と呼ばれ、所有権のもつ支配内容を一部取り出して独立した物権に構成したものである。したがって、他物権は所有権の内容を制限するかたちで成立することにもなり、制限物権とも呼ばれる。民法にはこのほかに、物の事実的な支配を保護するための占有権という物権があり、合わせて10個の物権が規定されている。物権はこれだけに限られるわけではないが、民法上の物権が議論の出発点であることは言うまでもない。特別法上の物権としては、租鉱権、採石権、漁業権等のほか、商法上の担保物権も多い。

2　物の概念と種類

(1)　物の概念

物権は物に対する権利であるから、対象となる物の範囲を明確にしておくことが必要であろう。民法85条は、「物とは、有体物をいう」と規定しており、これが物権法の前提である。固体、液体、気体が有体物に当たる。

---

(1)　我妻＝有泉・新訂物権法2頁以下、近江・物権法〔第3版〕178頁以下参照。
(2)　M. Planiol, Traité élémentaire, 1986,I, n° 2158 .
(3)　J. Carbonnier, Droit civil, t.3, Les biens, 2000, p.75

しかし、債権の準占有という概念や無体財産権上の担保物権などの例を考えれば、例外として、物以外を対象とする物権もあることは認めなければならない。電気については、有体性がないので物とはならないため、古くには、電気窃盗は窃盗罪を構成しないのではないかという問題が生じた。大審院は管理可能性があることを理由に窃盗罪の成立を認め（大判明治36年5月21日刑録9輯874頁）、後にそれが刑法に明文化された。現行刑法245条は、窃盗及び強盗の罪の章に、「この章の罪については、電気は、財物とみなす」としている。同様にして、熱、光、電波等についても、有体性がないゆえに物権法の客体となり得ないのではないか、という疑問が生じる。法の客体としての物は、物理学上の有体物とは異なる概念であるから、有体物を原則としつつも、独立の取引価値を有し、管理可能性があり、排他的支配ができる存在であれば、広く法律上の物に含まれることを肯定すべきである。学説の多くもそのように説いている[4]。

しかし、実際の取引において物権の客体となる物は、ほとんどが有体物である。民法総則第4章では、先の民法85条に続いて、民法86条が不動産、動産の区別を定義しており、民法87条が主物と従物の関係を規定する。民法88条、89条は元物と果実の概念およびその帰属の仕方を明確にしている。これらの条文はいずれも物権法の重要な構成要素であるが、その他にも、民法に規定のないいくつかの物の分類が必要であり、以下にはその主要なところをまとめておく[5]。

(2) 物の種類

ここには、物権法を論じる場合に必要となる主な用語と概念を整理しておく。もちろん、物権法のみならず債権法においてもこれらの物の概念は重要な意味をもつが、民法において物がどのような観点から区別され得るかを概観しておくことは有意義であるに違いない。

①融通物・不融通物

私法上の取引の客体となり得るかどうかによる区別である。官公庁舎の

---

(4) 田中整爾・新版注釈民法(2)（有斐閣、1991年）588頁以下に詳細な議論が見られる。
(5) 田中・前掲書577頁以下参照、ただし、舟橋・物権法10頁は、排他的管理支配が可能であるとしても、民法の所有権、物権の規定をそのまま適用できるわけではない、とする。

ような公物、道路、河川、学校のように一般公衆の利用の対象となっている公用物などは、当然不融通物であり、また取引を禁止されている銃器、麻薬、国宝などは禁制物として不融通物である。それらの類に含まれず、取引の対象となる物はすべて融通物ということになる。

②消費物・非消費物

飲食物、燃料など使用によって存在を失う物は消費物であり、金銭は使用により帰属を変えて再度の使用が不可能となるのでこれに準じる。したがって、金銭には消費貸借、消費寄託の規定が適用される。その他の多くの動産、不動産は繰り返しの使用に耐えるので、非消費物である。

③代替物・不代替物

土地・建物、書画・骨董などのように、取引において物の個性が重視される物は不代替物である。新刊書や一般的な商品など、種類・品質・数量のみを指示して取引される物は代替物である。

④特定物・不特定物

特定の取引に際して、当事者が物の個性に着目したかどうかによる主観的区別である。土地・建物も分譲される場合などには不特定物として扱われ得るし、逆に代替物に個性を見出して（たとえば印刷の非常に鮮明な画集などを）、特定物として取引する場合もある。

⑤集合物

個々の独立物の集合体が一括して取引の対象とされる場合はこのように呼ばれる。集合動産譲渡担保などはその典型的なケースである。通常の取引の対象は単一物であるのに対して例外となる。

⑥金銭

金銭は商品流通を媒介する手段であり、交換価値として高度の代替性を持つ物である。したがって、物の個性を認めないという意味での観念化が徹底され、判例・学説により金銭に対する占有は同時に所有権を伴うものと解されている[6]。したがって、この立場では、金銭そのものに対する物権的請求権を認める余地がなく、金銭に対する返還請求は、通常一定量の金銭の引渡を求める不当利得返還請求の債権とならざるを得ない。しかし、この理論によると、金銭を奪われた者の保護は、本来物権的であるべきところが不当利得の債権に帰するので弱体となるであろう。そこで一定

の範囲で、金銭に対する追及効ないし物権的返還請求権（「価値の上のヴィンディカチオ」とも呼ばれる）を認める必要が主張されている[7]。

いかなる基準でこれを認めることができるかは難しく、今後の課題であるが、金銭が特定できる場合には、物に準じる扱いを認める余地もあることは確かである。金銭は本来、有体動産であり、消費物、代替物であるという側面をもっているので、金銭の共同保管によって共有関係が生じる（民法245条）ことを認めた古い判例も見られる（大判昭和13年8月3日刑集17巻624頁）。しかし、現在の判例・通説の立場からは、不当利得返還請求権を前提としつつ、一定の場合に金銭の支配者であった者に対して債権以上の優先的追及権を認める理論構成を工夫することになるであろう。

なお、梱包した金銭や特定の硬貨・紙幣などを、強制通用力とは無関係に取引の対象とする場合もあり、ここでは通常の動産の議論があてはまることは当然である。

3　資産ないし一般財産

動産、不動産、より具体的には土地、建物、パソコン、ピアノ、冷蔵庫、指輪、金銭等、財産的価値を有する物のすべては、人の資産を形成することによって、法的な意味をもつことになる。すなわち、工場で生産された商品は、単一の動産ないしは集合物として、まず工場主である製造会社（法人）の所有権の対象となり、売買契約を介して特定の法人または自然人の資産に取り込まれる。民法239条2項は、無主の不動産は国庫に帰属すると規定しているので、無主の動産（無主物となる）を除くすべての

---

(6)　最判昭和39年1月24日（判時365号26頁、判タ160号66頁）、神田英明解説・判例講義民法Ⅰ166頁参照。判決は次のように論じている。「金銭は、特別の場合を除いては、物としての個性を有せず、単なる価値そのものと考えるべきであり、価値は金銭の所在に随伴するものであるから、金銭の所有権者は、特段の事情がない限り、その占有と一致すると解すべきであり、また金銭を現実に支配して占有する者は、それをいかなる理由によって取得したか、またその占有を正当づける権利を有するか否かに拘わりなく、価値の帰属者即ち金銭の所有者とみるべきものである（昭和29年11月5日最高裁判所第二小法廷判決、刑集8巻11号1675頁参照）。……（後略）」

(7)　加藤・大系Ⅱ〔第2版〕262頁以下、四宮和夫「物権的価値返還請求権について——金銭の物権法的一側面」我妻栄先生追悼論文集・私法学の新たな展開（有斐閣、1975年）185頁以下、加藤雅信評論・判時780号（判例評論198号）145頁以下、滝沢聿代「金銭債権と金銭の相続」法政法科大学院紀要1巻1号34頁以下参照。

物は資産の一部を構成するといえる。物が制限物権の客体（対象）となる場合には、当該の物権により把握されている範囲の財産的価値において資産の一部を構成する。

　もちろん、人の財産には物権のみならず債権・債務が含まれ、積極財産（債権）と消極財産（債務）、現存する債権と将来債権等のすべてがそこに取り込まれる。したがって、資産の観念は必ずしも物権に固有のものではないが、物がどのような形態において法的意味を発揮するかを把握しておく必要はあろう。わが国のかつての家制度の下では、家の総財産を示す家産という概念が重要視されたけれども、家制度が廃止された後に、家産に代わる人の総財産についての考察はあまりなされず、責任財産だけが注目されてきた。資産の総体をなす一般財産は、もちろん債務の引き当て（担保）となる責任財産でもある。この点の理解は、担保物権を論じる場合に不可欠の前提となる。なお、資産は法人格に帰属して基本的に単一のものとして成立するが、信託財産の設定や相続財産について限定承認がなされたような場合には、部分的に資産の二重性が認められることになる。フランス法ではこのような資産の区分に関する議論が盛んである[8]。

4　物権と債権の区別

(1) 物権の排他性

　物権の概念を明確にするためには、財産法の2本の柱をなす物権と債権の比較を試みることが不可欠である。すでに1で述べたように、物権は物に対する直接の支配権であるから、権利の主体である人と物との関係は直接的である。物権はすべての人に対して主張できるという意味での絶対的効力、対世的効力もここに由来する。しかし、民法175条は、物権法の冒頭で物権法定主義を定めており、物権の内容は民法その他の法律によって明確にされなければならず、当事者が自由に創設することはできない。

---

(8) フランス法では資産（patrimoine）の意義がしばしば論じられている。最近では立法や判例によって資産の単一性に例外がしばしば認められ、資産の複数化の現象が見られるため、充当資産（patrimoine d'affectation）という用語も生じている。原恵美「信用の担保たる財産に関する基礎的考察——フランスにおけるパトリモワーヌ（patrimoine）の解明」慶大法学政治学論究63号357頁以下、片山直也訳（アンヌ=ロール・トーマ=レイノー著）「充当資産（la patrimoine d'affectation）——不明確な概念についての諸考察」慶應法学19号513頁以下等参照。

したがって、物権は法律により規定された内容の範囲でのみ行使され、その限りで人の物に対する支配権が認められることになる。直接の支配の対象となり得るのは、特定性のある独立した物である。このような前提によれば、ある物の上に1個の物権が成立している場合には、これと両立しない内容の物権が、同じ物の上に並存することは許されないであろう。これは一物一権主義の帰結でもあり、この原則が物権の排他性と呼ばれて、物権を債権から区別する最も重要な特徴となる。

　これに対して債権は、ある人（債権者）が特定の人（債務者）に対し、一定の給付を請求できる権利であり、人と人との取引による繋がりを法的に構成したものである。そこから生じるのは、対人的な相対的効力である。債権の実現は当事者の意思に委ねられるため、同一人について内容的に両立できない債権が並存しても差し支えない。1人の歌手が同日の同じ時間帯に複数の劇場で歌う契約を結んでも、それだけで契約が無効になることはなく、履行されなかった契約については債務不履行責任を生じるだけである。債権には排他性がないとはこのような意味である。したがって、排他性をもつ物権が絶対権であるのに対して、債権は相対権とも呼ばれる。しかし、権利の通有性である不可侵性は、両者のどちらにも認められる。

　物権と債権の中間的存在はあり得るであろうか。賃借権は、賃貸借契約から生じる債権であるけれども、特別法によって強化され、物権にかなり近い効力をもつ。また、請求権保全の仮登記（不登法105条参照）がなされている特定物債権は、単なる債権より当然強力になるであろう。しかし、物権と債権の中間の権利が制度化されているわけではない。物権変動において、登記されていない物権の効力をどう考えるかも、こうした前提に立って簡明に論じる必要がある。他にも、差押債権のように、実質的には物権と債権の中間に位置づけられるような権利は見られるし、取引のレベルでは、金銭債権と特定物債権の実質的効力をまったく同じと見ることはできない。ただ、物権と債権という2つの権利の概念は、物権法の理論構成を考える場合の基本的な準則であるから、まずその理念型を踏まえた議論を試み、その上でそれぞれの権利にふさわしい配慮を加える必要がある[9]。

(2) 物権の目的

　先には物が取引の世界でどのような特徴を示すかを、財産法全体の観点から整理した。ここでは物権の客体となる物の特性に注目したい。債権質や地上権、永小作権上の抵当権のように、権利が物権の目的となる例外的な場合もあるが、通常物権の客体となるのは物一般である。そこでは物の特定性が必要とされており、不特定物に対しても債権が成り立つことと対照的である。また、特定されるならば物の部分についても物権が設定され得ることは、判例が1筆の土地の一部について時効取得を認めることにも示されている（大連判大正13年10月7日民集3巻476頁）。同様に1筆の土地の一部を譲渡することも認められる（最判昭和30年6月24日民集9巻7号919頁）。動産に目を転じるならば、取引上は不特定物として扱われる多数の動産商品が、集合物として担保権の目的となる場合には、「種類、所在場所及び量的範囲を指定するなど」によって、目的物の範囲が特定される必要があるとされている（最判昭和54年2月15日民集33巻1号51頁、判時922号45頁、判タ383号95頁）。これが集合動産譲渡担保と呼ばれる判例法である。

　このように、原則として有体物であって特定性のある物の上に物権が成立するのであるが、物が不動産と動産に区別されることは、民法86条1〜3項の示すところである。不動産は土地と建物に分かれる。建物は土地の定着物であるにもかかわらず、土地とは別個の不動産と扱われるのが日本法の特徴である。不動産登記においても土地と建物は別々に登記される。建物については、建築途上の構造物は建前（たてまえ）と呼ばれて動産として扱われる。これに対して、屋根を葺き、荒壁を塗り終えた段階に至ると、天井や床が張られていなくても建物とされ、登記することができる（大判昭和10年10月1日民集14巻1671頁）。建物の具体的な個性は登記簿の表題部に記入される。土地は登記簿の編成の単位をなす1筆の土地ごとに区分され、建物と同様に、表題部の記載によってその同一性が確認される。所在地とその地番、地目、地積が記入される（不登法34条）。地目とは土地

---

　(9)　物権と債権の中間の権利をどう考えるかについては、加藤・大系Ⅱ〔第2版〕29頁以下、271頁以下に詳細である。「価値の上のヴィンディカチオ」や混和物についての共有持分返還請求権が論じられている。
　(10)　新井克美・公図と境界（テイハン、2005年）324頁以下等参照。特殊な書物であるが、境界問題の解決に不可欠の知識を得ることができる。

の主な用途を示し、山林、田、畑、宅地などの他21種の区分が指定されている。

　不動産の所在を確認するためには地図が不可欠であり、登記簿とともに登記所に設置されている。しかし、全国各地について正確な地図を備えることは容易ではなく、古くからの不正確な地図が今日でも参照され、境界の確定などに重要な意義を発揮している。明治時代に設けられた土地台帳制度に付属する地図（公図と呼ばれる）がそのまま用いられることもあり、しばしば生じる公図と土地の現状との齟齬にどう対応するかは、土地法の重要な問題の１つとなっている[10]。なお、次章第２節で取り上げる改正不動産登記法には、新たに筆界特定という制度が導入されており、筆界調査委員や登記官（筆界特定登記官）を中心に裁判外で土地の境界を明確にする手続が可能とされている。境界の確定は土地法の重要な課題の１つであるけれども、筆界特定は判決よって効力を失うものであるために（不登法148条参照）、あまり大きな意義をもち得ていない。

第 2 章

物 権 の 効 力

第1節　物権法定主義

　物権の効力とは、法が認めるそれぞれの物権の内容に従って、物に対して直接の支配権が行使されることを意味する。物権の種類は多様であるが、ここではすべての物権に共通する特徴ないし一般的性質に注目したい。

　まず、物権は絶対効、対世効をもつ強い権利であるから、民法は物権編の最初の条文である民法175条において、「物権は、この法律その他の法律に定めるもののほか、創設することができない」と定めており、自由な設定を許していない。「この法律」である民法が定める物権は、占有権、所有権と4種の用益物権、4種の担保物権であることは、先にも言及したが、もう一度列挙しておこう。地上権、永小作権、地役権、入会権の4種が用益物権であり、担保物権は、留置権、先取特権、質権、抵当権である。しかし、仮登記担保、譲渡担保、所有権留保などのように、非典型担保と呼ばれて、民法にはまったく規定がないにもかかわらず活発に利用されている担保形式もあり、同様に担保物権に含めることができる。そうなると、物権法定主義にもある程度の例外はあると見なければならない。すなわち、「その他の法律」の中には特別法はもちろん、判例法や慣習法が含まれることになろう。制定法に規定されていない慣習法上の物権を認めてよいかは議論の余地があるけれども、判例は古くから、農業用、林業用の流水利用権、地盤から独立した慣習的温泉支配権（湯口権）などを物権

と認めている[1]。

　特別法上の担保物権としては、「仮登記担保契約に関する法律」（昭和53年成立）に基づく前出の仮登記担保権がこれに当たる。農業動産信用法、自動車抵当法、建設機械抵当法等に基づく特別の動産抵当権もある。鉄道抵当法、工場抵当法によれば、鉄道財団、工場財団といったいわば集合財産の上の抵当権が認められる。その他、商法上の商事留置権（商法521条）、商事質権（商法515条）、鉱業法が認める鉱物を採掘する権利である鉱業権、漁業法が定める漁業権等を挙げることができる。

　物権法定主義は、歴史的に見ると、古くからの封建的な土地支配関係の複雑さを廃して、単純明快な近代法の権利体系を創設するという目的に適い、同時に公示制度の導入を容易にする機能を果たすといえる。しかし、この主義を厳格に適用するならば、社会経済の発展に応じて自然発生的に生じる新たな物権関係の効力を認めることができない。そこに民法175条の解釈の難しさがあり、学説によりさまざまな議論がなされてきた。慣習の効力を規定している「法の適用に関する通則法」3条（旧法例2条参照）との論理解釈から結論を導く試みもなされている[2]。すなわち、そこに指摘されている「法令に規定されていない事項」を柔軟に解釈するならば、その場合は慣習が「法律と同一の効力を有する」のであるから、慣習に基づく物権を民法175条に積極的に取り込むことができる。このような考え方が現代社会にふさわしい対応と言えよう。

---

(1)　大判大正6年2月6日民録23輯202頁は慣習による水利権を物権と認め、大判昭和15年9月18日民集19巻1611頁（鷹の湯温泉事件）は、温泉湧出地から専用的に引湯する権利である湯口権を物権的権利とし、民法177条の対抗要件の規定を類推適用している。後者につき、田中康博解説・判例講義民法Ⅰ110頁、松尾弘解説・判例百選Ⅰ〔第6版〕92頁参照。

(2)　舟橋・物権法18頁参照。

第2節　優先的効力

1　各種の効力

　物権の効力は、権利としての物権の性質に由来するものであるから、一般的に挙げられる物権の絶対的効力、対世的効力、追及効などは、それぞれ絶対性、対世性、追及性とも表現される。また、法的権利に当然に内在する不可侵性、物権であるところから認められる直接支配性などを指摘することもできる。直接支配性から導かれ、債権との区別の重要な基準となる排他性については、すでに言及した（第1章第2節4参照）。絶対的効力、対世的効力は、物権がその性質上すべての人に対して主張できる権利であることを指すもので、債権が相対的効力をもつことと対照的である。また、物権の追及効は、所有権に基づく返還請求権の行使や第三取得者の下での抵当権の実行などのかたちで示されることになるが、理論的には優先的効力と物権的請求権（物上請求権）のどちらかに含めて説明することができる[3]。

　優先的効力と物権的請求権は、物権一般に共通する特性的な効力として、物権法の理論構成においてとりわけ重要な意味をもつ。民法はどちらについても特に規定を設けていないため、以下には学説が解釈論として展開してきたところに従い、それぞれについて順次検討する。

2　優先的効力

　物権の優先的効力には、2つの意味がある。まず、債権に対する優先的効力であり、同一の物の上に物権と債権が並存する場合には、物権の方が優先することになる。物権が物に対する直接の支配権であるのに対して、債権は債務者である人を介して、その物に権利を行使できるだけであるという違いがもたらすところである。物権の優先性としては、この意味の方

---

[3]　我妻＝有泉・新訂物権法19頁参照。典型的な例である抵当権の追及効は、順位の優先に基づく優先的効力の発現と見ることができる。また、物権的請求権としての所有権回復請求権も追及効の一例と解される。

が分かりやすい。もう1つは、物権が同一の物の上に競合する場合には、先に設定された物権が優先することに示される。物に対する直接の支配権であるため、前述した排他性をもつ権利であることに由来する。すなわち、後から設定される物権は、先に成立した物権の内容と抵触しない範囲でのみその効力を認められることになる。先に成立した権利が優先することは、「時において先んずれば、権利において他を制す。Prior tempore, potior jure」という原則がもたらす結果でもある。所有権の二重譲渡を理論的に肯定することができないのも、基本的にはこのような事情による。

　しかし、物権は公示されるべき権利であるから、多くの場合対抗要件を取得していないと上記のような優先的効力を持ち得ないことになる。したがって、物権の設定の先後を決めるのは原則として登記である。民法は、同一の不動産に複数の抵当権が設定された場合には、登記の先後によって決められる順位に従い、それぞれ内容の異なる効力を主張することができると規定している（民法373条）。登記を要しない先取特権のように、民法の規定により予め定められている順序で効力を認められるという例外もある。占有権や入会権も登記は不要とされているため、例外のうちに入る。すなわち、対抗要件としての公示は、法によって要求される場合に限ってその有無が優先的効力を左右することになる。そうであれば、対抗要件がいかなる範囲で必要とされるかは、物権の効力と切り離せない問題となろう。この点については、物権変動の部分で詳論する。

　対抗要件の特殊な効力として、仮登記された債権が物権に優先する場合（不登法106条）や、対抗要件を取得した賃借権が物権に優先する場合（民法605条）があることも視野に収めておきたい。第1章第2節2において、物権と債権の中間的権利という表現を使ったのも、このような例を指すためである。

第3節　物権的請求権

1　物権的請求権の意義

　物権的請求権（物上請求権とも呼ばれる）については、論じるべきことが多い。物に対する直接の支配権である物権をもつ者は、物権の内容の実現が妨げられる場合には、妨害者に対して、妨害を除去してその完全な実現を可能にすることを請求できる。たとえば、自己の所有物が不当に他人の家屋内にある場合には、所有者はその他人に対して返還を求め、自己の所有地に妨害物があればその除去を求めることができなければならない。このように、物権的請求権は物権の排他性の効果として導かれるものであり、妨害者の故意・過失を問うことなく請求できることが原則である。

　民法は、占有権の侵害に関しては、占有保持の訴え（民法198条）、占有保全の訴え（民法199条）、占有回収の訴え（民法200条）の3つの訴権（請求権）を規定している。所有権やその他の物権に関してはこのような規定がまったく見られないのであるが、占有権よりも強力な物権である所有権や他物権について同種の権利が認められるべきことは当然であるし、民法202条は、占有の訴えとともに本権に基づく訴えが可能であることを前提としている。そこで学説は、所有権についても妨害排除請求権、妨害予防請求権、所有物返還請求権があると論じ、判例もそれに従っている。その他の用益物権、担保物権についても、必要な範囲で同様の請求権が認められるべきである[4]。

　物権的請求権は、物権それ自体とは異なる独自の権利であるけれども、物権が存在する限り不断にそこから派生する権利である。したがって、所有権は本来時効にかからない権利とされているので（所有権の永久性）、所有権に基づく物権的請求権は所有権が存在する限り、時効で消滅することはないと考えられ、判例もそのように解している。他方、用益物権、担保

---

[4]　民法起草者は当然のこととして条文を置かず、留置権、質権、先取特権などの例外的処理の場合（民法302条、333条、353条等参照）についてだけ規定したとされる。星野・民法概論Ⅱ 20頁参照。

物権のように本来消滅時効に服するという前提（民法167条2項参照）がある権利については、物権的請求権は同様に時効にかかると見るべきであろう。もっとも、ドイツ民法は物権的請求権だけが消滅時効にかかることを認めており、両者が別々の権利であることを理由に、別個の扱いを可とする学説も見られる[5]。抵当権に基づく妨害排除請求権などは、最近の判例によって認められた新しい権利である（最大判平成11年11月24日民集53巻8号1899頁、判時1695号40頁、判タ1019号78頁）。

　物権的請求権は、人に対する請求権であるところは債権に近いが、債権そのものではない。また他の請求権と競合的に認められることもあり、賃貸借契約終了後賃借人が権限なく目的物の占有を継続している場合には、賃貸人は契約に基づく明渡請求権と所有権に基づく返還請求権のどちらも行使することができる（請求権競合説）。なお、対抗要件を備えた賃借権については妨害排除請求権を認める必要があるため、物権的請求権を単純に排他性の効果と見ることには疑問も投じられている。より広くこれを認め得るように、権利の不可侵性を根拠とする説などもあるが、権利の侵害が不法行為となる場合とは区別する必要がある。物権的請求権は相手方の故意・過失とは無関係に物権の効力を主張するための権利だからである[6]。したがって、物権本来の排他性を前提とし、実質的にこれと同視できる状況に対しては、類推適用の論理を用いて処理することが適当と考えられる。

2　物権的請求権の内容

　物権的請求権の内容については規定がないため、具体的に誰に対してどのような請求をなし得るかは古くから議論されてきた問題である。Aの所有地上の樹木が虫害のため枯れて隣人Bの庭に倒れたとする〔設例1〕。

---

[5]　好美清光・新版注釈民法(6)（有斐閣、1997年）119頁以下参照。また、内田・民法Ⅰ〔第4版〕373頁は、失効の原則の導入を示唆される。

[6]　ただし、物権的請求権に含まれる損害賠償請求権については、これを固有の不法行為に基づくものとする立場も有力である。好美清光・新版注釈民法(6)（有斐閣、1997年）134頁以下、川角良和発言「シンポジウム不当利得法の現状と展望」私法74号（2011年）73頁参照。本書の立場は、制度として不法行為とは一線を画しつつも、できるだけ柔軟にその規定を物権的請求権に類推適用するべきであると考えている。

土地所有権を侵害されたBは、Aに対して妨害排除請求権を行使し、妨害物である樹木の除去を請求できるであろう。このような典型的な例は行為請求権と呼ばれ、妨害者として訴えられたAが、自己の費用をもって妨害物の除去を行うことになる。判例は物権的請求権をこのようなものと捉えている[7]。しかし、被害者Bが自分の費用で妨害物をA地に戻すことも当然認められるべきであり、そのためにA地に侵入してAの所有権を侵害するとしても、Aにはそれを受忍させなければならない。これを認容請求権（忍容請求権、受忍請求権という表記もなされる）と呼ぶことができ、これを例外として肯定する学説もある。

　他方、樹木の所有者Aは、Bに対して所有物の返還請求権があるため、樹木に経済的価値がある場合には、AからBに自己の所有権の回復行為を受忍するよう請求することが通常であろう。典型的な認容請求権はこのようなかたちで行使されると考えられる。では、この場合に、AからBに対して樹木の返還を求める行為請求権を行使する余地はないであろうか。被害者であるBに対して、自己の費用でAの所有物をA地に戻せという請求はいかにも不合理である。しかし、Bが倒木の占有に何らかの意義を見出して返還を拒むような状況があれば、このような返還請求権も必要となり得る。このように考えれば、妨害排除請求の場合と所有物返還請求の場合を問わず、妨害者と被害者が、妨害の除去をめぐって相互的に行為請求権と認容請求権を行使する余地があることを原則として確認することができる。権利者が自らの権利の実現のために努力するのが後者であり、前者では相手方にその行為を要求することになる。ただし、相手方に妨害の事実が存在しない状況の下では、行為請求権は認め得ないであろう。

　費用の観点から見ると、ここでの費用負担の原則は、権利義務を行使する者は通常自らの費用で行うことが当然であるという前提から導かれており、そのこと自体には異論がない。しかし、これによると行為請求権であれば先に相手に請求した方が自己の出費を免れ、認容請求権の場合には、

---

[7] 大判昭和5年10月31日民集9巻1009頁（判例民事法昭5年度98事件江川英文評釈、田中康博解説・判例講義民法Ⅰ107頁以下参照）では、賃借人が賃貸借契約終了後も賃借家屋に他から賃借した機械類を放置しているので、建物賃貸人が機械の所有者に対し撤去を請求した事例であり、判旨はこれを肯定した上で、建物賃貸人に損害が生じれば機械の所有者が賠償すべきであると論じている。

先に請求した側が自ら費用を負担して損をすることになる。このような結果は妥当ではないと批判されており、最近の学説は、物権的請求権を誰が行使すべきであるかは、費用負担の問題を切り離した上で論じることが適当であると解している。

　このような展開の中で、権利行使に際しては妨害の原因に対する有責性を考慮するべきであるとし、Aの所有地上の樹木が台風で不可抗力的にB地内に倒れたような場合〔設例2〕には、Bは自己の権利の実現のために妨害物を除去するべき立場であるから、Aに対して認容請求権を行使できるに留まるという論も加わった[8]。行為の有責性に注目するこの考え方は、行為請求権と費用負担を別々に考え、後者は両当事者の責任を考慮して決めるとする責任説に結びつく[9]。しかし、〔設例2〕の場合でも、Aの所有物による妨害であることは明らかであるのに、BからのAに対する妨害排除の行為請求権を認めないことは不合理であろう。さらに、Cが惹き起こした交通事故のために、Cの車がぶつかってAの樹木がB宅に倒れ込んだような場合〔設例3〕には、Cの不法行為責任だけを論じれば足りるということにはならない。AB間の妨害排除請求の問題は残るからである。

　物権的請求権はあくまでも物の支配の完全性を目指す権利者の主張であるから、妨害があれば自動的に排除が機能するような理論が求められているはずである。したがって、行為請求権であれ、認容請求権であれ、本来権利者は自由に選択行使できるべきである。たとえば、典型的な行為請求権の場合とされる冒頭の倒木のケース〔設例1〕においても、被害者であるBが、自ら妨害を除去してA地に戻すかたちでの認容請求権を行使することを否定する理由はない。これに対して、不可抗力の場合などにおいては、Aの側では、自己所有の樹木について所有権に基づく返還請求権があ

---

(8) 加藤・大系Ⅱ〔第2版〕38頁参照。加藤説は、不可抗力に限らず、自己の物権的支配の貫徹を欲して物権的請求権を行使する者が費用を負担するべきであるから、受忍請求権が原則であるとされる。

(9) 責任説は、川島武宜「物権的請求権における『支配権』と『責任』の分化（一～三・完）」法学協会雑誌55巻6号、9号、11号所収により基礎づけられ、今日の学説に発展的に浸透している。今後の課題は、この責任を物権的請求権に固有のものと見るか、単純に不法行為法上のものと見るかの検討である。当面私見は両者の連続性を肯定しつつ前者の立場を重視すべきであると考えているが、加藤説は後者のようであり、近江説（後注(11)参照）はいっそう明確に不法行為説に踏み込んでいる。

るとしても、客観的にBの側に妨害があるとは認め難いのが通常である。このような状況の下では、Aは必然的に認容請求権のみを行使できることになろう。しかし、Bから見れば、明らかに自己の所有地内にA所有の妨害物が存在するのであるから、Aに対する妨害排除の行為請求権が認められるべきであり、それは妨害の原因が不可抗力であることとは別の問題である。

　費用負担を別個に論じることは適当であろう。その場合には、具体的妥当性を追及するだけではなく、一定のルールの確保が必要である。この意味でわたくしは、費用負担は原則として妨害物の所有者が負うものと解し、民法717条1項の工作物に関する所有者の責任規定を類推適用できると見たい[10]。したがって、上記の〔設例1〕〔設例2〕においては、いずれの場合にも被害者BはAに対しAの費用での妨害排除を請求できる（行為請求権）。また、認容請求権を行使して自らの費用で妨害を除去した場合には、後でAに費用請求をできることが妥当であろう。物権的請求権は損害賠償請求権を当然に含むと解されるからである（民法198条～200条参照）。A自身も、自主的に認容請求権を行使して自己の費用で所有物返還請求権を行使できることは当然である。他方、Cの不法行為が絡んでいる〔設例3〕においては、Aは自ら負担した費用を民法709条の損害賠償請求権によってCに転嫁することができる。このように、異なる制度である物権的請求権と不法行為を区別しつつ論じることにより、問題点がより明確になる。

　ただし、行為者が自らの費用で妨害排除を行うことは権利行使の原則であるから、物権的請求権と費用負担を一体として扱うという一応の前提は必要であり、実務の面でも機動性がある。実際、相手方の妨害が明白で訴訟により妨害排除請求が行われる場合には、通常は相手方に対する行為請求が必要となるので、判例が行為請求権を認める結果になることは必然性

---

[10] この結論は判例の立場によっても正当化される。たとえば、前注(7)の大審院昭和5年判決は、賃借人が据付けて使用していた砕石機が建物明渡し後も家屋内に放置されていた場合に、砕石機の賃貸人の撤去義務と所有者としての責任を強調している。後出の大審院昭和12年判決も同様である。また、相隣関係における民法215条は、不可抗力による水流の障害が低地に生じた場合には、高地の土地所有者が自費で障害を除去することを認めており、認容請求権を明文化した規定となっている。迅速な対応が求められる水流の特殊性に配慮したものと言えよう。

がある（判例が行為請求権説を採ると言われるのはこのためである）。他方、妨害状態の解消が自主的に行われるのであるから、認容請求権が訴訟で争われる場面は本来少ないわけであるが、費用負担を別に争う道は残されてよいであろう。

なお、上述した占有訴権の3つの規定には、いずれも損害賠償請求権が含まれているが、通説によれば、ここでは不法行為と同様に故意・過失が要件とされており、この損害賠償は基本的には不法行為の領域のものと解されている。したがって、費用負担も本来的に、不法行為の観点から論じることが妥当と言えるかもしれない。ただ、物権的請求権と不法行為という2つの制度はあくまでも別のものであるから、行為請求権と認容請求権における「行為者費用負担のルール」を前提とした上で、不法行為の成否を加味した修正を加えることにより、費用負担における最終的な具体的妥当性が導かれるものと解したい。不法行為との統一的な処理をより積極的に論じる立場もある[11]。

上記の理論が確認されても、物権的請求権の問題がすべて解決されたことにはならない。たとえば、大審院判例には妨害予防請求権を肯定した次のような事例が見られ、その解決をめぐっては、さらに多彩な議論がなされている。

3　判例の検討

■**大判昭和12年11月19日民集16巻1881頁**[12]

〈事実〉　X所有の宅地とY所有の水田の境界に、75センチ程度の断崖があり、X所有地からの土砂がYの水田に崩落して、段差部分に斜面や洞窟状の穴を作っている。原因はYの前主である売主Aが境界線を掘り下げて畑を水田にしたことにある。放置すればX所有地がY地内に自然崩壊するとして、XからYに危険予防のための設備施工を求めた。1、2審ともX勝訴。Y上告。

〈判旨〉　棄却。「土地ノ所有者ハ法令ノ範囲内ニ於テ完全ニ土地ヲ支配スル権能ヲ有スル者ナレトモ其ノ土地ヲ占有保管スルニ付テハ特別ノ法

---

[11]　近江・物権法〔第3版〕35頁以下参照。
[12]　佐賀徹哉解説・判例百選Ⅰ〔第5版〕102頁、近江・物権法〔第3版〕32頁参照。

第3節　物権的請求権

令ニ基ツク理由ナキ限リ隣地所有者ニ侵害又ハ侵害ノ危険ヲ与ヘサル様相当ノ注意ヲ為スヲ必要トスルモノニシテ其ノ所有ニカカル土地ノ現状ニ基キ隣地所有者ノ権利ヲ侵害シ若クハ侵害ノ危険ヲ発生セシメタル場合ニアリテハ該侵害又ハ危険カ不可抗力ニ基因スル場合若クハ被害者自ラ右侵害ヲ認容スヘキ義務ヲ負フ場合ノ外該侵害又ハ危険カ自己ノ行為ニ基キタルト否トヲ問ハス又自己ニ故意過失ノ有無ヲ問ハス此ノ侵害ヲ除去シ又ハ侵害ノ危険ヲ防止スヘキ義務ヲ負担スルモノト解スルヲ相当トス」

　本判決は、Xからの妨害予防請求権（妨害排除請求権を一部含む）を行為請求権と解し、Yに費用負担を含めた責任を課している。批判の1つは、行為請求権としての物権的請求権を肯定した点に向けられ、むしろXの認容請求権が機能すべき場面ではないかとされる[13]。Yの帰責性が明確でないためである。さらに、費用負担を一方的にYに課すことは公平ではないという見方がある。後の裁判例には、類似の状況の下で、X、Yに費用を折半させる解決を採ったものも多数見られ、そのうちの一例は以下で検討する[14]。

　しかし、Xの側から言えば、崩落の原因はYの掘削にある。訴訟で妨害予防ないし妨害排除を求めざるを得ない重大な状況であり、被害者としては、原因のあるところを相手どって行為請求権を行使することは自然であろう。事案の解決という点では、Yの土地所有者責任として割り切ったところに、物権の秩序の明快さが示されたことを評価できる。Yは売主の責任を追及するべきであって、それで止むを得ないのではなかろうか。前出の加藤説は、境界の権利関係であるため、境界線上の標識、囲障等の共有を規定している民法229条を類推適用し、費用折半を導くべきであるとされ、上述の裁判例が説くところでもある。とは言え、フランス法から取り

---

[13]　加藤・大系Ⅱ〔第2版〕46頁参照。
[14]　東京高判昭和51年4月28日判時820号67頁、判タ340号172頁（台風による風雨のため土地が崩壊したケース）、東京高判昭和58年3月17日判タ497号117頁（軟弱土質が豪雨で崩壊したケース）、横浜地判昭和61年2月21日判時1202号97頁、判タ638号174頁（鎌田薫解説・法学セミナー394号108頁、川角由和研究・島大法学32巻1号191頁以下が見られる）等参照。

込まれた民法229条は、わが国の慣行になじまず、慣習としても折半という解決はあまり見られないようである[15]。

上例の事案のような状況において、境界線で掘り下げられたY地に接するX地の壁面がXの所有であることに異論はないであろう。これの崩落を防ぐためには、本来Y（ないし売主A）は、境界線の自己所有地側に要壁を築き、Xの土地利用を全うさせる義務があったはずである。境界線のX側にYの費用で要壁を作ることも考えられるが、この場合にはXの承諾が前提となり、要壁自体がXの所有となることを認める必要があろう。本件の解決が、2つの対応のいずれを念頭に置くかは不明であるが、掘り下げて崩落の原因を作った低地の所有者に要壁作成の義務を認めることは公平に適うし、慣行としても一般に肯定されていると見得る。

他方、このような要壁の所有権は、原則として費用負担者にあるという前提もあり、この点を踏まえた上で、境界線の位置と費用負担義務を考慮しつつ、要壁の所有権を確認する手続が必要となると考えられる。したがって、費用折半による解決を求める場合には、要壁が境界線上に置かれること、原因発生に対する責任が相等しいこと、当該工事の利益が両側の土地にとって同等の利益と必要性を伴うこと、の3点を確認する必要があると言えよう。もちろん合意によって異なる解決が導かれる場合は別である。これらに関しては、次に取り上げる横浜地裁昭和61年判決が参考になる。

本判決がYにもっぱら費用負担を課したことに対する批判は、土地の掘り下げが前主Aの行為であってYに直接の責任がないという事情による。当事者間であれば不法行為責任を追及する余地もあったところを、Xが怠慢でこれを看過していたとか、YのAに対する責任追及が期間徒過により不可能になっているような状況の下では、XがYに一方的に費用負担を求めることは信義に反するとも言える。こうした事情を考慮しつつ、責任配分を踏まえて公平な費用負担を導こうとするのが、近時の裁判例に見られる政策的な解決志向である。具体的妥当性ゆえにこれが支持されることは

---

[15] 条文が想定するような境界線上の共有の塀、垣根等はほとんど見られないし、都市部でも隣接建物の多くは境界線から距離を置いて独立して建築されている現実がある。

十分理解できるが、そのために物権法的解決の基本が看過されるべきではない。本判決の考え方は、むしろ基本に忠実な判断であることを確認することも有意義であろう。

■横浜地判昭和61年2月21日（判時1202号97頁、判タ638号174頁）
〈事実〉　Xは昭和40年頃にAから甲地を購入し、その後Yが隣接の乙地をBから購入した。甲乙地の境界線は15メートルに及ぶがAが宅地造成し「切土」したため、甲乙地は2メートルの段差があり、昭和35年頃にBが乙地内に大谷石7段の要壁を設けていた。その後さらにYまたはBによって盛土が追加され、段差は4.1メートルになったため、大谷石3段を追加し要壁は3.1メートルとなった。この状況の下で、要壁から1メートルの所に建物を所有するXが要壁崩壊の危険性を指摘して、Yに対し妨害予防請求権を行使したのが本件である。
〈判旨〉　「そこで検討するに、X所有地とY所有地とは相隣関係にあり、Y所有地の崩落を予防することはX所有地にとっても等しく利益になり、その予防工事に莫大な費用を要することも明らかであるから、右予防工事については土地相隣関係調整の見地から、原告の求める新要壁の如きは、高低地間の界標、囲障、しょう壁等境界線上の工作物に近い性質を併有することを考え、民法223条、226条、229条、232条等の規定を類推適用して、相隣者たるY及びXが共同の費用をもってこれを設置すべきものと解するのが相当である。」このような前提に立って、判旨は本件要壁の下部2メートルにはX、Y双方に改修の利益があり、上部1メートルについてはYのみに改修の利益があるとしてYが2、Xが1の割合で改修費用を負担するものとしている。

本件においては、裁量的に導かれたX、Yの具体的な費用負担は果して適切であるのか、その根拠をどう説くかが、必ずしも明確ではない。前注⑭に引用した川角教授の評釈は、判旨の理由付けの不十分を批判しておられる。原因が自然現象によるものではなく、切土、盛土のような人為的な操作によることも見落とせない。既存要壁2メートル分は乙地内にありY所有であることも確認すべきであろう。他方、Yにこのような要壁の必要

が生じたのはX（A）の切土のためであり、そのような原因作出行為に対する損害賠償としてXの費用負担義務が生じると解される。しかるに、Yが2、Xが1の割合で負担するという判旨はこれらの点に配慮したと言うよりも、漠然とX、Yにおける改修の利益という表現を採っているのであるが、この点にはX、Yに差異はないと見るべきであろう。本来このような場合の要壁作成義務はXにあり、X側に作られるべきであるという原則の確認が必要である。ただ、本件では切土がXの前主によってなされ、Yがすでに自費で要壁を作成している等の事情があり、これらの点に利益考量が必要となる。

　結論から言えば、本件で問題とされている3.1メートルの既存要壁の改修費は、Y、Xで2対1というより、むしろ等分の負担がより公平に適うと見たい。妨害予防請求によって築かれるべき新要壁は、既存のYの要壁に付着させてX側に補強的に追加されるか、あるいは既存のものを撤去してY地に再構築されることになろう。後者の場合でも、原因がX側の切土にあることを考慮すればX、Yが2対1の負担割合となることは合理的であり、盛土部分の1メートルについてはYが全負担となる。これが等分の内訳であり、主としては原因責任を考慮している。なお、判旨は全面的に相隣関係における共有の規定を援用しているが、この考え方によるならば、X、Yの境界線上にまったく新しい要壁工事を行うという前提が必要と考えられる。

　類例として引用した東京高判昭和51年および昭和58年判決においては、いずれにおいても自然的な土地の崩落の危険を阻止するための妨害予防請求権の行使に対して、要壁作成の費用を共同負担とする解決がなされた。ただし、当事者間の協議と合意により費用負担を決すべきものとされており、十分明晰な判断にはなっていない。土地の崩落が自然現象に近い事例であり、「妨害予防」であることも考慮して、所有者責任の例外としての共同負担を肯定する政策的対応が採られたと解される。これに対して、上記の横浜地裁判決の事例では、原因責任が明確である点を看過できないであろう。

第 3 章

物 権 変 動

第1節　物権変動の意義

1　各種の物権変動

　民法176条が物権の「設定および移転」と表現するところ、民法177条が不動産に関する物権の「得喪及び変更」と指定するところが、物権変動である。契約や相続による所有権ないし他物権の移転、地上権や抵当権の設定、所有権の時効取得などが含まれる。また、建物が火災で焼失すると、建物上の物権は消滅する、建物の増改築により所有権の内容が変われば、物権の変更が生じる。このように物権変動は多様なすがたで示されるけれども、大きく分けて、法律行為（意思表示）による物権変動と法律の規定による物権変動を区別することができる。売買契約による所有権の移転や、地上権、抵当権の設定は前者の例、相続や時効取得は後者の例である。この区別は、後述するように対抗要件主義の適用範囲を検討する場合に重要な意味をもつことになる。

　また、物権の取得は原始取得と承継取得に区別される。まったく新たな物権の発生がある場合を原始取得、既存の物権が帰属主体を変えて存在し続ける場合が承継取得である。前者の典型的な例は無主物の先占であり、占有の効果としての所有権取得を認める民法239条に規定が見られる。しかし、日本法では一般に、所有権者の変更が生じる即時取得や時効取得も

原始取得であると論じられている。その理由は、前主の権利に付着した負担や瑕疵が後主に引き継がれずに消滅し、新しい権利として取得されると解されることによる。これらをも原始取得に含めるかどうかは、要するに原始取得をどう定義するかにかかっているわけである。学説の多数に従っておくべきであろう。承継取得には売買や相続のような移転的取得が典型的であるが、用益物権や担保物権が譲渡され移転する場合もこれに準じる。他物権が設定的に取得される場合には、新たな物権の発生を見るので物権の原始取得になると解すべきであろう。

　物権の消滅、喪失についても取得の場合と同様に、絶対的消滅と相対的（移転的）消滅を区別することができる。物権は目的物が消滅すれば当然に絶対的に消滅する。しかし、建物が地震で倒壊したような場合には、建物所有権は残された木材に及んでいるので、それが消滅しても動産所有権が残存することになる。消滅時効にかかる物権も絶対的に消滅する。民法に規定のない公用徴収、没収などもあり、一例を挙げれば、土地収用法などにより、国や公共団体に強制的に所有権が移る場合などである。そこでは、まったく新たな権利の取得である原始取得が生じる反面、絶対的消滅を伴うものと解される。所有権、他物権の放棄などは意思表示による絶対的な消滅原因となる（法律行為である）。用益物権の放棄については各所に規定が見られるが（民法268条、275条等参照）、そのうちの民法287条の規定するところは、地役権者に対する承役地所有権の放棄であるから、地役権者にとっては所有権の移転的取得の原因となる。この場合には、地役権は後述の混同によって消滅すると考えることができる。

　物権の変更は、物権の内容が変更することであり、共有物における分割、持分の変更、対抗要件の具備、抵当権の順位の変更などの場合を挙げ得る。所有権に用益物権や担保物権が設定された場合には、新たな制限物権の発生（原始取得）と見ることができるが、所有権の立場からはその内容に重要な変更が生じたことになる。

2　混同

　民法179条が規定する混同は、物権の消滅原因の1つである。重要な制度であるため、ここに別に取り上げておきたい。相対立する法律上の地位

ないし資格が同一人に帰することを混同と呼ぶので、債権の混同もあり、民法520条は、債権と債務が同一人に帰属したときは、その債権は消滅すると規定している。同様に、民法179条1項では、「同一物について所有権及び他の物権が同一人に帰属したときは、当該他の物権は、消滅する」とされている。抵当権者が抵当物件の所有権を取得した場合、所有権者が地上権者を相続した場合などがこれに当たる。また、民法179条2項は、所有権以外の物権とこれを目的とする他の権利が同一人に帰属したときは、当該の他の権利は消滅すると規定する。地上権に抵当権を設定していたところ、抵当権者が目的の地上権を相続したというような場合である。いずれの場合にも2つの権利を並存させる意味はないので、所有権ないし主たる物権が他の物権ないし他の権利を吸収して消滅させることになる。上述した民法287条の放棄がなされた場合には、地役権者は目的の土地の所有権を取得することによって地役権が不要となるため、そこに混同が生じて地役権は消滅すると解することができる。

　混同においては例外の規定がある。民法179条1項ただし書では、所有権以外の物権が第三者の権利の目的であるときは、この限りでないとされている。たとえば、上述の所有権者が相続した地上権に抵当権がついていた場合である。混同で消滅するべき1番抵当権に2番抵当権者がいる場合なども例外となる[1]。この規定は、民法179条2項にも準用される。すなわち、AがBのために設定した地上権にBがCのための抵当権を設定している場合には、AがBの地上権を相続したために混同によってこれが消滅してしまうとCが害されるので、地上権は消滅しない。同様にして、2項の場合にも、地上権の上に設定された抵当権がさらに転抵当を負担しているとすれば、抵当権者が地上権を相続して混同により抵当権が消滅してしまうと、転抵当権を害するので例外的に混同は生じない。

　なお、民法179条は物権に関する規定であるが、対抗要件を具備した賃借権にも類推適用されるため、賃借地に抵当権が設定された後、土地所有者が賃借権を取得しても賃借権は消滅しない[2]。また、占有権は特殊な物

---

[1]　その結果自己の所有地に抵当権を保持し、競売があった場合には所有権者が優先的に弁済を受ける。2番抵当権を上昇させるのは所有権者に不利益だからである。大判昭和8年3月18日（民集12巻987頁）参照。

第3章 物権変動

権であり、所有権や多くの他物権とは並存し得る性質のものであるため、混同の対象外となる。民法179条3項はこのことを規定している。

第2節　公示制度

1　公示の原則と公信の原則

(1)　それぞれの定義

　物権変動は公示制度と密接に結びついている。物権はその所在を第三者に知らせるために公示されなければならない、という考え方は古くからあった。占有は、物を事実上支配する外形状態であるために、物権の所在を公示する機能があることも、ゲルマン法、ローマ法の時代から認められている。他方、近代法においては、不動産登記制度が抵当権制度の発達とともに整備され、所有権の公示へと拡大されていった。

　公示という用語に示されるように、物権は物に対する直接の支配権として強い効力を有するため、その存在を第三者に明示的に知らせ得ることが、取引の安全のために不可欠となる。このように、物権は外部からその存在を認識できるような表象を伴わなければならないという考え方を、公示の原則ないし公示主義と呼ぶことができる。このように、物権を公示させることは物権法の重要な課題であり、公示を行わせるための手段が立法化されなければならない。そこでは、公示されない物権に対して何らかの制裁を設けることが必要となり、公示がない物権については本来の効力を認めない、という実体法上の制裁が重要な意味をもつことになる。日本の民法では、このような意味での公示の原則の導入は、民法177条が登記を対抗要件とし、民法178条が占有を対抗要件とすることによって、実現されている。

　公示の手段としては、不動産登記が最も重要であり、動産については、登録制度が導入されている一部の動産を除いて、占有が公示の機能を果た

---

(2) 最判昭和46年10月14日（民集25巻7号933頁、判時650号64頁、判タ270号225頁）参照。事案では、賃借権が対抗要件を取得した後に抵当権が設定されている。

す。それ以外には、慣習に基づいて行われる明認方法に公示の効果が認められる場合がある。すなわち判例は、土地上の樹木が地盤とは別に取引の対象となる場合、蜜柑、桑葉、稲立毛、湯口権（温泉利用権）等の取引において、立木の皮を削って買主の氏名を墨書する、立札を立てる、綱を張り巡らせてそこに所有者名を記す等の方法（これらが明認方法と呼ばれる）に、登記に等しい公示の効力を認めている[3]。法人が行う動産譲渡については、平成10年に成立した動産及び債権譲渡特例法による登記が民法178条の引渡に代わるとされている。

　公示の原則が完全に行われて、すべての物権は登記、占有等の外部的に認識可能な表象を伴うという前提が確認されると、公示を信頼して取引することが一般的になるであろう。そうなると、偶々公示が真の権利と一致しない場合には、第三者が不測の損害を蒙ることもあり得る。そこで取引の安全のためには、公示を信頼して取引した者は保護されるというルールを認める必要が生じる。これが公信の原則と呼ばれるところであり、これを登記制度に導入した場合には、登記は公信力をもつことになる。しかし、日本法では、民法も不動産登記法も登記を信頼した者を保護する規定は置いていないので、不動産については公信の原則は認められていない。フランス法も日本法と同じであるが、ドイツ民法は登記に公信力を付与している。ドイツ法では、物権変動を登記と密着させた登記効力要件主義を採用しているため、登記のあるところに物権があるという前提が確認されるからである。日本法でも不動産登記に公信力を認めるべきであるという主張はかなり強い。

　他方、占有に関しては、動産の占有を信頼して取引した第三者を保護する民法192条の規定があるため、公信の原則が認められていることになる。この即時取得の制度については、占有の章で取り上げる。

(2) 公示と公信の一体的把握

　ところで学説には、これまでに述べた公示と公信の区別に疑問を投じ、

---

[3] 大判大正5年9月20日（民録22輯1440頁）（みかんの売買を立札で公示）、大判昭和13年9月28日（民集17巻1927頁）（稲立毛の売買を立札で公示）、最判昭和36年5月4日（民集15巻5号1253頁）（立木の売買を焼印等で公示）などがある。なお、明認方法は存続しなければ効力を失うとされている（本件昭和36年判決に対する松井宏興解説・判例百選Ⅰ〔第5版〕130頁以下参照）。

公示と公信を一体的に捉えようとする立場も見られ[4]、そのために物権変動の議論はいっそう複雑になっている。混乱を避けるためには、こうした考え方がどのように生じてくるかを明らかにしておく必要がある。前述のように、ドイツ民法の下では登記効力要件主義が採られているために、当然のことながら、日本民法176条が規定するような意思主義という概念は不要である。したがって、ドイツ法では公示主義（Publizitätsprinzip）という言葉は、ストレートに「公示内容に即した権利関係の形式を認めるべきであるという原則」と理解されることになる[5]。これはまさに、日本民法において登記の公信主義の内容として表現されるところに対応すると言えよう。このようなドイツ法の影響が、公示と公信は同じものではないかという疑問を呼び起こし、理論構成における一体化の試みへと発展した。民法177条の規定も、譲渡人の登記を信じた第三者を保護する規定ではないか、という観点から解釈され、後述する公信力説を生んだ。

解釈論は本来、どのような着想から導かれてもよいという柔軟性が1つの特徴である。したがって、ドイツ法からヒントを得ることが有意義な場合は多いし、現にそのようにして日本法の解釈は発展してきた。ただ、公示と公信の定義に関しては、ドイツ民法の公示主義（Publizitätsprinzip）という用語を、そのまま日本法に導入できない本質的な制度の相違、すなわち民法176条の意思主義の存在があることに注意しなければならない[6]。

2　不動産登記制度

不動産物権の公示は、どこの国でも歴史的に形成された不動産登記簿によって行われている。日本でも同様に、不動産取引を帳簿上に記録して開示（公示）する方法が行われており、この制度を整備している特別法が不動産登記法である。不動産取引は、譲渡、質入、書入のようなかたちで、

---

(4)　川井健「不動産物権変動における公示と公信——背信的悪意者論、民法94条2項類推適用論の位置づけ」我妻栄先生追悼論文集・私法学の新たな展開（有斐閣、1975年）297頁以下、篠塚昭次「物権変動論争の基礎と背景」幾代通先生献呈論集・財産法学の新展開（有斐閣、1993年）162頁参照。

(5)　多田利隆「公示方法に対する消極的信頼保護法理の分析——民法177条の対抗問題とドイツ法における消極的公示主義規定」北九州大法政論集18巻1号117頁参照。

(6)　滝沢・理論Ⅱ140頁、152頁注（227）に論じた。

明治時代のはじめから活発に展開されていたため、明治19年の旧不動産登記法は、明治政府の最も早い時期の立法として成立しており、もともとはフランスの制度に倣ったとされるものの、ドイツ法（プロイセン土地登記条例）の影響を受けて、物的編成主義を採用している点が注目される。

　すなわち、土地登記簿では1筆の土地を単位とし、建物は1個ごとに、それぞれ1葉の登記用紙を割り当て、これにその土地、建物に関する一切の権利関係を記入する方法が採られている。物権変動と登記を結びつける原則が、フランス法の影響によって、対抗要件主義として民法に規定されていることと、必ずしも整合的ではないが[7]、この体制は現行法にまで引き継がれ、解釈により調和的に運用されている。なお、平成16年に全面的に改正された現行の不動産登記法は、近年急速に前進した登記のコンピュータ化に対応するべく、電子情報処理組織（コンピュータ）を介しての登記を全面的に可能にし、書面を磁気ディスクと読み替える等の必要な手直しを導入した。しかし、書面による登記申請もまだ並存しているし、登記の実質的な効力にはほとんど影響がないため、物権変動については改正後も概ね従来の議論をそのまま当てはめることができる。

　不動産登記法の改正により新たに導入された制度としては、登記識別情報（不登法2条14号参照）と登記原因証明情報（不登法61条参照）がとりわけ重要である。前者は、登記名義人になった者に登記所から通知される数字とアルファベットを組み合わせたパスワードのようなものであり、これにより以後に本人が行う登記の真実性が確認され得る。したがって、旧法の下での登記済証（権利証）に代わるものと解される。後者は、改正前の登記においてしばしば曖昧に扱われてきた登記原因の正確さを確保するために導入された。登記原因を登記簿に正確に記入できるようにすることに

---

[7]　フランス法の登記制度は伝統的には人的編成主義が採用されており、ABC順で権利者ごとに登記用紙を作成し、必要な権利関係を記入するシステムである。しかし、最近では不動産票箱（fichier immobilier）と呼ばれる制度が完備され、不動産単位の検索が中心的な役割を果たしている。また、フランスの登記は権利者が単独で証書を登記所に寄託するかたちでなされることになっており、登記が迅速にできるという利点があった。この点にも、ドイツ法的な共同申請主義を採用した日本法との間に落差が見られたが、フランス法でも後の改正により公正証書による登記が原則とされたため、実質的にフランスの登記も契約当事者の協力なしにはできなくなっている。

よって、登記の真実性が大幅に高まる反面、中間省略登記などは認められなくなるという不都合も生じる（不登法25条8号参照）。最近の最高裁判決も中間省略登記の請求を実質的に否定している[8]。改正に際しては、中間取得者の記載を付記するかたちでの省略型の登記が新設されれば、より望ましかったと言えよう。

日本の不動産登記法は、伝統的に土地登記簿と建物登記簿を別々に管理し、土地、建物の登記をそれぞれ別に行うものとしてきた。したがって、建物所有権は土地から独立して取引の対象となることが明らかであった（不登法旧14条参照）。建物は土地とは別個独立の不動産とされてきたからである[9]。改正後の新法では、このような2種の登記簿の区別は廃止されているけれども、土地と建物では表示事項も当然異なり（不登法34条、44条参照）、それぞれ独立して登記の対象とされることに変わりはない。伝統的な日本法の不動産取引のあり方も変わらず、土地と建物が別々に取引される結果、建物所有者の敷地利用権を保護することが重要な課題となる。法定地上権（民法388条参照）のような日本法に独特の制度が必要となる所以である。

登記簿は不動産を特定するための表題部と所有権に関する登記がなされる甲区、制限物権が記録される乙区に分かれ、物権変動に影響を与えるのは、権利に関する登記がなされる甲、乙区の登記に限られるのが原則である。表題部には、土地または建物の表示に関する事項が記入される。なお、登記の事務は、不動産所在地を管轄する登記所すなわち法務局の事務所が取り扱い、事務担当者は登記官と呼ばれる国家公務員である。

権利に関する登記は、共同申請主義（不登法60条）に従って、登記義務者と登記権利者の双方から登記所に申請しなければならない。土地の売買契約があった場合には、売主は登記移転義務があるので登記義務者となり、登記権利者である買主に協力して両者で所有権移転登記を申請することになる。単独で自由に登記申請できないことは、できるだけ早く登記を

---

[8] 最判平成22年12月16日（民集64巻8号2050頁）、石田剛解説・平成23年度重要判例解説（ジュリスト臨時増刊）68頁参照。
[9] ドイツ法やフランス法の下では、「地上物は土地に属す（Superficies solo cedit）」というローマ法の原則が適用され、建物は土地に附合するため、土地と建物が別々の所有権者に帰属することは原則として生じない。

取得したい買主にとって必ずしも有利ではないが、登記の真正を担保するために必要な手続である。制限物権の登記もこれに準じる。実務では、登記は司法書士に委任して行われることが通常である。この場合には、司法書士は売主、買主の双方から委任を受けて手続を進めても、双方代理の禁止を規定する民法108条には違反しない[10]。なお、例外として単独で登記を申請できる場合もあり、相続、確定判決に基づく登記はこれに当たる（不登法62条、63条参照）。

　登記の申請手続は、不動産登記法16条以下に従って、コンピュータによる接続又は登記申請情報を記載した書面ないし磁気ディスクの提出によりなされる。登記を行う登記官には、登記の対象に関する事実関係や当事者の確認に関して一定の調査義務が課されている（不登法24条、25条参照）。しかし、登記される権利の内容については、書面審理を中心とする形式的審査主義が採られているため、登記事項の真正について登記官が責任を負うことはない。このことは当然、不動産登記に公信力が認められない理由の1つとなっている。

　権利の登記に関しては、予備登記と位置づけられる仮登記（不登法105条以下参照）が重要な意味をもつ。同じく予備登記に含められていた予告登記は新法では廃止された。仮登記も原則として共同申請主義によりなされるが、仮登記義務者の協力を得られない場合には、裁判所に申し立て仮登記を命ずる処分（不登法108条）を得ることにより、仮登記権利者が単独でなすこともできる。仮登記には順位保全の効力があり（不登法106条）、後にそれに基づく本登記がなされた場合には、仮登記の順位を主張することができる。順位保全効の内容について学説の理解に対立が見られることは、後述する（本章第7節5参照）。その他に、登記の記載を抹消する抹消登記、抹消された記載を回復する回復登記、登記内容を変更する場合の変更登記なども、それぞれ公示制度の中で重要な意味をもつ。

　登記の効力は、民法177条の規定に従って生じる対抗力が最も重要であ

---

[10]　平成16年の改正による民法108条は、「同一の法律行為については、相手方の代理人となり、又は当事者双方の代理人となることはできない。ただし、債務の履行及び本人があらかじめ許諾した行為については、この限りでない。」という条文であるから、司法書士の双方代理はただし書に該当する行為となり得る。

り、その具体的な内容は本章第3節以下で取り上げる。その他に、登記がなされていれば、それに対応する権利が存在するであろうという推定効が働くことを認めなければならない。登記の推定力に関しては規定がなく、占有の権利推定効について、民法186条、188条のような条文があることと対照的である。したがって、占有の推定効は法的であるのに対して、登記の権利推定力は、事実上のものと解される。取引社会における登記の重要性に鑑みて、占有よりも登記により大きい権利推定力を認めるべきであるという有力説も見られるが、一律に登記の推定力が占有のそれに優越すると論じるのは、対抗力との混同ではなかろうか。対抗力の側面では当然登記がもっぱら機能し、占有があっても登記には敗れる。これに対して権利の推定においては、登記のなされた状況を具体的に考慮しつつ、いかなる権利を推定できるか個別に判断するべきものと考えられる。

3 ドイツ法主義とフランス法主義

公示は物権にとって不可欠の要素であるから、物権変動があれば不動産登記法に従って権利の変動を正確に登記簿に反映させることができなければならない。そのためには、登記に強制力が付与される必要があり、一般的にいえば、登記を懈怠した場合に科料（民事罰金）を課すことがまず考えられる。そのためには登記に期間制限を設けることも必要となろう。フランス法にはこれがあり、登記しなかったために第三者に損害を与えた場合には損害賠償責任を負うという規定も見られる[11]。しかし、最も実効性があり、強力な制裁となるのは、物権変動の実体的効力を登記と結びつけることである。これを徹底して行っているのがドイツ法主義である。ドイツ民法の下では、物権変動は登記（動産物権変動の場合は引渡）が行われることによりはじめて実現するとされ、登記がなされない場合には、売買があっても債権的な契約関係しか存在し得ない[12]。これは登記効力要件主義

---

[11] ただし、この種の損害賠償の可能性は少ないとされる。また、フランス法にはここで言うような民事罰金の制度が見られたが、1998年の法改正では廃止された。他方、フランス法は登記の期間制限に各種の規定をもっており、そのほかにも、登記していない権利に対する、訴えの不受理（irrecevabilité des actions en justice）という制裁や、前主の権利が登記されていなければ登記できないという登記の連続性の原則（règle de l'effet relatif）などが、登記を促す役割を果たしている。

であり、意思主義と対比すれば、まさに登記主義（形式主義）である。後述する物権行為の独自性という考え方が理論の根底を支えている。この体制の下では、登記の記載と物権変動がほぼ正確に対応するので、登記されない物権変動は存在しないという原則を確認することができる。ドイツの不動産登記簿が信頼性の高いものになるのは当然であって、登記には公信力が認められている。

　これに対して日本法では、次節で述べるように登記は対抗要件とされており（民法177条）、登記をしなくても物権変動の効力を認めるという意思主義（民法176条）が部分的に採用されている。フランス法の影響を受けた方式であり、実際フランス法の議論との間にかなり共通の理論的問題を確認することができる[13]。登記をしなくてもよい場合と登記しなければならない場合の区別を必然的に含む意思主義・対抗要件主義の解釈は、本来的に複雑にならざるを得ない。判例・学説が積み重ねてきたこの制度の解釈・運用の成果を適切に把握することがここでの課題である。

第3節　意思主義・対抗要件主義

1　民法176条・177条の沿革

　物権変動の原則は民法176条、177条が定めるところであり、前者が意思主義、後者が対抗要件主義の規定であって、両者が組み合わされたかたちで1つの制度をなしている。前者は意思表示だけで物権変動が生じるとし、後者は登記を要求しているのであるから、矛盾した2つの規定が組み合わされているようでもある。しかし、当事者間と第三者に対する関係を区別することによって、それなりに一貫した理論構成を示すことができると考えられている。それでも複雑な制度であることは確かであり、ドイツ

---

[12]　ドイツ民法873条、925条。我妻＝有泉・新訂物権法52頁、近江・物権法〔第3版〕47頁以下等参照。
[13]　背信的悪意者の判断基準の難しさ、背信的悪意者からの転得者の処遇、登記すべき第三者の範囲などが典型的な問題であるが、日仏法における解決の仕方は必ずしも同じではない。

法のような登記効力要件主義にする方が明快で望ましいのではないかという問題提起は、最近の民法改正をめぐる議論の中でもクローズアップされた[14]。ここでは、現行法であるという観点から、これら2つの規定の解釈、適用を論じることになるけれども、制度の歴史的背景を眺めておくことは有意義であろう。

　フランスでも不動産取引を帳簿に記入し公示を行うような慣習法は古くから見られた。しかし、一部の地域に限られていたため、1804年のフランス民法典には、意思主義の原則が規定されたのみで、公示制度は贈与および抵当権、先取特権などにごく部分的に導入されているだけであった。背後には公示制度が未発達であったローマ法の影響や、フランス社会の自由主義、個人主義的な気風という独自の要素があったためと見られる。その後、公示による取引安全の必要性が自覚されるに及んで、1855年に一般的な不動産登記法がはじめて成立した。しかし、すでに民法典による意思主義の原則が定着していたため、公示の要請は、登記が第三者に対する対抗要件をなす、というかたちでの採用にならざるを得なかったのである。「登記しなければ第三者に対抗できない」という表現はすでにフランスの慣習法の中に見られたので、それがそのまま不動産登記法に取り込まれることになった[15]。

　日本の民法176条、177条は、ボアソナードがフランス民法典を参考にしつつ起草した旧民法財産編の規定に由来する。フランス法の規定とまったく同じではないが、基本的にフランス法の承継であり、現行民法の規定がそれらを引き継いだことも明らかである。このように外国の法制度を自国のものとして取り込むことが「法の継受」であり、採用された本国の法は母法と呼ばれる。法の継受にはそれなりの歴史的必然性があるけれども、この物権変動の規定についていえば、フランス民法典の隆盛を背景としたフランス法の影響力、明治初期の時代における日仏の政治的関係、日

---

[14] 民法改正研究会編・日本民法改正試案（有斐閣、2008年）100頁参照。フランス法でもこのような議論が活発になされた時期はある。また、比較法的に見ても、最近の韓国法、中国法は登記主義の原則を採用しており、日本法が将来これらに同調する可能性はまったくないとは言えない。いずれにしても、過去の伝統をどう評価するかを踏まえた選択の問題である。

[15] 滝沢・理論95頁以下参照。

本の不動産登記制度の未成熟等の事情が絡んでいる。また、1901年のドイツ民法典の成立よりかなり早い時期に、日本の不動産取引はすでに活発化しており、裁判所においても、フランス法の影響による物権変動理論の事実上の採用が不可欠であった。すなわち、わが国の裁判所では、民法制定以前から、「第三者に対抗しえない」という用語を用いて不動産取引を規制しているような事情があったのである[16]。

2　意思主義の2つの解釈

(1)　フランス法的な解釈・有因主義

　民法176条は、「物権の設定及び移転は、当事者の意思表示のみによって、その効力を生ずる」という規定であり、土地所有権の売買や贈与あるいは地上権、抵当権等の設定が単なる意思表示（契約または単独行為）だけで有効に成立すると確認している。次の民法177条によれば、物権変動は「登記をしなければ、第三者に対抗することができない」とされているため、176条の原則は、第三者以外の者、すなわち契約当事者の間でしか適用されないことになる。しかし、意思主義が重要な基本原則であることには変わりなく、所有権の観念性や個人意思の尊重というフランス法主義の精神を反映するものと解される。ただ、日本民法にはドイツ法的な要素もかなり取り込まれているため、単純にフランス法的な解釈を試みればよいということにはならない。民法176条に関しては、意思表示の意味と所有権移転の時期という2つの論点をめぐって、独仏法のそれぞれの観点から解釈論の試みがなされ、学説の対立を見た。

　フランス法的な解釈によると、ここでの意思表示とは普通の債権契約を指しており、売買契約があればその効果として当然に売主の所有権が買主に移転することになる[17]。そこでは、格別に区別されていない物権的効果は、債権契約のプロセスの中に未分化で融合していると解される。こうした考え方の導入には、後述のように有力な批判が見られるけれども、判例の採用しているこの理論が日本の現行法であり、これを尊重しながら議論

---

[16]　当時の公の手続としては、地券の書き換え、慣行を背景とした公証制度などがあり、建前は効力要件とされたにもかかわらず、対抗要件としての解釈・運用が行われた。滝沢・理論163頁以下参照。

を進めることが適当と考えられる。フランス法では伝統的に、契約成立と同時に所有権が移転し、同時に危険負担も移転すると論じられてきた。明治時代の初期にフランス法の影響を強く受けた日本の裁判所が、このような理解を取り入れながら判例法を形成していくのは自然であったから、そこに日本的伝統を指摘することもできる。

　しかし、日本の民法典はドイツ民法と同じパンデクテン方式で編纂されており、物権と債権が明確に区別された体系が見られる。そこで、当面の解釈としては、債権的意思表示と物権的意思表示の区別を肯定した上で、両者の有因的な結合という考え方に立ち、民法176条の意思表示は両者をあわせ含むと見ることが適当と考えられる。通常の売買契約などにおいては、2つの意思表示が融合して併存していると見てよいであろう。したがって、債権契約が無効となれば、物権変動の効果もその影響によって消滅する。これが有因の意味であり、このような考え方を導入することによって、フランス法的解釈を採りつつも、より明晰な議論が可能になる。

(2) ドイツ法的解釈・物権行為の独自性

　これに対して、ドイツ法では、物権行為の独自性・無因性という考え方が制度的に確立しており、ドイツ法的解釈に示唆を与えている。そこでは、物権変動の意思表示とは、債権契約と明確に区別された、たとえば所有権移転にだけ向けられた意思表示を指す。ドイツ法における不動産所有権の移転は、このような物権的合意がアウフラッスング（Auflassung）と呼ばれる一定の方式によって行われ、合わせて登記がなされることによって効力を生じる。さらに、このような物権行為をその原因と切り離して論じるという無因性の原則もあり、原因となる債権契約が無効であっても、物権変動の効果は影響を受けないとされる。ドイツ民法典の成立後その研究を深めて、ドイツの学説の影響下にあった日本の民法学者は、このよう

---

(17) フランス法は物権契約、債権契約という区別をもたず、両者を含めた契約（contrat）とそれより広い対象を含める合意（convention）の概念だけが認められている。したがって、地上権や抵当権を発生させる契約は通常conventionと呼ばれているが、これをcontratに含ませることもできる。これに対して、ドイツ法では物権を発生させる合意だけがEinigungと呼ばれ、Auflassungはそのうちの特別の方式のものを指すことになる。物権契約、債権契約という区別に関する限り、日本法の議論は明らかにドイツ法的である。

なドイツ民法の制度に倣った解釈を民法176条に持ち込むことによって、判例理論に対するアンチテーゼを形成した。こうして民法176条においては、フランス法的とドイツ法的の2つの解釈が対立することになったのである。

　フランス法的な解釈への批判の1つは、前述したように、日本民法が物権と債権を一応区別して体系化している点である。パンデクテンの体系が採用されたのは、民法制定に際してドイツ民法の草案も参考にされたからであるが、物権契約、債権契約という概念の導入になじむため、この体系的区別を尊重するべきであると当然論じられる。また、フランス民法の説く契約時所有権移転説が、わが国の不動産取引の実態とかけ離れているという点も繰り返し指摘されてきた。すなわち、特定物の売買契約においては、代金が支払われるか少なくとも登記・引渡のような具体的な取引行為があってはじめて所有権が移転すると考えるのが市民一般の取引意識に適うと指摘されている。このことは、所有権の観念性という考え方がわが国の議論に定着していないことの反映と見ることができるであろう。すなわち、日本法ないし日本の取引社会では、所有権は依然として物の支配に直結した、実質的な内容をもつものと解されているわけである。

　こうした状況の下で、ドイツ法的解釈からは、民法176条の意思表示を物権的意思表示と解し、登記、引渡、代金支払のように外部的に認識できるような履行行為があったときに物権的合意がなされて、そこではじめて所有権が移転するという議論がなされた。しかし、この考え方によれば、物権変動においては登記等の外形的行為の存在が不可欠の要素となるために、結局民法176条は、意思主義というよりむしろ形式主義に帰着する結果になるであろう。また、代金支払のように公示とは異質な行為が、外形的行為として登記や引渡と同一に扱われ、所有権移転と結びつけられる理由も明確ではない[18]。結局、日本法の下では、外部的徴表と結びつかない単なる物権的意思表示の独自性を、積極的に肯定する意義はあまり認めら

---

[18]　代金支払については、川島説により、売買の有償性から導かれる原則として代金支払時に所有権が移転するとも論じられている（川島武宜・所有権法の理論（岩波書店、1949年）248頁参照）。しかし、後には登記、引渡時にも所有権移転を肯定されたため、後述する登記・引渡・代金支払時説に合流する結果となり、独自性を失っている（川島・民法Ⅰ153頁参照）。

れない。したがって、物権行為の独自性、無因性という考え方も不要とならざるを得ないが、この事情は、物権と債権の区別を尊重することとは矛盾しないのである。地上権、抵当権などの設定契約などを論じる場合には、物権契約という概念が確かに有意義である。

3　所有権移転の時期

(1)　契約成立時移転説と反対説

日本の判例は、古くから一貫して、特定物の売買において所有権は契約成立と同時に移転すると論じている[19]。この理論の延長として、不特定物の所有権移転は目的物が特定した時に生じる[20]。他人物の売買においては、売主たる他人が売買の目的物を取得したときに、直ちに買主に所有権が移転すると解され、第三者のために所有権を移転する契約においては、第三者の受益の意思表示と同時にその効果が生じるとされる[21]。契約解除の場合には、解除の効力発生とともに物権的効果も消滅して、所有権は解除者のもとに復帰する[22]。代物弁済契約の場合には、契約成立により直ちに所有権移転の効果が生じるが、債務消滅のためには登記、引渡等の履行行為が終了しなければならない[23]。これらが、契約成立時移転説とともに、その延長上に確立された伝統的な判例理論である。

これに対しては、とりわけ所有権が契約成立と同時に移転するという原則に抵抗が見られ、取引社会の法意識に反するとの批判が学説に顕著であった。売買契約を締結して、まだ代金も支払われず、登記も引渡もないのに、買主はすでに所有権者であるという結論は、確かに不合理のようで

---

[19]　大判大正2年10月25日（民録19輯857頁）、大判大正10年6月9日（民録27輯1122頁）、最判昭和33年6月20日（民集12巻10号1585頁）、滝沢聿代解説・判例百選Ⅰ〔第5版〕106頁参照。ほか多数あり確定した判例理論である。

[20]　最判昭和35年3月22日（民集14巻4号501頁、判時229号38頁）、滝沢聿代解説・判例百選Ⅰ〔第5版〕108頁参照。

[21]　大判大正8年7月5日（民録25輯1258頁）、滝沢聿代解説・不動産取引百選〔第3版〕68頁、大判昭和5年10月2日（民集9巻930頁）（第三者のための契約）参照。

[22]　最判昭和34年9月22日（民集13巻11号1451頁）参照。

[23]　最判昭和57年6月4日（判時1048号97頁、判タ474号107頁）参照。代物弁済においては、特に履行の完了が重視されるため、所有権移転の他に登記、引渡等が求められる。競売の場合には代金の納付時に所有権が移転する（民事執行法79条）ことも例外である。

もある。通常は、登記・引渡と代金支払いが同時履行の関係になることで公平が保たれるであろう。しかし、売主の代金請求権が消滅時効にかかったような場合には、買主だけが一方的に登記、引渡を請求できることになり公平を欠くのではないか、という問題も生じる[24]。そこで今日の多数説は、物権行為の独自性論を否定しつつ、フランス法的な意思主義を確認した上で、所有権移転の時期だけを登記、引渡、代金支払のいずれかが行われたときにずらすべきであると主張している[25]。これが登記・引渡・代金支払時移転説と呼ばれるところである。

判例の契約成立時移転説を前提とした場合にも、契約当事者間で所有権移転の時期を特約することは自由である。また、取引慣行ないし慣習を根拠に契約時とは別の所有権移転時期が認定される余地もある。しかし、それらによることができない場合には、民法が示す原則を適用しなければならない。所有権の所在を明確にすることは、民法の理論体系に従って物権の秩序を確認するために必要であり、物権変動の重要な課題となるからである。所有権といっても占有や登記とは区別された観念的なものであるから、契約の成立が明確であって、履行を残すだけの場合には、観念的な所有権が買主に移転していると見ることによって、契約の拘束力を強化する結果になるであろう。

不動産売買契約においては、通常契約の成立時期はきわめて慎重に認定されており、単純に「売りましょう、買いましょう」の合意が見られればよい、というものではない。判例を分析すると、契約の成立時期は「現実履行の強制がふさわしい時期」として認定されているという指摘もある[26]。したがって、契約成立時移転の原則を維持しても、登記・引渡・代金支払時説による解決と比べて、それほど落差はなく、実質的な相違は少ないと見得る。逆に、登記・引渡・代金支払時移転説によったとしても、登記又

---

[24] 滝沢・理論185頁参照。
[25] 前注(18)の川島説とともに、舟橋諄一・物権法86頁以下が挙げられる。近江・物権法〔第3版〕55頁以下が詳細である。
[26] 河上正二「『契約の成立』をめぐって——現代契約論への一考察（一）（二・完）」判タ655号（1988年）11頁以下、657号（1988年）14頁以下参照。関連の議論については、滝沢聿代「物権変動論のその後の展開（一）」成城法学50号19頁以下、滝沢・理論Ⅱ94頁以下参照。

は引渡があって代金未払であるような場合には、当然に所有権移転を認めるならばやはり公平を欠くであろう。売主が常に信用を供与して所有権の移転を許したと見ることも無理があるからである。また、代金支払時を基準とする場合には代金の完済を必要とするかどうかが難しい判断となる[27]。

　他方、売買契約の履行過程においては、所有権が包括的に移転する時期を確定する必要はなく、契約の成立から履行完了までの間に、所有権はなしくずし的に移転すると説く説もある。確定不要説ないし段階的所有権移転説とも呼ばれる[28]。民法には、危険負担や果実収取権に関して特別の規定が置かれており、その他に不法行為の損害賠償請求権や債権的な登記、引渡請求権も援用できるので、無理に包括的な所有権の所在を決定しなくても個別の問題解決は十分可能である、と主張されている。斬新かつ現実的な見方であり、所有権移転時期の決定は実務上必ずしも重要な役割を果たしていない、という点が指摘されたことは有意義であった。

　しかし、法的安定性のためには、体系的で一貫した解釈理論の存在が求められる。売買の履行過程だけ所有権の所在をブランクにすることは不自然であり、またその必要もない。他方、危険負担に関する民法534条の債権者主義などは、所有者が危険を負担する規定と読み替えることによって、より分かりやすくなり、説得力が増すこともある。所有権は多様な権限の束を含んだ現実的な実体であると考えるべきではなく、所有権というタイトル（名義）に核心があり、その枠の中で、取引の具体的状況に応じて、実質的な中身を自由に変化させ得るものである。契約成立時に移転するのはこのタイトル、すなわち観念的所有権であると考えればよいのであり、判例理論に従っても差し支えはない。もっとも判例も、契約の成立を認定するのに慎重である以上に所有権移転を認定するには慎重であって、黙示の場合を含めて当事者意思の存在や慣習の存在に配慮しており、単純に原則論で割り切ってはいない。そのことと、契約成立時移転の原則が必

---

[27]　前注(19)に挙げた最高裁昭和33年判決では代金の6割が支払われているため契約時移転説ではないと批判された。下級審裁判例には、代金の完済が必要と論じる例もある（東京地判昭和42年1月24日判時487号49頁等参照）。

[28]　鈴木禄弥「特定物売買における所有権移転の時期」契約法大系Ⅱ（有斐閣、1962年）85頁以下参照。星野・民法概論Ⅱ37頁、内田・民法Ⅰ〔第4版〕423頁以下等が支持される。

要かつ有意義であることは、区別して考えなければならない。

(2) 請負契約における所有権移転の時期

所有権がいつ移転するか、という問題は、建築請負契約における完成建物の所有権の帰属に関しても大いに議論されている。判例は伝統的に、注文者の土地に請負人が建物を建築した場合には、材料を提供した者に所有権が帰属すると論じてきた（大判明治37年6月22日民録10輯861頁、大判昭和7年5月9日民集11巻824頁等参照）。したがって、多くの場合には材料提供者である請負人が完成と同時に建物所有権を取得し、注文者は後に残代金を支払い、引渡を受けることによって所有権者となる。この考え方は、請負人の代金債権を保護する目的で導かれているが、この意味での請負人保護には同時履行の抗弁権や留置権等があり、他にも各種の手段が考えられるため、むしろ請負契約の目的に即して、注文者が直ちに所有権者になると解するべきであると論じられるようになった。

判例も、最判平成5年10月19日（民集47巻8号5061頁、判時1480号72頁、判タ835号140頁）[29]において、上記のような方向に大きく踏み出したと解されている。事案においては、下請負人が自己の材料で建物の26パーセントを完成させた時点で元請負人が倒産したため、注文者は請負契約を解除して、新たな請負人によって建物を完成し、所有権保存登記をして占有している。下請負人は、完成建物あるいは少なくとも倒産時までに完成した出来形部分は自分に所有権があるとして、所有権確認、建物引渡と、予備的に出来形部分に対する償金（民法246条、248条参照）を請求して訴えを提起した。最高裁は償金の支払請求のみを認めた原審判決を破棄し、出来形部分も注文者に帰属するとした。注文者と元請負人との間にその趣旨の特約があったため、材料を提供した下請負人もそれに拘束されると判断されたものである。しかし、判旨や補足意見の議論の中で、注文者が所有権を原始取得するという考え方の妥当性が明確に示されている。

売買契約の場合とはまったく異なる状況における議論であるけれども、同じく所有権移転時期の問題であるため、ここには共通の要素を看取することができる。すなわち、議論はどちらも包括的所有権の移転を前提とし

---

[29] 坂本武憲解説・判例百選Ⅱ〔第5版〕142頁以下、橋本恭宏解説・判例講義民法Ⅱ（悠々社、2005年）165頁以下参照。

てなされていること、建物ないし出来形の完成時の所有権移転のように移転時期の特定が求められていること、特約による移転時期の決定が可能とされていること等である。本件では、注文者への所有権帰属は請負契約の内容自体から導かれており、観念的所有権の所在が問われていることも注目される。判旨は、材料の所有権を基礎として添付（附合、加工）の規定を適用することは考慮していない。しかし、出来形は土地に附合するかたちで注文者に原始取得され、出来形が建物と認められる時点からは独立して建物所有権となる、と説くことが物権法を踏まえたより適切な理解となると考えられる。借地の場合には民法242条ただし書が適用されるであろうし、特約、慣習等があればそれによることはもちろんである。

4　対抗と対抗要件主義

(1)　対抗の一般理論

民法177条が「(物権変動は) 登記をしなければ第三者に対抗することができない」と規定しているところから、対抗要件主義の下では、物権変動の効果が契約当事者間と第三者との関係に分裂する状況を生じる。契約当事者間では民法176条の意思主義が機能し、第三者との間では民法177条が適用される。当然物権変動のプロセスは複雑になるが、このようなかたちで辛うじて意思主義を生かすところにこの制度の意義がある。

民法には「第三者に対抗できない」という規定は、177条以外にも各所に見られ、「対抗」は幅広く用いられる柔軟な概念である。典型的な例である民法94条2項、民法96条3項においては、「善意の第三者に対抗できない」という表現で、虚偽表示の無効、詐欺取消の効果から保護される第三者が指定されている。このように「対抗できない」という表現は、民法では特定の人に対して法的効果を及ぼさずに、相対的な法律関係を導く場合に広く使われている。登記の効力に関係のない領域で「対抗」という用語が活用される場合を合わせて、「『対抗』の一般理論」という表現が用いられることがある[30]。その場合には、「対抗」という法的テクニックの特性から物権変動の理論を説明できると考えられがちであるが、「対抗」それ

---

[30]　加賀山茂「対抗不能の一般理論について——対抗要件の一般理解のために」判タ618号17頁以下、滝沢・理論Ⅱ123頁以下参照。

自体は非常に柔軟な言葉であるため、使われている法的関係に応じて、適切な理論構成を試みる必要がある。

　「対抗」という用語は、本来一定の権利ないし法律行為などの存在や効力を当事者以外の者に認めさせ、また原則的にその効力に服さしめる場合に使われる。物権変動においては、その効果ないし物権の取得を、「対抗できる」または「対抗できない」として用いられることが通常である。ただし、登記との関係では、物権取得者が登記していないこと（登記の欠如・登記の欠缺）を第三者の側から「対抗できる」「対抗できない」というかたちで用いられる場合もある。たとえば後述の背信的悪意者は、本来自ら先に登記する可能性がある限り、第1譲受人の登記の欠如を「対抗できる」はずであるが、背信性のゆえに「対抗できない」ことになる。

　このように「対抗する」は「主張する」とほぼ同じ意味であるけれども、第三者の側で「対抗できない」ため拒否できる当該の法的効果を、自主的に承認する余地があるとされている。そのため法的効果に流動性を伴うところが、本来の相対的無効と異なる。相対的無効は、絶対的無効と対比され、特定の人から特定の人に対してだけ主張される無効を指す用語である。しかし、ここでは第三者の承認が実際に機能する場面は少なく、その点でも対抗関係と相対的無効を区別するのは難しいが、一応区別はあるとしておきたい。民法177条における第三者の承認の問題については後述する。

(2) 対抗要件主義

　上述の対抗という用語は、指名債権譲渡にも用いられている。民法467条1項においては、債務者への通知・承諾がなければ「債務者その他の第三者に対抗することができない」と規定されており、同条2項には、通知・承諾を「確定日付のある証書によってしなければ、債務者以外の第三者に対抗することができない」とある。「第三者に対抗する」ために、一定の形式的行為が条件とされているところは民法177条の登記の要請と同じであり、このような場合の条件が対抗要件と呼ばれるものである。物権変動においては、他にドイツ法のような登記効力要件主義が注目されるため、対照的に対抗要件主義という用語を用いることが適当になる。すでに発生している法的効果の「対抗」が問題になるのであるから、対抗要件主義は

意思主義とセットになってはじめて機能することになる。

　民法176条の意思主義の効果として、売買契約により買主に移転した特定物の所有権は、民法177条の適用によって、登記されなければ第三者に対抗できない。すなわち、買主は取得した所有権を売主には主張できても「第三者」には主張できない結果、当該第三者は、買主の登記の欠缺を主張して、この未登記売買を無視し、自ら売主と新たな売買契約を締結して先に登記し、未登記買主の所有権を結果的に奪うことができる。これが対抗要件主義のもたらす典型的な二重譲渡の解決である。こうした制度を認めることにどのような意義があるのか。この点については次節に詳論するが、核心のところはあらかじめ確認しておきたい。すなわち、意思主義・対抗要件主義は、物権変動を登記と結びつけるための1つのシステムである。登記はすなわち公示であり、当事者間での物権変動を取引の世界に開示させることが目指されている。この前提が重要である。

第4節　二重譲渡の理論構成

1　議論の意義

　意思主義・対抗要件主義の下での物権変動は、上述のような二重譲渡ケースにおいて典型的に示されるため、その理論的な把握をめぐって、学説には古くから多くの議論が見られた。問題とされてきたのは、とりわけ「対抗」という用語の枠内で、民法176条・177条の解釈にどのように一貫した理論構成を与えることができるかであった。

　典型的な事例とされる不動産の二重売買を、もう一度次のように確認したい。ABの間に売買契約が締結され、買主Bは代金を支払い目的物の引渡を受けて占有している。しかし、登記の移転がなされずまだAに登記が残されていると、Aがこの不動産をCに二重譲渡して所有権移転登記を済ませた場合には、最終的に所有権を取得できるのはCであり、CはBに対して不動産の引渡を請求できる。Bは売主Aに対して損害賠償請求できるだけである。この結論には確かに抵抗があるけれども、民法177条が「登

記しなければ第三者に対抗することができない」と規定した結果であり、こうした制裁を設けなければ、買主Bは登記をして売買を公示することなく放置するであろう。意思主義・対抗要件主義においては、このように当事者AB間で有効に生じている物権変動の効果を、登記の欠如を理由に後から第三者Cが否定する可能性を認めており、それが「先に登記した者が勝つ」と言われる意味である。

　フランス法は、上述のような結果は、物権変動が当事者間と第三者との関係で別々の効果を生じるのであるから、差し支えないとだけ論じている。しかし、ドイツ民法の影響も受けて、物権と債権の理論体系を明確にしようと試みてきた日本民法の視点からは、多くの疑問が提起され、二重譲渡の理論構成は学説の争点の1つとなった。問題点としては、①AがBに所有の不動産を譲渡すれば、Aは無権利者になるのに、なぜACの第2譲渡が可能であるのか、②Bが取得した未登記の物権は完全な効力を有するのか、③「対抗することができない」の意味はどう説明すべきか、④「第三者」とはどのような法的地位にある者か、等が指摘され、これらに答える学説の試みは、後述のように多彩である[31]。

　私見は、法定取得－失権という理論構成でこのような法的状況を次のように説明する。民法176条により移転する未登記物権は、意思主義の効果として、当然排他性ある完全な物権である。したがって、第1譲渡（売買）後の売主Aは無権利者であり、本来第2譲渡の権限はない。しかし、取引の事情で第1譲渡の未成立、解除可能性があるとか、あるいは第1買主Bに損害賠償を支払ってもなお、第2買主Cからよりよい収益を得られるという状況も考えられる。したがって、売主が債権的に第2譲渡を行うことは可能である（他人物売買と見ることができる）。その結果、AがCに登記を移転すると、民法177条は「登記の順位によって契約を優先させる」という規定であるから、未登記譲受人Bはこの先登記したCに自己の契約の優先を主張できず、Cが登記とともに物権を取得し、相対的にBが取得していた権利は失われる（失権する）。すなわち、Cが登記を取得した時点でBC間に物権取得者の交代が生じる。これが法定取得－失権の趣旨であり、

---

[31] 滝沢・理論25頁以下参照。

このように理解すれば排他性ある物権が並存するような状況を想定しなくても済む。この理解では「契約を」登記すると考えているため、日本の不動産登記が物的編成主義を採り、伝統的に「権利を」登記すると考えてきた事情から抵抗があるかもしれない。しかし、観念的物権を想定すればそれほど問題はないであろう。

登記した契約者を優先させ、未登記契約者の物権を追奪することを許す民法177条の制度は、登記の順位優先主義という考え方によって登記の先取得を競争させ、それにより登記簿への取引の公示を推進するという目的をもっている。したがって、Cが第1契約の存在について悪意であっても、先登記の利益を享受できることが望ましく、取引安全のための善意の第三者保護とは区別して考える必要がある。なお、上記の説明は、先に契約したBと先登記したCとの物権取得の争いの解決を念頭に置いているが、可能性としてはBと第3、第4ないしそれ以下の後順位の譲受人が争う場合も考えられる。そこでは第2譲受人以下C、D、Eは同じ法的地位にあって、先登記すればBの権利を追奪し得る可能性がある。第1譲受人Bだけが特殊な立場にあるのは、意思主義の効果による物権取得者となるからである。この関係は、債権譲渡の対抗要件における民法467条の1項、2項の規定の違いにも見られ、契約当事者間だけに発生する効果と競合的取得者が生じて順位の決定が必要になる側面とでは、同じ扱いにはならないという事情を看取することができる。

このように、民法177条は前主の無権利を修正する独自の法定取得を創出しているのであり、その原理が登記の先後を争わせる（Prior tempore, potior jure）ところにあるのは制度の目的に適っている。

2　諸説の展開

民法176条・177条のように、意思主義と登記による対抗要件主義を併用する制度の下では、物権変動のメカニズムはどのように説明されるべきか。これまでに展開された学説による解釈論の試みを、以下に整理しておく。どの学説もそれぞれに問題の重要なポイントを捉えてはいるが、全体的な把握として見ると、理論的欠陥が大きく、制度の基本が明らかにされていない。

①債権的効果説[32]

登記がなされないAB間の第1譲渡からは、債権的効果しか生じないので、登記されたACの第2譲渡だけが有効な物権変動になると説明する。物の支配(占有)と切り離された観念的所有権は債権にかなり近くなるため、契約が未履行の状態においては、二重譲渡も法的に成り立つという説明は適切のようでもある。しかし、すでに引渡を受けて使用収益しているような第1譲受人の権利は債権では説明できず、物権の取得を否定するのであれば登記効力要件主義にならざるを得ない。

②相対的無効説[33]

登記がなされない物権変動は、当事者間では完全な効力を生じるが、第三者との関係では無効と説かれる。このような相対的効力関係は、民法94条2項など民法の他の規定においても見られるので、説明として十分機能し得る。しかし、物権の帰属を明確にするための物権変動の理論構成としては、相対的関係を肯定して済ませることでは不十分である。また、「対抗」の一般理論からは、未登記の物権変動を第三者が承認する可能性もあるとされているため、この場合の説明が困難という難点もある。後述する権利保護資格要件としての登記の場合には、この相対的無効という説明がよりよく当てはまるが、それでも第三者の承認を認めるかどうかの問題は残る。

③不完全物権変動説[34]

登記されない物権変動は、当事者および第三者との間で不完全なものとして生じ、登記されることによって完全になる。したがって、売主Aにもまだ完全には無権利者ではないため、第2譲渡も可能である。未登記の不完全物権は排他性のない物権であるとされる。分かりやすい説明であり、我妻説であることからも広く援用されている。しかし、排他性ない物権は債権と同じものかと問われており、Cの承認によりAB間の物権変動が完全なものになるのはなぜかという疑問も生じる。

---

[32] 川島・民法 I 66頁参照。
[33] 末川・物権法90頁以下参照。
[34] 我妻=有泉・新訂物権法149頁参照。

④第三者主張説[35]

未登記の物権変動であっても当事者、第三者間で完全な効力を生じるが、第三者Cが一定の主張をした場合には、この者との間で効力が失われると説明される。未登記物権を否認する権利を行使できるとする否認権説と未登記の物権変動と両立し得ない事実の主張をなせば足りるとする反対事実主張説に分かれる。未登記物権の完全性を肯定したため議論が明快になった代わりに、第2譲渡の根拠を説明するのが難しくなった。仮に否認権の行使や反対事実の主張がなされない場合にはAB、ACという2つの有効な取引を認めることになるとも批判される。

⑤訴訟法説[36]

民法176条・177条の理論的説明の難しさを訴訟法的観点から克服しようとする説で、裁判規範説と法定証拠説がある。前者は当事者間の紛争には民法176条を、第三者との紛争には民法177条を適用して裁判をする規定であって、それ以上の説明を要しないと論じる。また後者は、裁判においては登記が物権変動の優先関係を決める法定証拠になるとする。民法の規定はいずれも裁判規範であるのに、ここでだけ裁判を強調してすませることは不自然であろう。

⑥公信力説[37]

AB間の未登記物権変動によりBには完全な物権が取得される。その結果、売主Aは無権利者となり第2譲渡はできなくなる。しかし、ACの譲渡は善意無過失の第三者を保護するという取引安全の観点から有効と認める余地があり、これを制度的に保障した規定が民法177条であると説く。論者によりニュアンスの違いはあるが、民法177条を動産占有に公信力を認めた民法192条と同じに解するのであれば、登記の公信力を否定する不動産登記法とも矛盾する。また、民法177条の第三者を善意者に限ることになるため、判例の立場と相容れないことも問題となる。

---

[35] 舟橋・物権法146頁、近江・物権法〔第3版〕71頁参照。

[36] 安達三季生「177条の第三者」判例演習物権法〔増補版〕(有斐閣、1973年) 51頁参照。

[37] 篠塚説、半田説などが挙げられる。鎌田・民法ノート物権法①〔第3版〕71頁以下もこれに同調される。

⑦法定制度説[38]

民法176条・177条はただ法が制度としてそのように決めたと解すればよいのであって、それ以上の説明を要しないとする。訴訟法説をさらに進めたような考え方であり、解釈理論を不要とする立場に帰する。この立場から「第1譲受人の失権」を肯定されることもあるが、それは議論の出発点と矛盾することになろう。

⑧登記効力要件説[39]

民法176条を物権的合意と解し、それに177条の登記が加わることによって物権変動が生じるとして、ドイツ法に同調する考え方である。物権行為の独自性という理解の延長上に、このような解釈論の試みがあり得るとしても、ここでは「第三者に対抗できない」という条文の表現や制度の沿革は無視されている。

⑨二段階物権変動説[40]

民法176条の効果として萌芽的な相対的物権の移転が生じる、民法177条により登記がなされた場合には完成体としての絶対的物権の移転となる、と説明する。③の不完全物権変動説をより詳細に理論化したものである。ABの間で未登記の物権変動が生じた場合には、売主Aには絶対的物権マイナス萌芽的物権が残っているはずであるから、AはCとの間に第2譲渡を締結できる権限があるとされる。売主に何かの権限が残っているから第2譲渡ができる、という説明はフランスの判例などにも登場している。この説においては、物権と債権の中間にある権利が想定されているけれども、そのような権利は民法の他の領域のどこにも認められていない。前出の所有権移転時期に関する所有権段階的移転説もそうであるが、体系的説明が求められている場合には、議論に一部だけ例外を持ち込むのはいわば反則である。財産法のどの分野とも共通する理論的前提を踏まえながら、ここでの問題解決の特徴を明らかにする必要があるといえよう。

---

[38] 鈴木・物権法講義〔5訂版〕134頁、星野・民法概論Ⅱ40頁参照。
[39] 石田穣・物権法137頁以下参照。
[40] 加藤・大系Ⅱ〔第2版〕76頁以下参照。

3　法定取得－失権説の補足

　上に指摘した9つあるいはそれ以上の理論構成の試みには、それぞれにこの民法176条・177条の解釈・適用の特徴を適切に把握した部分がある。それらの説明の利点を生かしながら、問題の本質を押えて、次のように整理することが適当であろう。

　民法176条の効果に戻るならば、債権的意思表示と物権的意思表示が十分区別されず融合したかたちで売買契約が締結されると、契約成立時移転説に従って所有権は買主に帰属する。このように移転するのが観念的所有権であり、実体を欠くという点で債権に類似するけれども、必要に応じて物権的な登記、引渡請求権がそこから派生するのであり、債権とは本質を異にする。また、引渡を伴って所有権が移転する場合には、登記以外は完全な所有権の実体があることになる。したがって、仮に占有、登記を残す場合であっても、売主Aは第1譲渡の結果当然無権利者になると解さなければならない。

　次に、買主Bは未登記であるから、その取得した所有権を第三者に「対抗できない」。言い換えれば「主張できない」のであり、その結果、第三者CはAB間の物権変動がないものとして、Aと取引し先登記できる立場にある。しかし、Bに対して登記移転義務を負う売主Aに第2譲渡の権限を認めることは難しい。AがBとの契約を解除できる見込みがある場合、あるいは契約成立の認識がなかった場合等では、事実上二重譲渡が起こり得ると考えられるが、第三者Cから勧誘、懇請を受ける可能性も否定できない。さらに、民法560条は他人の権利の売買を債権契約として有効と規定しているため、形式的には第2譲渡を有効とせざるを得ず、このような意味でAには二重譲渡の権限があると解される[41]。これがBにとってきわめて不利益であることは言うまでもなく、このシステムの下ではBに対し

---

[41]　Aの許に何かの権限が残っているというよりは、民法177条によって第三者が登記の欠缺を対抗できることの反射的効果と見るべきである。しかし、フランス法では他人物売買は無効とされるため（フランス民法1599条）、私見も当初は二重譲渡を事実上のものと論じた（滝沢・理論192頁以下参照）。しかし、第2譲渡を他人物売買として有効にできる日本法の下では、法定取得－失権説はより説明が容易となるわけである。

第4節　二重譲渡の理論構成

て迅速な登記の機会を保証することが重要な課題となる。

　AC間に第2譲渡が行われ、Cが登記を取得するとどうなるか。Bの権利はCに対抗できない結果、有効な権利取得者となったCはBに対して目的物の引渡を請求できる。すなわち、Bの権利はCに追奪され失われる（失権する）ことになる。そうであれば、当初のBの権利が完全な所有権であっても何ら不都合はなく、未登記物権の本質は、このように先に登記を得た第三者から追奪を受ける可能性があるという、不安定な帰属状態を指すことになる。未登記物権が「対抗力を欠く」とされることの意味がこれである。

　では、Cの取得はどのように説明されるであろうか。第1譲渡をした売主Aはすでに無権利者であり、本来無権利者からの権利取得はあり得ないのが原則である。この考え方は「無権利の法理」と呼ばれる(42)。しかし、例外的に有効な取得ができる場合は民法に例がないわけではなく、たとえば民法192条の即時取得はその典型的な例である。しかし、民法177条は公信力の規定ではなく、失権という実体的な制裁によって第1譲受人Bに登記を励行させることを目的とする制度である。そのため、先に登記した者が出現すれば、契約関係におけるその者の優先を認めるのであり、これが民法177条に込められている「登記による契約順位の優先主義」である。したがって、Cの取得は本来の契約の効果ではなく、この法律の規定によるのであるから、民法176条・177条が制度化したのは、法定取得－失権という独自の権利取得の形式であると解される。ここで法定取得と表現したのは、Cの権利取得が純粋に契約だけの効果ではないという意味である。実質的には登記の効力がB、Cの契約の優先順位を入れ替えることによって、Cにおける無権利の法理が克服されるのであり、法定取得を順位優先取得とするならば、より正確で誤解され難い表現になろう。

　このように、民法177条が適用されることにより、未登記のBから登記したCへというかたちで物権取得者の変更を生じるのであるが、Cはもち

---

(42)　「無権利の法理」は「何人も自己の有する以上の権利を他人に譲渡することはできない（Nemo plus juris ad alium transferre potest quam ipse habet）」というローマ法の格言を確認するものであって、物権法の基本をなす原則である。この基本原則を修正し、無権利者からの権利取得を実現させるためには、法の明文規定が必要となるのであり、民法177条もそれに該当する。

67

ろん売主Aとの契約の効果として所有権者となるのであり、取得の効果は登記の時に生じるが、日付は契約時に遡るはずである[43]。この意味では、Bの存在はCにとってあまり重要性はないのであるが、賃借人のある建物の譲渡などにおいて、賃料の清算が必要となる場合には、BはACの契約以前の賃料については、請求の権利を主張できることになる。また抵当権者CがAに対して実行した抵当権の効果をBが甘受せざるを得ない状況も考えられよう。したがって、より正確に言えば、Bは契約の先順位を第三者Cに対抗できないのであるが、Cの権利に抵触しない限りでは依然Bの権利は有効と見る必要がある。

　第三者主張説のうちの否認権説によれば、第2譲渡はACだけの関係であるから、Cの登記がなされればBの権利は遡及的に消滅し、CがAから直接すべての権利を承継すると解されている。そのような処理をしても、BがAに損害賠償請求することで実質的な清算ができるのであれば、差し支えないとも言える。しかし、民法176条の効果をあえてまったく否定することは適当ではない。ここで所有権移転の詳細を詰めるならば、Cが取得するのはAの権利の上に対抗力を欠くBの権利が付着したものと、構成することができるはずである。議論の最も難しい部分の1つであるが、このように解したい。

　次に、B、Cがともに登記を欠く状況をどう考えるかである。判例によれば、ここではB、Cが相互に対抗力を欠く結果、いずれの側からも権利の主張はできず、どちらかが登記するまでは両すくみの状態が続く[44]。B、Cのどちらも、売主Aに対して登記請求権を有することはもちろんである。しかし、上記の議論の延長としては、Cは登記を取得することによってはじめてBに優先することができるのであるから、ともに未登記であればBの権利が維持されるべきである。学説にも同様の主張はかなり見られ

---

[43] この点については、当初登記の時から取得の効果が生じると論じたところを後に修正した。また、第1譲受人の失権は第2譲受人の取得と相容れない限りで失権するのではなく、第1契約の効果は契約日に遡ってすべて消滅すると説く浜上説（浜上則雄「不動産の二重譲渡と対抗要件」阪大法学145＝146号33頁参照）も見られるが、上に述べたようにそこまでの必要はないと考えている。

[44] 大判昭和19年10月6日（民集23巻591頁）、最判昭和33年7月29日（民集12巻12号1879頁）は、いずれも立木の二重譲受人がともに明認方法を欠く場合である。

るけれども⑮、判例の立場にも実務の見地からの妥当性はあると解される。すなわち、物権変動の公示をできるだけ推進するためには、未登記物権を原則的に保護するという場をなるべく作らないことが望ましいことが1点である。もう1点は、仮にBを勝訴させたとしても、直後にCが登記を経れば、直ちに権利者は変更され、いわば新たな判決が必要となる状況であって、訴訟経済の見地からも判例のような処理が望ましいことになる。こうした事情を踏まえて一応判例の解決を肯定しておきたいが、第1譲受人の権利には、従来以上の慎重な配慮が必要と考えられる。

たとえば、A所有の建物の二重譲受人B、Cがともに未登記である間に、Dの不法行為で当該建物が一部毀損したとすると、Dは誰に損害賠償を支払うことになるのかが論じられている⑯。通常は、どちらかが登記するまで損害賠償請求権者は確定せず、Dは供託を要するという解決が採られる。Bの権利が「対抗力を欠く」ことの反映であるが、まったくの未登記建物であったような場合には、Bを優先させる余地があると言えよう。他方、未登記の第1譲受人Bは、失権の恐れはあるとしても、当面は完全な所有権者であることを前提にBの占有を保護することもできる。

第三者の承認をどう考えるかも重要である。民法177条の「対抗することができない」の意味は、未登記者は自ら権利の主張をできないけれども、相手方がその権利を承認すれば有効になる状況を表現していると解されてきた。CがAB間の未登記物権変動を承認するとは具体的にどのようなことであろうか。第1には、当該不動産についてあえてAと第2契約を締結しないことを意味するであろう。しかし、問題はむしろ、Cが第2譲渡を登記した後になってBの未登記物権を承認し得るかである。この場合に、BがCの承認を得ることにより、未登記のままで権利を維持できる可能性を残すことは対抗要件主義の精神に反する。Cの意思表示を待たなければ権利関係が確定しないという不都合も生じる。したがって、第三者の承認には、ここでは制度としての積極的な意味を与える余地がないと解さざる

---

⑮ 滝沢・理論194頁、加賀山・前掲注㉚論文判タ618号17頁、七戸克彦「対抗要件主義に関するボアソナード理論」慶大法学研究64巻12号248頁等参照。
⑯ 舟橋・物権法195頁以下参照。この問題については、私見は旧稿においては第1譲受人Bの原則的優先を主張している（滝沢・理論197頁参照）。本文に示したところは若干の改説になるが、なるべく判例の立場に準じておくことが適当と考えた。

を得ない。意思主義・対抗要件主義は物権変動の基本原則であって、所有権ないし物権の所在を一義的に明示できる制度であることが求められているからである[47]。

　民法176条・177条は、2つの原則を結合して物権変動と登記の関係を明らかにしている。しかし、繰り返すならば、前者は登記を不要とし、後者は登記が必要とするわけで、いわば矛盾する規定を組み合わせた制度となっている。フランス法からの沿革がもたらすこのような制度の複雑さを、同じくフランス法伝来の「対抗することができない」という用語の柔軟さによって調節するところに、この制度の特徴があると言える。法的構成には自然科学の議論のような厳密さは期待できないが、法制度が機能するためには理論面での一定の透明性が必要である。これまでの説明により、意思主義・対抗要件主義における物権変動のメカニズムは、ある程度合理的に納得され得るものとなったはずである。

　こうした理解を踏まえて、この制度が日本法に取り込まれた歴史的意義、さらには当事者の自由意思の尊重と迅速な取引を保証するという実務的な意義を考慮しながら、伝統を生かして運用していくことがこの分野の課題である。

第5節　第三者の範囲

1　第三者の定義

　民法177条によれば、登記されない物権変動は「第三者に対抗できない」のであるから、対抗要件主義の解釈においては第三者をどう捉えるかがきわめて重要である。学説はこれを「第三者の範囲」の問題として論じてき

---

[47]　ただし、後述する権利保護資格要件としての登記においては、第三者の承認があれば未登記者の権利行使を認めるという対応が可能と考えられる。ここでは権利の帰属関係が一応確認されており、その上で相対的な調整が行われるからである。また、順位優先主義の登記によって権利の帰属関係が確定したにもかかわらず、未登記者の権利を承認したいという場合には、交渉による和解的解決がなされればよいわけである。

た。条文にはまったく定義が見られないので、通常の理解に従って、第三者とは契約当事者およびその包括承継人以外のすべての者を指す、という解釈も可能である。実際、第三者をこのように広く定義した学説も見られ、無制限説と呼ばれる。ドイツ法の登記効力要件主義にできるだけ近づけて登記の要請を強調するためには、第三者の範囲を広げて無制限説を採ることが必要になるので、最も古い時期の解釈はこのようなものであった[48]。しかし、判例は著名な大連判明治41年12月15日（民録14輯1276頁）[49]において、第三者制限説へと転換し、今日まで引き継がれている。この判決が示した第三者の基準は、「登記の欠缺を主張する正当な利益を有する第三者」であり、判例・学説によって広く援用されている。一般条項に近い表現で、かなり漠然としているが、これにより不法行為者、無権利者等が第三者から除外されることを、判旨は指摘している。

　その他に、「当該不動産に関して有効な取引関係に立てる者」（我妻説）、「相互に相容れない物権対物権の対立的競合関係にある第三者」（対抗問題限定説）のような考え方も示されているが、実務の中で機能している判例の立場が最も重要である。先の第三者制限連合部判決の示した基準を前提としながら、判例は、事案に即して個別具体的に第三者に当たるかどうかを判断し、先例的解決を積み重ねてきた。しかし、これらの具体的な検討に移る前に、複数の学説により主張されている対抗問題限定説の意義に言及しておくべきであろう。

　二重譲渡の理論構成において議論されてきたのは、特定不動産の二重売買という典型的な事例であった。ここでは、所有権移転登記がなされたか否かによって、第1買主、第2買主のいずれかが確定的に所有権者となる

---

[48]　民法起草者である梅謙次郎、富井政章の説がそうであり、大判明治40年2月27日（民録13輯188頁）等判例も同様であった。滝沢・理論53頁以下、舟橋・物権法176頁以下参照。

[49]　第三者制限連合部判決と呼ばれている。事案は訴外Aから建物を買い受けたと主張するXと自ら建築して建物を所有すると主張するYの争いであってX、Yともに未登記である。したがって、本来登記の先後によって解決されるべき紛争ではないと見られるが、傍論として展開された本文のような基準が尊重されており、以下に指摘する具体的な第三者の例、あるいは第三者にならない例の多くが本判決の判旨中に列挙されている。滝沢・理論226頁、松岡久和解説・判例講義民法Ⅰ 123頁以下参照。

のであるから、第三者に当たる者は同一不動産上の所有権の取得を争う競合的な契約関係にある者と解される[50]。同様の状況が、たとえば地上権の二重設定、抵当権の競合的設定として生じたとしても、それぞれの物権の優先順位が登記によって決められるのであるから同じである。抵当権についてはこのことは、民法373条によって明文で確認されている。すなわち、民法177条の第三者とは、本来は不動産物権の取得を競合的に争う関係にある者と解することができるであろう。これらの者に登記の先取得を争わせるのは、対抗要件主義が物権変動を公示（登記）させるための法技術であるからにほかならない。なお、不動産賃借権は登記が可能とされているため（民法605条、不登法3条参照）、ここでは物権に準じた扱いになる。「相互に相容れない物権の取得」を前提とする対抗問題限定説の意義は、このような登記の本質を適切に指摘している点にある[51]。

　ところが、実際には判例は、第三者を必ずしも上記のように物権取得者に限定することはしていない。典型的な例は賃借人との関係に見られる。AB間に賃貸借契約があってBの賃借権に対抗要件がある場合に、AC間で目的不動産の譲渡が行われてCが新賃貸人になったとする。Bの賃借権はCに対抗できるので、登記で解決すべき権利関係はそこには本来存在しないはずである。にもかかわらず判例は、Cがその所有権の取得を登記していなければBに対して賃料を請求できないとする。CがBに解約を申し入れる場合も同様に登記していなければ認められない[52]。しかし、このタイプの紛争類型におけるBを民法177条の第三者に含める場合には、対抗問題限定説は理論的に機能しなくなる。ただ、第三者制限連合部判決が立て

---

[50]　正確には、民法176条の適用を受ける第1譲受人の法的地位と、民法177条の適用によって無権利者からの法定取得を受ける第2譲受人の地位は同じではない。しかし、前述したように判例は、ともに登記を欠く二重譲受人の地位を「相互に対抗できない」と論じていることもあり、一般的には二重譲受人は物権取得者として対等な法的地位にある者と解されている。外形的に見た表現としては必ずしも不適当ではない。

[51]　フランス法では1955年登記法30－1条が第三者の要件を次のように規定している。「同一の不動産について、同一の前主から、公示の義務がある証書や判決に従って競合的な権利を取得し、公示している者（後略）」第三者自身が登記を取得している必要があることに注目したい。

[52]　大判昭和8年5月9日（民集12巻1123頁）（地代請求を否定）、最判昭和25年11月30日（民集4巻11号607頁）（解約申入れを否定）、最判昭和49年3月19日（民集28巻2号325頁）（未登記の賃貸人の解除を否定）等参照。

た「登記の欠缺を主張する正当な利益を有する第三者」という基準であれば、このようなタイプの第三者を取り込める柔軟さをもっている。

したがって、判例の考え方の下では、民法177条の第三者の基準を2つの類型に分けることが適当になるであろう。1つは物権ないしそれに準じる権利の競合的取得を争う関係にある第三者であり、ここでは登記の順位による優先主義の原則が適用され、第三者は先に登記することにより当事者間の物権変動の効果を否定できることになる。これが本来の対抗要件主義の登記で、狭義の対抗要件主義と呼ぶことができる。もう1つは、それ以外のケースで、判例が裁量的に登記の要求を拡大している場合である。上例の賃貸借契約において、新賃貸人の権利行使に登記が必要条件とされることはその一例であり、学説はこれを権利保護資格要件としての登記と名づけている。他の例を挙げるならば、民法94条2項により、虚偽表示の効果から保護される善意の第三者に、条件としてさらに登記の取得を要求する考え方などである。この場合には、民法の規定が第三者の要件を「善意者」と明示しているにもかかわらず、さらに登記の要件を政策的に加重することになるから、対抗要件主義の拡大に当たる[53]。2つを合わせた広義の対抗要件主義によって第三者の範囲が広がり、それとともに登記の強制力が強化されているのが、民法177条の現状である。このような状況は、判例、学説による登記尊重主義ないし登記中心主義と呼ぶことが適当であろう。

なお、権利取得のメカニズムに関しては、狭義の対抗要件主義が法定取得ないし順位変更取得と失権によって説明できることは先にも述べてきた。権利保護資格要件としての登記においては、登記を欠くことにより特定の第三者に対する権利行使が当然に否定されるのであるから、その効果は相対的無効と説明することが適当と考えられる。しかしここでは、第三者が自ら未登記の権利を承認することによって、対抗力を否定された権利取得を有効なものと扱うという理論構成も、無理がなく適用できそうであ

---

[53] ただし、判例はこの場合には第三者に登記を要求していない（最判昭和44年5月27日民集23巻6号998頁、判時561号40頁、判タ236号119頁参照）。他方で、登記を要求する学説からは、虚偽表示者と第三者の関係を民法177条の対抗問題とする見方も示されている。ここでは法文は第三者を保護し優先させると明示しているのであるから、両者の間に権利取得の競争関係があると見るのは適当ではなかろう。

る。なぜなら、賃借人Bが未登記の新賃貸人Cに賃料を支払うことは差し支えないであろうから。したがって、ここでは第三者からの承認を肯定する「対抗」の一般理論[54]が適切に機能すると考えられる。

2　第三者の具体例

(1)　第三者となる場合

上述したような判例の立場に従って、登記によって対抗するべき第三者を、取得する権利の性質に応じて具体的に列挙すると、以下のようになる[55]。

まず、狭義の対抗要件主義の観点から物権取得を争う関係にある者は第三者となり得る。同一不動産上に所有権、地上権、地役権、抵当権を競合的に取得した者（第2譲受人）であり、これらの物権を先に取得しても未登記であれば、後から契約し先登記して同じ物権を追奪し得る立場の第三者に対抗し得ない。二重譲渡の場合には判例では、登記しなければ「相互に対抗し得ない」と論じられており、学説でもこのような第三者は物権取得者として論じられてきた。しかし、ここで第三者に当たる者、すなわち第2譲受人は、法定取得－失権説の立場からは特定物債権者と評価することになるが、それがより正確であろう。なお、入会権はそもそも登記を要しない物権であり、不動産先取特権において要求される登記は効力要件と見ることが適当であること（民法337条、338条、340条参照）、不動産質権は登記の他に占有を必要とする権利であること、等の事情からここでは除外される。また、これらの物権について共有持分が取得された場合であっても、考え方は同じであり持分登記が対抗要件となる。

賃借権については物権に準じて対抗要件としての登記が認められているため（民法605条）、その取得は登記によって第三者に対抗することが原則である。賃借人保護のために、賃貸地の譲受人に対して、権利保護資格要件としての登記が求められる側面もあることは前述した。本来の登記以外の登記や引渡が対抗要件として機能する場合もあることは注意を要するが（借地借家法10条、31条等参照）、ここでは詳論しない。

---

[54]　第3章第3節4参照。
[55]　詳細は、舟橋・物権法186頁以下、我妻＝有泉・新訂物権法155頁以下、近江・物権法〔第3版〕79頁以下等参照。

その他に、差押債権者、配当加入申立債権者、破産債権者等が物権に準じる直接的支配権を行使する者として、第三者に含められている。したがって、未登記物権はこれらの権利者に対抗できない。判例はさらに、相続の限定承認をした相続債権者、詐害行為取消を訴求している債権者、処分禁止仮処分をした債権者なども第三者に含めている[56]。これらの権利を行使する場合には、義務的に登記をするかあるいは裁判所に対する手続の行使によって、実質的に権利の存在が開示されるという事情も考慮され、物権の取得を争う関係に取り込まれているわけである。このように第三者の範囲が広がれば広がるほど登記の強制力が強くなる。

　これらの権利取得者が民法177条の第三者となるためには、自らが登記を取得していなければならないかは、検討の余地がある。登記の順位による優先主義の原則から言えば、第三者が先登記してはじめてその第三者に「対抗できない」結果が生じるはずである。フランス法では、第三者は自ら登記していることが条件とされている。しかし、日本法の下では対抗関係がより柔軟に扱われているため、未登記取得者相互の関係においても「第三者に対抗できない」のルールが適用されており、その分だけ対抗要件主義の適用範囲が広い。必ずしも登記の取得の競争関係を伴わない権利保護資格要件としての登記が民法177条の枠内に取り込まれていることも理由の1つであろう。したがって、民法177条の第三者には、先に登記して未登記物権を奪う可能性がある者と、未登記物権に一定の実質的な利害関係を保持している者が含まれる、と整理することが妥当である。

(2) 第三者とならない場合

　一般債権者は、登記がなくても対抗できる第三者である。金銭債権、特定物債権、種類物債権を問わないが、前述のように同一の不動産に対する特定物債権者は第三者と見なければならない。二重譲渡の場合を考えれば、第2譲受人は無権利者からの取得者であるが、少なくとも他人物の買

---

[56] 処分禁止仮処分権利者を第三者に含めることには、舟橋説の反対が見られる（舟橋・物権法191頁参照）。直接の支配権を取得する者ではないから、という理由による。しかし、物権の競合的な取得が争われる関係ではない場合については、支配権の有無と言ってもそれぞれ個別の特徴があるところを、結局は裁量的に第三者に含められているわけである。この意味では、権利保護資格要件としての登記が求められていると解してもよいであろう。

主として特定物債権を取得しており、先登記すれば民法177条により第1譲受人を追奪して権利取得者となれる立場にある。自分が登記していなくても第三者となれることは、判例理論が未登記の二重譲受人は「相互に対抗できない」と解している結果である[57]。

物権の取得の場合であっても、転々譲渡された場合の前主に対しては、転得者（後主）は登記によって対抗する必要はないとされており、前主は第三者に含まれない。当事者関係の延長であると考えれば当然であり、このように考えないと、中間省略登記などの場合に登記請求権を適切に行使することができなくなる。これに対してA→B→Cという物権変動が生じた後に、ABの契約が取消または解除され、Aに所有権が戻るというような状況においては、同じ前主・後主の関係にあっても、そこに民法177条が適用されると解されている。遡及的物権変動と呼ばれており、第6節において詳論する。

不法行為者、不法占拠者のように違法性を伴う権利取得者は、取引関係において「正当な利益」を追求する者と認められないので、第三者となり得ない。物権取得者は、これらの者に対しては登記なくして対抗できる。背信的悪意者がこれに準じて第三者にならないことは言うまでもないが、これについては、次の3以下で別に論じる。同様にまったくの無権利者、すなわち偽造登記の名義人、無効な契約に基づく権利取得者およびその転得者等も第三者となる余地はない。なお、受寄者が第三者となり得るかも議論されているが、動産の寄託が中心となるので、第8節で取り上げる。

3　第三者の主観的要件

民法177条の第三者に該当するのはどのような法的地位にある者かという問題は、結局第三者とはいかなる権利を取得した者かという客観的な判断に帰着することを上に検討してきた。ここで取り上げるのは、第三者の善意・悪意であり、第三者の主観的要件と呼ばれる問題である。善意・悪意という用語は、民法で一般に用いられる定義に従って、善意はある事情

---

[57]　判例は第4節3注(44)参照。通説も異論なくこの結論を肯定している。第2譲受人も特定物債権者ではなく所有権者と見られているからであろう。私見の立場から論じるならば、判例の結論は理論的には不都合であり、便宜的な措置と見ざるを得ない。

を知らないこと、悪意はこれを知ることと解される。知不知の内容は、第1契約の存在であり、少なくとも特定物債権の存在が認識されていれば悪意とされる。

　民法177条は、第三者が同一不動産について競合的に物権を取得する契約を締結した場合に、その優先関係を登記の先後によって決めるとした規定である。しかし、仮に第三者が先行する譲受人の存在を認識しており、悪意であったとすれば、第2譲渡は回避されてもよいはずである。登記することによって順位優先を主張し物権取得者になれるのは、第1譲渡の存在を知らなかった善意の第三者に限られるべきではないか。ボアソナードが起草した旧民法財産編の規定では、第三者には善意の要件が付されており、ボアソナードがこの対抗要件主義の適用に道徳的な枠をはめようと試みたことが窺われる。仮にこの考え方に従うならば、必然的に第三者には第1契約の有無を調査する義務が生じ、不注意で第2契約を締結すれば不法行為になるとも考えられる。ボアソナードもそのような議論をしている。

　そうなれば第1買主は安泰であろう。取得した権利を未登記のまま放置しても、第三者がそれを尊重し注意深く二重譲渡を避けてくれるからである。これでは登記の強制力は弱体になる。公信力説他、第三者を善意者に限る立場（悪意者排除説）に対しては、同様の批判を投じなければならない。

　現行の民法177条の規定は、第三者の善意・悪意にはまったく言及していないし、学説も登記による画一的な処理が取引安全のために必要であるから、第三者の主観的要件を問うべきではないとしてきた（善意・悪意不問説）。判例も同様の立場である。民法177条においては、物権変動の効果をできるだけ登記に結合させて、登記簿の編成を推進することが目指されているのであるから、未登記の者に失権のリスクを十分認識させ、登記の強制力を強化することが不可欠である。そのためには、第三者が先行する契約の存在を認識していても、先に登記を取得することによって、自由競争的に権利取得者になれる可能性を肯定する必要がある。判例が一貫して第三者には悪意者も含まれるとしてきたことの意義はそこにある。その代わりに、他人がすでに取得している権利を奪ってもよい、という契約のモラルに反するルールを認めなければならない。

この矛盾は、結局この制度が、意思主義による物権変動を肯定し、しかも公示の要請を対抗要件主義によって実現するという複雑な結合を余儀なくされているためであり、極力解釈による調和的な運用を目指すよりない。そこで判例は、以下に述べるように、単なる悪意者とは区別された、より違法性の高い悪意者すなわち背信的悪意者を第三者から排除することによって、取引のモラルに配慮することを目指すようになった。しかし、判例が裁量的判断によって悪意者と背信的悪意者の境界を適切にコントロールできるかについては、疑問や批判も多く見られる。

4　背信的悪意者排除説

(1)　判例の展開

民法177条の第三者には悪意者が含まれるとするのが判例、通説である。悪意者とは目的不動産について、先行する物権変動がすでに存在することを知りつつ取引関係に入る者を指す。したがって、ここでは債権契約に見られるような自由競争的取引が肯定されていると言わざるを得ない[58]。ただ、それは登記に強制力を与えるための手段として、いわば止むを得ず導入されているのであり、自由競争が積極的に推し進められているわけではない。まず、この点を確認する必要があろう。判例は、このような自由競争的二重、三重取引の中から、取引のモラルに著しく反するケースをピックアップし、背信的悪意者と位置づけて、民法177条の適用対象から除外している。

この議論の出発点となる規定は、不動産登記法5条に見られる。ここには以下の2つの規定がある。①詐欺又は強迫によって登記の申請を妨げた第三者は、その登記がないことを主張することができない（1項）。②他人のために登記の申請をする義務を負う第三者は、その登記がないことを主張することができない（2項本文）。すなわち、取引のモラルに著しく反する場合が例示されていると解される。そこで、これに匹敵するような信義

---

[58] ただし、債権契約であれば完全に自由競争の原理の下にあるというわけではない。債権侵害が不法行為となる場合もあり、信義則違反の適用もある。磯村保「二重売買と債権侵害——自由競争論の神話(1)～(3)」神戸法学雑誌35巻2号、36巻1号、2号参照。

第5節　第三者の範囲

則違反が認められる場合には、同様にその第三者を民法177条の適用からはずすことが公平に適うと考えられる。その民法上の根拠は、不動産登記法5条の類推適用の他、民法1条2項、3項、民法90条等の一般条項に求めることができる[59]。

具体的なケースで最初に注目されたのは、最判昭和36年4月27日（民集15巻4号901頁）であった。事案は、山林の買主が引渡を受けてから20数年未登記のままで占有していたところ、第三者が買主に対する復讐の意図をもって売主に二重譲渡を懇請し、低廉な価格で買受けて登記したというものである[60]。判旨は民法90条を適用し、第2譲渡を公序良俗違反で無効と論じた。学説はこれを批判し、このように明確に無効を宣言すると背信的悪意者からの転得者を救済することができないとして、民法177条の対抗関係を個別、相対的に判断する方向を示唆した。すなわち、信義則を援用すれば、未登記物権は背信的悪意者には対抗できるが、善意の転得者には対抗できないとして、妥当な結論を導くことができるという議論である。このようにして転得者保護の問題がクローズアップされ、後述する絶対的構成、相対的構成の当否が論争点ともなった。判例は後に、最高裁平成8年10月29日判決（民集50巻9号2506頁、判時1609号108頁、判タ947号185頁）において、背信的悪意者からの権利取得の可能性を肯定し、相対的構成の立場を確認している。この判決は後に詳論する。

背信的悪意者という用語が判例に定着したのは、昭和40年代に出た複数の最高裁判決によってである。ここでは、背信的悪意者に当たる第三者の取得（契約）は、たとえ登記されていても、取得の態様における違法性が高いために、未登記の第1譲受人に対抗できないとされる。逆に言えば、未登記物権でも背信的悪意者には対抗できる。したがって、背信的悪意者は判例の定義した「登記の欠缺を主張する正当な利益を有する第三者」に

---

(59) 判例・通説によれば背信的悪意者とは、信義則のような一般条項とは別に、相対的効力を導く独自の概念と解されている。しかし、実質的には一般条項と同じ議論を独自の用語を使って把握しているだけで、私見によれば、背信的悪意者の権利取得は公序良俗違反、信義則違反の効果と変わらない。

(60) 滝沢・理論Ⅱ159頁参照。また、類例に最判昭和43年8月2日（民集22巻8号1571頁、判時533号36頁、判タ226号75頁）があり、ここでは背信的悪意者の用語が用いられている。この事案では、未登記の長期占有者に高値で売りつけて不当な利益を得ようとして第2譲渡がなされた点に背信性が認められる。

当たらない者に位置づけられる。このように、第三者を制限する判例のこの基準には、取得された権利の種類に応じて第三者を選別する客観的要件の面とともに、悪意・背信的悪意のように契約の動機に関わる第三者の主観的要件の面が含まれている。しかし、両者はそれぞれ別個に論じられるのが通常である。

(2) 悪意と背信的悪意の区別

ここでの問題は、いかなる範疇の第三者が背信的悪意者に該当するかである。判例においては、第三者が未登記不動産を肯定して、すでに目的物に権利行使が開始されていたにもかかわらず、後に登記の欠缺を主張した場合、不当な財産的利益を得る目的で未登記不動産の取引に侵奪的な介入をした場合、譲渡人と親族関係にある者とで取引がなされた場合等、信義則に反するような取引の特性が認められる事例が多数ピックアップされている[61]。しかし、第1契約の存在を知りつつあえて第2契約を締結するならば、他人の権利を追奪する意図が認められるのであるから、そこにはすでに取引の背信性があるとし、悪意と背信的悪意の区別はそもそも不可能であるという批判も有力であった[62]。この立場は、民法177条の第三者は善意者に限られるとする悪意者排除説となり、二重譲渡の理論構成においては、公信力説と結びつく。

悪意と背信的悪意の判断基準を明確にすることは確かに難しい。しかし、事案に即して、純粋に自由取引の範疇と認められる第2契約と、それ以上に第1契約者に不利益を及ぼすような特徴を示す契約とを事例ごとに具体的に区別することは可能であり、裁判官の裁量的判断の難しさはこの

---

[61] 前注の事例のほかに、最判昭和43年11月15日（民集22巻12号2671頁、判時541号39頁、判タ229号132頁）（第1譲渡に立会人として関与した者が第2譲受人となったケース）、最判昭和44年1月16日（民集23巻1号18頁、判時547号36頁、判タ232号102頁）（債権と物上保証人の根抵当権の放棄に深く関与した者が債権と根抵当権の譲受人となった場合には放棄の登記がなくても対抗できる）、最判昭和44年4月25日（民集23巻4号904頁、判時558号51頁、判タ235号113頁）（未登記譲受人の登記取得を妨げる譲渡人に協力した者が第2譲受人となったケース）等参照。また下級審にも類似の裁判例が多数見られる。鎌田・民法ノート物権法①〔第3版〕78頁以下、能見＝加藤・判例民法2物権86頁以下等に分かりやすい紹介が見られる。

[62] 滝沢・理論60頁、258頁参照。また判例にも、最判昭和40年12月21日（民集19巻9号2221頁、判時438号28頁、判タ188号106頁）（賃借地上の建物の二重譲渡において、1、2審で背信的悪意者の判断が分かれ、最高裁が否定した）におけるように、認定の難しいケースが見られる。

問題に限られるものではない。対抗要件主義の理論構造が明確に把握されていれば、この領域にふさわしい利益考量や政策的判断によって、個別に背信的悪意を除外する作業は、判例の法創造的機能に委ねることができるはずである。

(3) 転得者の保護

　残る問題は、背信的悪意者からの転得者保護をどのように理論構成して行くかである。2つの側面に分けて考える必要がある。1つは、売主AからB、Cに通常の二重譲渡があった場合に、善意または単純な悪意のCが未登記のままでDと転売契約をし、Dが登記を取得したというケースをどう考えるかである。判例に従って、ともに登記のない二重譲受人B、Cは相互に対抗できない関係にあると捉え、そのような法的地位がCからDに承継された後、Dの登記によってBDの対抗関係に決着がつくと考えるのが一般的であり、判例もそのように解している[63]。もちろん、AからDへの登記には中間省略登記に必要な合意の要件が満たされていなければならない。ただ、ここで判例の「相互に対抗し得ない」の理論を採らず、B、Cがともに未登記の場合には第1譲受人Bが優先すると解するならば、Cは無権利者となり、必然的にDも権利取得の可能性を失うという前提（無権利の法理）があることを確認しなければならない。フランス法では、民法177条の第三者に当たる者を、「同一譲渡人から承継者」と明文で定義しており、本来対抗関係はBC間に限定されるとすることが明快である。

　しかるに日本の判例・通説においては、先登記によって法定取得できる第2譲受人Cの法的地位をDに承継させるという法的処理がなされ、これによって民法177条の対抗関係がBD間に拡大されている。同様の理論構成によって相対的な権利関係を作り出すことは、信義則などを介在させて判例がしばしば行ってきたところである。民法94条2項の善意の第三者からの転得者が悪意であったような場合において、虚偽表示の無効をこの転得者には対抗できるとするような、いわゆる相対的構成がそれに当たる。この考え方を持ち込んで、第2譲受人からの転得者をも民法177条の対抗関係に引き込むという判断方式は、登記による解決を重視する判例の延長

---

[63] 後出の最判平成8年10月29日（民集50巻9号2506頁、判時1609号108頁、判タ947号185頁）参照。

上に、例外的に開拓されたルールと解することができる。悪意者包含説の結果、ここではＤの悪意も許容されることになるため、総体として自由競争の範囲が拡大されることになるわけである。

2つ目のより重要な問題は、背信的悪意者からの転得者をどのように考えるかである。第2譲受人Ｃが背信的悪意者であるならば、通常はＡＣの契約自体が信義則違反あるいは公序良俗違反で無効となるか、あるいは少なくとも民法177条の適用外となることによって、法定取得（順位変更取得）する余地がないのでＣは無権利者である。したがって、Ｃが単なる未登記の場合と違って、転得者Ｄの権利取得を根拠づけることは難しい。言い換えれば、Ｄはまったくの無権利者から物権を取得すると論じなければならないわけである。通常これを実現できるのは、公信力の効果によるのであるから、ここではその考え方が最もよく当てはまるであろう。すなわち、Ｄが保護に値するのは、前主Ｃが背信的悪意者であることを知らずに、Ｃの登記名義を信頼して取引しているゆえであり、第三者が外部から認識し難い前主の背信的悪意という特殊事情を考慮して、ここでは部分的にＣの登記に公信力を認める解決が求められていると言える。したがって、転得者には善意、無過失の要件が求められるべきであろう。これが私見の考え方である。

これに対して学説においては、先に述べたような拡大された対抗問題の考え方をここに導入し、ＢＤをも民法177条の対抗関係と見ることが一般的である。そうなると、転得者Ｄは悪意者でもよいことになるので、背信的悪意と悪意の協働を許容する結果になるであろう。このような解決は妥当ではなく、取引の世界では認め難いはずである。しかし、日本の登記には公信力が認められていないため、私見のような公信力的処理を導入するためには、当然ながら立法が必要である。解釈論として考えられる民法94条2項の類推適用は一応検討の余地があるとしても、この場合には不適当であるから[64]、結局、民法177条の「対抗することができない」という用語の柔軟性を活用して、民法177条の解釈論の中にこのような例外的処

---

[64] 第1譲受人Ｂが虚偽表示者に該当し、登記しなかったことを虚偽表示に準じて非難する議論になろう。しかし、登記したＣが背信的悪意者でありいわばＢの登記を奪ったのであるから、Ｂの帰責という点でこの理論構成はやはり不適切である。

理をストレートに取り込むことになろう。判例の採ってきた相対的構成はまさにそれであるが、ここでは上述のように、悪意者と背信的悪意者の協働という問題が生じる。すなわち、判例、学説の現状においては、転得者の扱いは第1のケース（通常の転売の場合）に準じて、以下のような相対的構成で説明される。「対抗関係は相対的なものであるから、背信的悪意者CがBに対抗できないとしても、転得者Dが単なる悪意者であるなら、民法177条によって先に登記したDが優先する。」私見は、少なくともこの場合だけ、Dの善意・無過失を条件とし、民法177条を解釈的に適用することが妥当かつ可能な解決であり、これを立法につなげることが望ましいと考えている。なお、Dには登記も要求される。

いずれにしても、相対的構成による対抗の考え方においては、無権利の法理を踏まえた上で、権利取得の過程を理論的に説明する試みは省かれており、モラルを中心とした利益考量的判断だけで相対的に権利関係が決定されている。多くの分野で判例はこのような判断方式を採用しているので、問題処理の1つのあり方として肯定せざるを得ないが、とりわけ物権法においては、いわゆる絶対的構成がより根本的な解決を導くはずであって、判例理論についても、それを踏まえた結論の検証が不可欠である[65]。

最後に付け加えておくべき問題は、第2譲受人からの転得者が背信的悪意者である場合の対応である。かつて、同種の事案である東京高判昭和57年8月31日（下民集33巻5〜8号968頁、判時1055号47頁、判タ481号68頁）において議論がなされたところである[66]。事案を単純化すると、売主Aからの第2譲受人Cが登記した善意者であり、その転得者Dが背信的悪意者となる。未登記の第1譲受人BとDとの間に民法177条の対抗関係が生じると見るかどうかが問題である。Cが未登記の場合と異なり、対抗関係はBC間ですでに決着がついているので、確定した物権取得者であるCからの転得者Dについては、もはや背信性を論じる余地はないとの見方も可能である（絶対的構成）。他方、未登記のBに対するDの背信的悪意が認めら

---

[65] この問題については、拙稿「二重譲渡と転得者——相対的構成とは何か」滝沢・理論Ⅱ157頁以下参照。
[66] 滝沢聿代「判例レビュー不動産」判タ499号125頁以下、鎌田・民法ノート物権法①〔第3版〕89頁以下参照。

第3章　物権変動

れる場合には、相対的構成によってBはDに登記なしに対抗し得ると説きたいところである。しかし、民法177条の対抗関係がBC間で完結している当面の事例においては、それを越えて相対的関係を拡大することは妥当ではない。そこで、BD間は不法行為責任によって処理し、DのBに対する損害賠償責任を検討した上で、現物賠償としてBがDに登記・引渡請求権を行使し得るという解決を導くことが妥当ではないかと考えられる。これに対して判例は、背信的悪意者論が信義則に基礎を置くものであるという理由で、単純に民法177条の相対的適用を肯定し、「善意の中間取得者の介在によって、その適用が左右される性質のものではない」と論じている。このような判例の相対的構成による議論は、最近の最高裁判決によって確認されているので、以下の判決の中で具体的に検討しておきたい。

■最判平成8年10月29日（民集50巻9号2506頁、判時1609号108頁、判タ947号185頁）(67)

〈事実〉　X市はAから本件土地を買い受けて、未登記のまま市道として使用していた。AがこれをBに転売・登記し、さらにC→D→Yと譲渡が行われて移転登記もなされた。しかし、B、C、Dは本件土地が市道に当たることを承知するか十分推認し得る者であり、背信的悪意者とされている。Yが市道ではないと主張して本件土地上に建物とバリケードを設置したので、XはYに対して、①所有権移転登記請求、②市道であることの確認および所有権または道路管理権に基づく建物と妨害物の撤去請求、を訴えて争っている。1審判決はXの所有権取得は認めず、市道の確認と道路管理権に基づく建物等の撤去のみYに命じた。2審では、背信的悪意者からの転得者であるYは無権利者であるとされ、Xの請求が全部認容された。Y上告。

〈判旨〉　一部破棄差戻し、一部棄却。「所有者甲から乙が不動産を買い受け、その登記が未了の間に、丙が当該不動産を甲から二重に買い受け、更に丙から転得者丁が買い受けて登記を完了した場合に、たとい丙が背信的悪意者に当たるとしても、丁は、乙に対する関係で丁自身が背信的

---

(67)　滝沢・理論Ⅱ163頁以下、松岡久和解説・判例講義民法Ⅰ129頁、瀬川信久解説・判例百選Ⅰ〔第6版〕116頁参照。

悪意者と評価されるのでない限り、当該不動産の所有権取得をもって乙に対抗することができるものと解するのが相当である。けだし、（一）丙が背信的悪意者であるがゆえに登記の欠缺を主張する正当な利益を有する第三者に当たらないとされる場合であっても、乙は、丙が登記した権利を乙に対抗することができないことの反面として、登記なくして所有権取得を丙に対抗することができるというにとどまり、甲丙間の売買自体の無効を来たすものではなく、したがって、丁は無権利者から当該不動産を買い受けたことにはならないのであって、また、（二）背信的悪意者が正当な利益を有する第三者に当たらないとして民法177条の「第三者」から排除される所以は、第一譲受人の売買に遅れて不動産を取得し登記を経由した者が登記を経ていない第一譲受人に対してその登記の欠缺を主張することがその取得の経緯等に照らし信義則に反して許されないということにあるのであって、登記を経由した者がこの法理によって「第三者」から排除されるかどうかは、その者と第一譲受人との間で相対的に判断されるべき事柄であるからである。」このような一般論を述べた上で、判旨はYが第一譲受人Xとの関係で背信的悪意者になるかどうかを判断させるために、原審判決のYを無権利とした部分を破棄差戻しした。

少し長いが上に引用した判旨の主要部分には、判例の採用する相対的構成の考え方が典型的なかたちで示されている。「対抗」という概念が非常に曖昧で柔軟なものであることを生かして、自由な理論構成でモラルを尊重した解決を導いている。しかし、（一）の点については、背信的悪意者であるために民法177条の適用を受けることができなければ、丙は物権取得の観点からは無効に等しく丙は転売すべき権利を有しない。そうでなければ背信的悪意者は第三者に当たらないとして未登記物権を優先させた意味がないと言えよう。また（二）の点においては、背信的悪意者ではない第三者も、先に登記することによって第1譲受人の所有権を追奪できると論じるに等しかった（法定取得－失権説による場合）。ここで転得者を保護する結論は私見も肯定したところである。しかし、公信力的な解決を導入して保護する場合には、転得者には善意・無過失が求められる。これに対し

て本件事案の転得者Yは、背信的悪意かどうかは疑問であるとしても、悪意者ではある。したがって、破棄差戻し後にやはり背信的悪意と認定される可能性も十分あり、そうでなければ背信的悪意者と悪意者の協働を許してしまう結果になるのが判旨のこの議論である。2審判決の理論構成がむしろ適切であったかと言えるのではなかろうか。

　なお、事案の特色に言及するならば、本件では係争物件が市道用地であったために、未登記のXは民法177条では敗訴しても、公法上の道路管理権を援用して実質的には本件土地の利用をほぼ完全に享受できる結果になっている。このような逃げ道があったために、判旨は容易く相対的構成に依拠することができたとも言える。他方、所有権取得を認められた転得者Yにはいかなる利益が残ることになるのかも疑問となろう。ただ、このような相対的構成は最高裁の定番の議論であるため、ここでは肯定的に確認せざるを得ないわけである。

第6節　登記すべき物権変動の範囲

1　意義と課題

　民法176条・177条は、1つのセットとして物権変動の原則を形成していること、そこに示されている制度を意思主義・対抗要件主義と呼ぶことをこれまでに見てきた。また、意思主義を補充しかつ修正する対抗要件主義は、物権変動は「登記をしなければ、第三者に対抗することができない」という制裁によって物権変動を公示させるための規定であり、第三者の範囲をどう把握するかによって、登記の強制力に大きく影響が及ぶことも確認した。次に、この対抗要件主義の適用範囲を、物権変動の原因との関係で検討することが必要である。

　意思主義・対抗要件主義という呼び名のとおり、民法177条は、本来は契約（意思表示）に基づく物権変動の公示を念頭に置く規定である。これを法律の規定に基づく物権変動にまで拡大できるかどうかがここでの問題であり、相続、取得時効を原因とする物権変動との関係などが重要な検討

課題となる。さらに、公用徴収（土地収用など）、取消、法定解除などに伴う遡及的物権変動がこれらに準じる。判例は、相続登記要求連合部判決と呼ばれる大連判明治41年12月15日（民録14輯1301頁）[68]において、「登記法の規定は、すべての物権変動原因に適用される」と論じた。登記簿による取引の安全の必要性はすべての法分野に及ぶため、登記の必要性は物権変動の原因を問わないという理由で、学説も一貫して判例の立場を支持している。これがいわゆる変動原因無制限説である。しかし、実際には、意思主義を前提として導入された対抗要件主義は、それと異なる物権変動の原因との関係では、必ずしも適切に機能しない側面を示すことが多い。具体的にどのような問題が生じるのか、これを確認しながら、対抗要件主義の拡大適用の可能性とその際の留意事項を明確にすることがここでの課題である。

　それに先立って、すでに取り上げてきた第三者の範囲とこの登記すべき物権変動の範囲はどのような関係にあるかを確認する必要がある。民法177条は「登記をしなければ第三者に対抗することができない」と規定するのであるから、第三者との間での物権変動の効果は登記の有無によって決まる。それゆえ民法177条の適用においては、第三者性の認定がきわめて重要であり、第三者の範囲の問題として論じられていることはすでに概観した。判例に従って、すべての物権変動原因に民法177条が適用されることになれば、この第三者との対抗関係は、各物権変動原因のそれぞれの領域において、問題が生じる度に個別に検討されなければならない。すなわち、両者の関係は民法177条によって1つの物権変動の効果を確認するための二重の要件をなすことになる。そこで、登記すべき物権変動の範囲は最終的には第三者の範囲に吸収され、第三者であることが確認されてはじめて、物権取得の効果が確定すると言える[69]。このように説明することは確かに可能ではあるが、登記すべき物権変動の範囲に関しては民法には何も規定がなく、判例が確立した変動原因無制限説も、後述のようにそれぞれの領域ごとにさまざまな問題点を孕んでいる。それゆえ、民法177条

---

[68]　七戸克彦解説・判例百選Ⅰ〔第6版〕102頁、石田剛解説・判例講義民法Ⅰ113頁以下参照。

[69]　半田正夫・民事研修340号19頁以下参照。

は本来的には民法176条の契約に基づく物権変動を念頭に置く規定であって、便宜的に拡大適用が目指されていると理解しておくことが有意義である。以下では、物権変動の原因ごとに、個別に問題点を検討する。

2 公用徴収と登記

公用徴収とは、公共の利益のために所有権その他の財産権を強制的に収用する制度であり、土地収用法（2条参照）が適用される場合などが代表的である。その他にも、都市計画法、都市再開発法、道路法、鉱業法等、類似の収用を定める特別法は数多い。ただし、公共事業のための土地買収であっても、事業の主体と土地所有権者との間で通常の売買契約が行われる場合は多く、より民主的な手続であるからその方が望ましいとは言える。止むを得ず収用手続が実行される場合には、収用委員会の裁決によって収用者の権利取得が生じることになり、意思表示外の物権変動を生じ、原始取得が成立すると解される[70]。公法上の行為であり、登記を要しないという説も少なくはない。

しかし、民法177条の適用はここでも肯定され、農地買収処分の手続が終った後に国が登記を怠っていた場合には、第三者がこの土地に権利を取得して登記すると、国はこの第三者に所有権取得を対抗できないとした判決[71]が見られる。行政と私人との取引関係においていずれをより厚く保護すべきかの問題は、一律に論じることが難しいので、同列に置いて自由競争関係を認めるのが判例の立場であり、学説もこれを肯定している。買収による取得が原始取得と解される点は、民法177条の適用に際しての障害にはならず、通常の所有権移転登記がなされる。

民事執行法による競売が行われた場合の物権変動も、当然民法177条の適用を受ける。買受人は代金を納付した時に不動産を取得するが（民事執行法79条）、その効果として、裁判所書記官が登記所に権利移転の登記を嘱託することになっている（民事執行法82条1項）。したがって、未登記の間に二重譲渡が起こる可能性はかなり少ないのであるが、登記の有無が権

---

[70] 我妻＝有泉・新訂物権法104頁以下参照。
[71] 最判昭和39年11月19日（民集18巻9号1891頁、判時397号8頁、判タ170号124頁）参照。

利関係を最終的に決めるという建前に変わりはない。

3　遡及的物権変動と登記

(1)　取消と登記

　遡及的物権変動は、取消、解除の場合に生じる。まず、取消に関しては、民法には制限能力者の行為について民法5条2項、9条、13条4項、17条4項があり、詐欺強迫による意思表示の取消について民法96条1項が置かれている。いずれの場合も取消権行使の結果は、民法121条の「初めから無効であったものとみなす」という規定の適用を受ける。これにより、A→B→Cのように不動産の売買が展開した場合には、Aの取消の意思表示によってABの売買ははじめから無効となり、Cの取得も無権利の法理によって遡及的に失効する。これを遡及的ないし復帰的物権変動と呼ぶのであるが、理論的には物権変動は存在しないのであるから、ここに対抗要件主義を導入することが適当であったとしても、類推適用という性質のものになる。実務的には、取消が意思表示の効果であり、取消権者に迅速な登記の抹消を要求することができ、それによって登記簿の記載を実体的権利に一致させる必要があるという理由から、民法177条の適用が期待されている。しかし、必ずしも登記が適切には機能しない面がある。

　取消前に第三者が登場しているA→B→Cのようなケースにおいて、ABの契約が取り消された場合には、BないしCの許にある登記の抹消が問題となるけれども、前主後主の関係であって当事者間に準じると見られるため、本来は民法177条適用の余地がないとも見得る。しかし、詐欺による取消の場合のように第三者保護の規定が置かれているところでは、民法96条3項によりAC間に法定の物権変動が生じると見ることができ、ここに民法177条を適用することは必ずしも不可能ではない。判例の考え方は必ずしも明確ではなく[72]、他方、学説にはCの登記を要求しない立場も、逆にACの関係を対抗関係と見て登記を要求する立場もあり、解決は難問

---

[72]　最判昭和49年9月26日（民集28巻6号1213頁、判時756号68頁、判タ313号224頁）、大中有信解説・判例講義民法Ⅰ68頁以下、鎌田薫解説・判例百選Ⅰ〔第6版〕48頁参照。仮登記（付記登記）した転得者が保護された事案であるため、判例は登記を要求したとも、していないとも解する余地がある。仮登記だけでは登記不要と読むべきであろう。

である。しかし、民法96条3項の趣旨は、明らかにACの関係において善意の第三者Cの権利取得を保護することにあるので、両者の関係を単純に登記の後先によって決することは不適当であろう。したがって、ここでCに登記を要求する場合には、権利保護資格要件としての登記と位置づけることになる。

　取消後の第三者との関係については、典型的な大審院判決が見られたために、多くの議論がなされてきた。大判昭和17年9月30日（民集21巻911頁）[73]は、詐欺を理由にABの不動産売買が取り消された後でBがCに対して抵当権を設定し登記した事案である。判旨は、民法96条3項の適用を受けるのは、取消前の第三者に限られるとした上で、取消の結果BからAに生じる復帰的物権変動は、「民法177条ニヨリ登記ヲ為スニ非ザレバコレヲ以テ第三者ニ対抗スルコトヲ得ザルヲ本則ト為スヲ以テ」と論じ、ACの関係はBを譲渡人とする二重譲渡であるとして処理した。これに対しては、本来はじめから無効とされるべきB→Aの関係を復帰的物権変動と見ることは、理論的におかしいとの批判がある。また、民法177条を適用すると第三者に当たるCは悪意者でも可とされるため、取消前の転得者が善意者に限られることと不均衡であるという問題も生じる。さらには、取消権行使の相手方から登記を取り戻すAの立場の難しさに比べて、BがCに登記を移すことは容易であり、AC間に迅速な登記を争わせるのは不合理であるという指摘も可能である。

　こうした事情から、学説はその後、取消後に転売がなされたケースに民法94条2項を類推適用し、善意の転得者だけを保護するという理論構成を支持するに至った[74]。この場合には、公信力的解決であるからC自身が登記を取得している必要があると考えるべきであろう[75]。

(2) 解除と登記

　解除と登記の問題には、また違った特徴が見られる。解除の効果には多様な議論がなされており、直接効果説、間接効果説、折衷説による理論構

---

[73] 石田剛解説・判例講義民法Ⅰ116頁以下、伊藤昌司解説・判例百選Ⅰ〔第5版〕114頁以下参照。

[74] 幾代説である。幾代通「法律行為の取消と登記」同・不動産物権変動と登記（一粒社、1986年）32頁以下参照。

成の違いが登記との関係にも影響を及ぼすことをまず確認しておく必要がある。解除があると権利の移転は遡及的に消滅し、物権変動がなかったことになるという直接効果説の考え方によれば、取消の場合と同じ議論があてはまる。他方、解除によって既履行の債務については原状回復義務を生じるにすぎないという間接効果説、折衷説の立場は、二重譲渡構成を導きやすいために、対抗要件主義の適用によりなじみやすいという前提がある。判例・通説の立場は直接効果説である。

A→B→Cという不動産売買があり、Aが解除の意思表示をした場合に、Cが保護されるのは民法545条1項ただし書の規定による。この解除前の第三者保護の規定は、取消の場合と違って第三者の善意が要件とされていない。そのためもあってか、古い大審院の判例は、この規定により第三者が保護されるためには、登記を取得していなければならないと論じ、以後これが判例理論とされてきた[75]。解除者より第三者の権利が優先することは規定の上で明確であるため、ここでの登記は権利保護資格要件としての登記と見ることができる。

解除後に転売がなされたケースはどうか。通説である直接効果説によれば、Aの解除の意思表示とともに取消→無効と同じ状況が生じるが、民法545条1項ただし書を類推適用して、Cを善意の要件なしに当然に保護するという考え方も可能であり、その場合には解除前の転売のケースと同様の議論があてはまる。しかし、ここには民法177条の対抗要件主義を導入しやすい前提もある。Aの解除の効果を単純に復帰的物権変動と捉えれば、第三者に善意の要件がないために、ACに先登記を争わせるという解決がそれほど抵抗なく受け入れられるわけである。すなわち、法定の復帰的物権変動と民法177条との調和を肯定することができる。さらに、間接効果説によるならば、Aの解除によるB→Aの原状回復義務とB→Cの転

[75] 民法94条2項の類推適用であれば、保護されるべき転得者の要件は、善意・登記不要となろう。しかし、虚偽表示者と詐欺の被害者＝取消権者との質的相違に鑑みると、後者の方に要保護性が大きく、相対的に保護される第三者の側の要件が加重されてもよいはずである。ここで転得者Cに登記を要求するためには、当面民法177条を援用しつつ、裁量的に権利保護資格要件としての登記を要求する道があると考えられる。滝沢聿代「遡及的物権変動と登記（一）」成城法学57号79頁以下参照。
[76] 大判大正10年5月17日（民録27輯929頁）、最判昭和35年11月29日（民集14巻13号2869頁）参照。後者につき、石田剛解説・判例講義民法Ⅰ118頁参照。

売による履行義務が二重譲渡のかたちで対立する状況になり、これを民法177条によって解決することに一応合理性を認めることができる。

(3) 取消・解除のまとめ

このように復帰的物権変動においては、法律の規定により一度生じた物権変動の効果が遡及的に消滅する場合において、すでになされた登記の訂正を民法177条により実現できるかが問われているわけである。当面は他に公示を強制する方法がないので、極力この対抗要件主義を活用するよりないと考えられる。なお、合意解除であれば意思表示による物権変動として民法177条の本来の適用範囲に含めることができる。これまでの検討の結果を整理すると次のようになろう。

取消前の転売があった場合には、民法96条3項で善意の第三者が保護されるための要件として登記を要求し、対抗要件の拡大を図る考え方があり得る。仮登記ある第三者を保護した最高裁昭和49年判決（前注(72)参照）への評価については学説も分かれるが、当面は登記を必要としない立場と解したい。取消後に転売がなされたケースでは、94条2項の類推適用によって、無効な権利の登記に惑わされた善意（無過失）の第三者を保護することが適当であり、これにより取消権者に迅速な登記の回復を促すことができる。このタイプの問題処理は、第三者保護の規定をもたない意思無能力、強迫による取消との関係で例外的に保護すべき第三者が登場した場合にも応用できるはずである。

解除前に転売がなされた場合には、民法545条1項ただし書により第三者が保護される要件として登記を要求することが判例・学説である。解除後に転売がなされた場合には解除権者と第三者との関係に対抗要件主義を適用し、登記の先後で権利関係を決める解決が適当である。このような処理は、民法545条1項ただし書の第三者に善意の要件がないため、それだけ自由競争的な対抗要件主義がよく馴染むからである[77]。

(4) 無効と登記

取消の効果は民法121条が「初めから無効」としており、解除の効果も「契約が初めからなかった」ことになるという判例の立場が学説において

---

[77] 滝沢・前掲論文（二）成城法学58号39頁以下参照。

も有力である。したがって、取消、解除により復帰的な物権変動が生じるという理解は、この分野にも民法177条を適用して登記の要請を義務づけるための便宜的なものと考えてよいであろう。そうであれば、A→B→Cのような取引が行われ、AB間の契約が偶々無効であった場合にも同様の対応が可能になると言える。これを肯定する学説もあり、そこでは無効も復帰的ないし遡及的物権変動の一例に位置づけられている[78]。

しかし、ここでのCについては第三者保護の規定がまったくないため、AC間で登記の先後を争うという前提が欠けている。Bの登記を信じて取引したCを民法94条2項の類推適用によって救済する余地はないわけではない。それはまさに登記に公信力を認める解決であり、Cの善意無過失が求められるであろう。仮に登記したCを保護するとしても、それは公信力という異なる原理による救済である。すなわち、民法177条の対抗要件主義の導入には限界があって、ここでの導入は無理と見なければならない。先に登記しさえすれば、どんなところからでも権利を取得できるのでは、権利取得の論理、ないしは無効の意義までも意味を失うことになるであろう。

4　相続と登記

(1)　共同相続と登記

被相続人の死亡とともにその財産が移転する相続は、法律の規定による物権変動原因の典型的な例である。遺言の部分を除いて意思表示が介入する余地がないという点で、対抗要件主義の適用可能性を検討する場合にも、援用という制度が介在する取得時効よりは分かりやすい。ただし、先に引用した大連判明治41年12月15日、いわゆる相続登記要求連合部判決（本節1注(68)参照）は、明治民法に見られた隠居制度による相続開始の事案であり、ここでは被相続人はまだ存命中で、それゆえ相続開始後に二重譲渡が行われる可能性があるという例外的なケースであった。その意味では、ここから変動原因無制限説を導いた判決には問題がないわけではない。しかし、一般論としても、相続で不動産物権を取得した場合には登記

---

[78]　鈴木禄弥「契約無効による既履行給付物返還請求と対抗問題」東海法学9号115頁以下参照。なお、滝沢・前掲論文（三）成城法学60号1頁以下でこの問題を論じた。

をまったく要しないというルールは妥当ではないため、民法177条の導入が期待されることは当然である。登記の要請を原則として肯定しながら、相続に固有の事情が対抗要件主義の原理と調和しないケースを、ピックアップして除外して行くことがここでの課題となる。

　現行の相続法によれば、原則は共同相続であるから、相続開始とともにまず相続財産の共有関係を生じ、遺産分割の手続を経て単独所有に移行するのが通常であるため、どの時点で登記を要求すべきかが問題となる。また、その間に、相続放棄の意思表示、遺言による相続分や相続人の変更、受遺者の出現等が絡み、複雑な対応が必要となる。問題となるほとんどの事例については判例が見られるので、これらを整理しつつ、対抗要件主義の原理がどのように機能しているかを確認しなければならない。その際に見落とせないのは、被相続人の法的地位が相続人に包括承継されるという相続の論理である。これにより、売買契約をして登記を移転せずに売主が死亡したような場合には、登記義務は当然に相続人に承継される。また、被相続人と相続人が同一の不動産についてそれぞれ第三者と売買契約を締結したような場合には、必然的に通常の二重譲渡と同一の扱いになり、このようなケースは相続介在二重譲渡と呼ばれる。この点の解決は初期の大審院判決で確認され、最高裁判決に引き継がれている[79]。

　その後、相続の領域で最も早くに学説の議論を呼んだ判例は、最判昭和38年2月22日（民集17巻1号235頁、判時334号37頁）[80]であり、共同相続の登記の要否が問われた事例であった。事案は共同相続人の1人が目的物の全部について単独登記をなし、これを第三者に売却したというものである。ここで本判決は、共同相続の登記がなされていなくても、相続人はその相続分の取得を第三者に対抗できるという結論を確認し、登記必要説を採った旧大審院判決[81]を変更している。事案で問われているのは、無効な単独

---

[79] 大連判大正15年2月1日（民集5巻44頁）、最判昭和33年10月14日（民集12巻14号3111頁、判時165号6頁）参照。

[80] 解説として、石田剛解説・判例講義民法Ⅰ119頁、松岡久和解説・判例百選Ⅰ〔第6版〕110頁、滝沢聿代「相続と登記」新不動産登記講座2総論Ⅱ（日本評論社、1998年）71頁以下参照。

[81] 大判大正9年5月11日（民録26輯640頁）参照。共同相続人の1人が単独登記して第三者に抵当権を設定、登記した場合に登記のない共同相続人を敗訴させている。

登記を信じて取引した第三者の保護をどうするかであり、登記に公信力を認めることができない以上、第三者の側に調査義務があるとせざるを得ない。

そもそも相続に関しては、戸籍簿により相続人および法定相続分を確認できるという制度の建前があるために[82]、相続開始とともに直ちに共有持分の登記がなされなくてもよいという一般的前提がある。また、相続人が相続開始を知らずに権利取得者となっている場合も少なくないし、遺言による指定相続分については遺言の検認手続等を待たなければ確定しない。そもそも共同相続は、遺産分割が終了するまでの暫定的な権利関係であるから、実務上も共有の登記は励行され難い事情があると言える。これらを踏まえて、登記不要説を明らかにした判例は適切な方向性を示すものであった。学説からは、共有関係の特質に鑑みて、登記を信じた第三者を保護する余地があるとの有力な批判も見られたが、判例が支持されて今日に至っている。

(2) 遺産分割と登記

これに対して、遺産分割が行われ、不動産が単独所有に帰した後には、最終的な物権の取得者となった者に公示が求められるのは当然である。共同相続人間で行われる遺産分割は、民法906条以下の規定に従って法定の効果を生じる制度であるけれども、民法907条1項の原則的な協議分割は、実質的には共有持分の交換による共有関係の廃止であるから、そこには意思表示を契機とする物権変動が認められる。したがって、対抗要件主義を持ち込んで関係当事者に迅速な登記を要求することにあまり抵抗がないと言えよう。そこから、分割により相続分と異なる権利を取得した相続人は、遺産分割の登記がなされない場合には、分割後に当該不動産に権利を取得した第三者に対抗できないというルールが導かれ、これを確認しているのが、最判昭和46年1月26日（民集25巻1号90頁、判時620号45頁、判タ259号153頁）[83]である。

---

[82] 戸籍簿の開示が制限されている現状では必ずしも単純には当てはまらないが、建前としてはこのように見ることができる。

[83] 石田剛解説・判例講義民法Ⅰ120頁、松岡久和解説・判例百選Ⅰ〔第6版〕112頁、滝沢・前掲論文新不動産登記講座2総論Ⅱ77頁以下参照。

事案は、遺産分割により共有持分の変更を生じたケースであり、未登記の間に共同相続人の債権者による仮差押登記がなされ、嘱託や代位申請によって法定相続分による相続登記がなされたものである。更正登記手続請求が認められたため、相続人から債権者に対し利害関係ある第三者の承諾（不登法66条参照）を求める本訴が提起された。判旨は次のように述べている。「不動産に対する相続人の共有持分の遺産分割による得喪変更については、民法177条の適用があり、分割により相続分と異なる権利を取得した相続人は、その旨の登記を経なければ、分割後に当該不動産につき権利を取得した第三者に対し、自己の権利の取得を対抗することができないものと解するのが相当である。」遺産分割の結果が持分の変更であった特殊なケースであるけれども、単独所有権に置き換えれば分かりやすい結論である。また、遺産分割前に債権者の登記がなされていたならば、民法909条ただし書により債権者が保護され得たであろう。

(3) **遺贈と登記**

遺贈についても、上例と同じ理由で登記の必要性が肯定されている。遺言によりなされる贈与であるから、当然ここに民法177条を適用できると説いた最判昭和39年3月6日（民集18巻3号437頁、判時369号20頁、判タ161号73頁）[84]は、次のように論じている。「遺贈は遺言によって財産権を与える遺言者の意思表示にほかならず、遺言者の死亡を不確定期限とするものではあるが、意思表示によって物権変動の効果を生ずる点においては贈与と異なる所はない（後略）」事案は、相続人の持分を差押えて登記した債権者と未登記の受遺者との争いである。判旨の論じるように、遺贈は確かに意思表示による物権変動に含め得るような形式をもっているけれども、受遺者の側から見ると遺贈の効力が生じる相続開始時において、受遺者自らは遺贈の有無を知ることができない点で、先の共同相続の場合と事情は同じである。また遺贈の効果を確認し、受遺者に登記を取得させるのは遺贈義務者の側であるから（民法987条、998条等参照）、受遺者はここでは保護されるべき存在であって、単純に相続人ないしその承継人と権利取得を争う関係と見ることはできない。ここでは判例理論をそのまま肯定するだ

---

[84] 滝沢・前掲論文前掲新不動産登記講座総論Ⅱ 73頁以下、七戸克彦「遺贈と登記」前掲新不動産登記講座2総論Ⅱ 94頁以下参照。

けでは不十分であり、さらに、受遺者に迅速な登記を要求できる合理的な事情があるかどうかの判断が付け加えられるべきであろう。

(4) 相続放棄と登記

放棄との関係では、最判昭和42年1月20日（民集21巻1号16頁、判時476号34頁、判タ204号109頁）[85]が登記不要を確認している。本件不動産は、共同相続人ABのうちBが相続を放棄したのでAが単独相続したかたちでの登記が必要であったところ、未登記であった間にBの持分についてその債権者Cが債権者代位権を行使して登記し、さらに仮差押の登記をして執行した。Aからの第三者異議の訴えは、相続放棄の登記がなかったことを理由に1、2審ともAが敗訴。Aは相続を放棄したBにははじめから相続分がないのであるから、Cの仮差押は無効であると主張して上告し、破棄差戻しとなった。判旨は「（民法938条により放棄の申述をした）相続人は相続開始時に遡って相続開始がなかったと同じ地位に置かれることとなり、この効力は絶対的で、何人に対しても、登記等なくしてその効力を生ずると解すべきである」と論じている。ここでは放棄の遡及効という理論の重視が判断の中心とされているのであるが、実質的な面では、相続放棄の有無は家庭裁判所での調査が可能であり、登記がなくても第三者にそれほど大きな不利益を生じないという事情も考慮されているはずである。

しかし、相続放棄の効果は絶対的であるという考え方は、同様の効果を伴う相続の欠格（民法891条）、相続人の廃除（民法892条）の場合においても適用可能であり、そこでの第三者保護への対応は本判決の延長上にあると言えよう。さらに、近年の判例法として注目された「相続させる」の文言を含んだ遺言の事例がある。最判平成3年4月19日（民集45巻4号477頁、判時1384号24頁、判タ756号107頁）[86]は、被相続人が遺言によって特定の財産権を相続人の1人に「相続させる」と指示した場合には、遺産分割方法の指定がなされたものとして、遺産分割を経ることなく当該遺産は当然に被指定者に帰属するとした。その後、最判平成14年6月10日（判時1791号59頁、判タ1102号158頁）は、「相続させる」の文言により特定の不動産を

---

[85] 滝沢・前掲論文前掲新不動産登記講座2総論Ⅱ76頁以下、山本敬三解説・家族法判例百選〔第5版〕200頁参照。

[86] 伊藤昌司解説・平成3年度重要判例解説（ジュリスト臨時増刊）83頁参照。

承継した相続人は、その権利を登記なしに第三者に対抗できると判示している。共同相続の場合と同じレベルで権利取得が生じているという見方がこの判断の背景にあると言えよう。しかし、当該相続人は特定の不動産の最終的権利者となるわけであり、登記が必要とされる遺産分割や遺贈の場合と比べて、異なる扱いになるべき積極的な理由は乏しい。少なくとも相続人による登記取得の可能性の有無が考慮されるべきであろう。

このように、相続の領域では、民法177条が当然適用されるという前提にもかかわらず、登記不要の解決がむしろ原則となっていることを確認できる。それは何よりも、当事者本人の知らないうちに相続が開始する可能性があるという法定の原因による物権変動の特徴から来ている。できるだけ登記を要求するという前提を肯定するとしても、原則を貫徹できる場合とそうでない場合の区別を、登記取得の競争という対抗要件主義の特質に照らして検討する必要があるわけである。以下の取得時効と登記についても同じである。

5　取得時効と登記

(1)　判例理論

この問題に関しては、多くの最高裁判決が見られ、判例法が比較的明確であるため、その限りでは理解が容易であると言える。他方、一度判例のルールの内容に疑問を投じると、取得時効制度に固有の論点と絡んだ複雑な議論に立ち入らざるを得なくなり、学説の対立に当惑する状況にも陥る。その点に留意しながらまず判例法の確認を試み、次いで学説の問題状況を分析することにしたい。

それに先立って、取得時効は民法162条1項、2項の適用によって、長期間の占有の効果として成立すること、その際、時効制度の一般的な枠組みの中で、時効の遡及効（民法144条）、時効の援用（民法145条）、時効の中断（民法147条）などが密接に絡んでいることを確認しておく必要がある。すなわち、時効取得のメカニズムそのものがかなり複雑である。その上で、時効取得に民法177条を適用し、対抗要件主義の原則を導入することには、本来的な難しさが伴うのである。判例法は通常、以下のような6原則（⑥を除いて5原則と整理される場合もある）のルールとして整理されて

いる[87]。

①Aの不動産をBが時効取得した場合には、A、Bは物権変動の当事者であるから、Bは登記なしにAに対抗し得る（大判大正7年3月2日民録24輯423頁）。

②AがBの取得時効進行中に所有不動産をCに譲渡した場合には、CはBの時効取得については当事者であり、Bは登記なしにCに時効取得を主張し得る（大判大正13年10月29日新聞2331号21頁、最判昭和41年11月22日民集20巻9号1901頁）。

③Aが所有不動産をBの時効取得完成後にCに譲渡した場合は、AからB、Cに対して二重譲渡がなされた場合と区別する理由はないから、Bは登記しなければCに対して時効取得を主張しえない（大連判大正14年7月8日民集4巻412頁）。

④上記の場合に、Bが時効の起算点を繰り下げて、Cへの譲渡後に取得時効が完成したものと主張することは許されない（最判昭和35年7月27日民集14巻10号1871頁、判時232号20頁）。

⑤第3原則によりBがCに敗訴するとしても、Cの登記後にさらにBが時効取得に必要な期間占有を継続すれば、BはCに対して時効を主張し得る（最判昭和36年7月20日民集15巻7号1903頁）。

⑥AからB、Cに二重譲渡がなされた場合に、未登記のためCに対抗できないBは時効取得を主張して、先登記によるCの権利取得を否定することができる（最判昭和42年7月21日民集21巻6号1643頁、判時488号21頁、判タ210号151頁）。

さて、上記の諸原則は、時効取得という特殊な法定の物権変動原因に、通常の二重譲渡の解決をそのまま適用しようという前提で導かれている。①②は当事者関係であるという理由で登記不要とされているが、実は登記

---

[87] 滝沢・理論Ⅱ272頁以下、能見＝加藤・判例民法2物権68頁以下参照。各判例についてはいずれも解説、研究等多数あるので個別の引用は省いているが、③の最高裁昭和35年判決について石田剛解説・判例講義民法Ⅰ121頁、⑥判決について本田純一解説・判例百選Ⅰ〔第6版〕88頁等が見られる。

がそもそも取得時効の要件とはされておらず、また時効を援用する者にあらかじめ登記の取得を要求することは、本来無理であるために登記不要とされているのであって、単純に当事者関係であるとして二重譲渡と同一視することはできないであろう。ドイツ法では、占有だけではなく登記を有していることが時効取得の要件とされており、登記簿取得時効と呼ばれていることと対照的である（ドイツ民法900条）。しかし、時効を援用し、時効取得された権利は、確かに登記簿への公示が必要であり、登記手続上は移転登記が行われている。問題は、時効取得者にこの登記を要求することが契約の場合以上に困難であるところに生じる。

(2) 問題点とその分析

取得時効と登記の問題点は、最も批判が多い③の原則に典型的に示されている。学説は、このルールによると、時効取得者Bが善意・無過失の10年時効を主張する場合には第三者Cに敗れるのに、悪意の20年時効を主張するのであれば、登記なしにCに対抗できることになり不合理であると指摘する。確かにそうであるが、より重要なことは、時効取得の援用は本来の権原の立証が困難である場合の救済としてなされるものであるため、時効完成と同時に時効取得者に登記を要求するという前提に無理があるという事情である。とりわけ善意・無過失の時効取得者は時効援用の必要性自体を自覚していないので、登記を取得しようという動機がまったくない。にもかかわらず、判例が機械的に二重譲渡の理論をあてはめているため、時効完成後に原所有者の譲渡があった場合には、突然時効取得者側に不利益が課され、Bは「時効取得も物権変動であるから登記しなければならない」というルールの犠牲になると言えるであろう。

③原則のこのような不都合は、時効期間の起算点を繰り下げることによって、時効完成前にCへの譲渡がなされたように主張することができれば回避できる。しかし、判例は④原則によってこれを否定した。学説には、時効援用の時点から時効期間を逆算するという考え方も示されているが、④原則がある以上当然認め難い議論となる。取得時効の起算点とは、言い換えれば占有の開始時であるから、これを20年ないしそれ以上の過去に遡って、1点に押さえ立証することの難しさを考えると、繰り下げあるいは逆算を認める方が合理的であるかとも考えられる。しかし、善意悪意あ

るいは過失の有無などは、特定の時点を想定してはじめて認定が可能であり、同時に占有開始の事実が確定されてはじめて占有の保護という取得時効制度の意義も発揮され得る。多少の曖昧さを許容しつつも、起算点の把握は必要な議論のプロセスであって、④原則は肯定されなければならないであろう。

　いずれにしても、上述のような趣旨で登記のない時効取得者を保護する立場は、取得時効が何よりも長期の占有を保護する制度であることを強調しており、占有尊重説と呼ばれる。他方、登記尊重説と呼ばれる立場は、ドイツ法の登記簿時効取得制度に影響を受けて、取得時効制度の中に、できるだけ登記の要請を取り込むことを目指している。判例の登記尊重主義（登記の要請をできるだけ広げようとする考え方）にとっては魅力的であるが、実際上は登記に時効中断の効力を認めるのと同じ解決になるため、これを推し進めるためには、やはり立法の手続が必要と考えられる。

　このような判例の状況の中で、結局、③原則の犠牲者となるBの不利益は、⑤原則によって、2回目の時効取得の可能性が認められることにより若干緩和されることになる。すなわち、二重譲渡ケースの争いで敗北したBにも、2度目の時効援用のチャンスが残されるからである。このような解決の仕方もやはり、第三者Cの登記がBの取得時効を中断したと説明することが適当となろう。しかし、現状での問題は、取得時効が本来長期の占有者を保護する制度とされているにもかかわらず、その途中で強引に登記の要請が導入されることにある。民法177条の重要性に注意を喚起するために導入された③原則に見られる時効取得者の不利益が、公平の観点から十分検討されなければならない。

　③原則のこの不都合は、時効取得者が時効を援用した後に登記を要求するのであれば、意思表示によって登記の契機が生じることになり、大きく緩和されるであろう。私見は判例理論をこのようなかたちで修正することを提案しているが[88]、この考え方は、事実上、占有が継続する限り時効取得の可能性を認めるという占有尊重説に限りなく近づくことになる。それでもなお、時効取得にも登記が必要であるという建前を、理論的に維持す

---

[88]　滝沢・理論Ⅱ283頁以下参照。

ることができる意義は大きいと見たい。

(3) いわゆる二重譲渡ケースの問題

判例理論の⑥原則が確認した論点は、⑤原則までの問題とはやや異なる角度から生じている。ここでは、AからB、Cへの通常の二重譲渡において、民法177条の適用により未登記のBがCに敗訴した場合でも、Bは別に取得時効を援用することによって救済され得ることが認められたわけである。これに対して学説からは、民法177条のルールを否定することになるとの批判が見られた。しかし、時効は民法177条とは別個の独立した制度であるから、上記のような救済はなされるべきであろう。

さらに、その際に時効を援用するBは、契約の効果としてすでに所有権を取得していたのであるから、自己の所有物として占有して来た目的物について時効取得を主張することになり、民法162条1項、2項が「他人の物を占有した者」と規定している点に抵触しないかが疑問とされた。(1)で引用した最高裁昭和42年判決は、この点について、取得時効は立証の困難を救済するための制度であるから、所有権者が援用することも差し支えないと論じて、⑥の原則が確認された。法定取得－失権説から見てきたように、未登記のBの所有権は、民法177条の第三者の出現によって先登記され、追奪される危険を本来的に伴っている。そのようないわば潜在的な瑕疵を伴う所有物の占有を他人の物に準じて保護することは、取得時効の趣旨に適うと考えられる。しかし、その後に登場した以下に紹介する判決は、昭和42年判決とは異なる理論構成を述べており、議論の細部についてはさらなる検討が必要である。

■**最判昭和46年11月5日**（民集25巻8号1087頁、判時652号34頁、判タ271号168頁）[89]

〈事実〉　Xは昭和27年1月Aから甲土地乙建物を買い受け、以来甲につき未登記のまま乙建物に居住し甲も占有していた。昭和33年Aの相続人がこれをBに二重譲渡し、登記もなされた。昭和34年にBが本件土地をCに代物弁済、直後にCはYに転売して、BからYに

---

[89] 児玉寛解説・判例百選Ⅰ〔第6版〕108頁、池田恒男解説・民法の基本判例〔第2版〕（法学教室増刊）54頁以下参照。

中間省略登記がなされた。Xが民法162条2項の取得時効を援用して、Yに所有権確認と登記抹消請求。1審は昭和27年2月から10年後にXが本件土地を時効取得したとのXの主張を認めて勝訴させた。原判決は、事案のような二重譲渡においては、Xの時効の起算点はBが登記した時であり、Xはその時から所有権を失って他人の物を占有することになると論じて、昭和33年のBの登記からまだ10年が経過していないことを理由にX敗訴とし、Yからの建物収去・土地明渡請求の反訴を容れた。X上告。

〈判旨〉 破棄差戻し。本件の二重譲渡においては、第2買主Bが先に登記すれば、その時点で所有権は売主AからBに直接移転し、第1買主Xは当初からまったく所有権を取得しなかったことになる、と述べた上で、次のように論じた。「してみれば、Xの本件各土地に対する取得時効については、Xがこれを買い受けその占有を取得した時から起算すべきものというべきであり、二重売買の問題のまだ起きていなかった当時に取得したXの本件各土地に対する占有は、特段の事情の認められない以上、所有の意思をもって、善意ではじめられたものと推定すべく、無過失である限り、時効中断の事由がなければ、前記説示に照らし、Xは、その占有をはじめた昭和27年2月6日から10年の経過をもって本件各土地の所有権を時効によって取得したものといわなければならない。」すなわち、判旨の言わんとするのは、時効援用者であるXが占有のはじめから他人の物の所有者であったという論理なのであるが、そのことは原判決の議論を批判するかたちで間接的に示されている。

このように、⑥原則を確認した最高裁昭和42年判決は、第1譲受人は登記した第2譲受人に敗れても、後に取得時効を援用して勝訴し得るとし、前者の占有が自己の物の占有でも差し支えないと論じたのであるが、民法162条の「他人の物を占有」という文言に反するとの批判は有力であった。これを回避するために、新たな理論構成を確認したのが上記判決である。その説くところは第三者主張説のうちの否認権説に近い。技巧的に「他人の物の占有」を作り出したけれども、そのために、事案のXが第1契約をしている事実、またそれゆえに善意無過失の占有が継続された事実を無視

する結果となったことは、いかにも不自然である。Bは第2譲渡を受けて登記した昭和33年12月以降所有権者であり、前主Aから取得したと見ることに異論はないが、Bの権利取得によって失権するまでのXの未登記所有権は実在のものとして保護されるべきであり、その前提となる昭和42年判決の論理は十分機能し得るものであった。

(4) 取得時効と抵当権の関係

この問題に関しては、民法397条に特別の規定がある。その趣旨は、取得時効の効果として抵当権も原則的に消滅することの確認であって、当然の帰結とも考えられる。しかし、占有を伴わない観念的な権利である抵当権についてはやはりこの条文が必要であう。この抵当権と時効取得との間に生じた紛争を、紛争興味深いかたちで示しているのが以下の判例である。事案の特色から見れば、再度の取得時効の援用を認める判例の⑤原則の適用例に該当するが、時効援用権者が敗訴しており、その理由付けの中に、取得時効と登記を考えるための新たな視点を探ることができる。

■最判平成15年10月31日（裁判集民事211号313頁、判時1846号7頁、判タ1141号139頁）[90]

〈事実〉 Xは、A所有の本件土地を昭和37年2月から20年以上占有していたが、時効の援用をせず登記もしていなかった。昭和58年12月、AはB会社のために債務者をCとする抵当権を設定し、登記した。平成8年10月にYはB会社から本件抵当債権を譲り受け、平成9年に抵当権移転の付記登記がなされた。その後XはAに対して20年の取得時効を援用し、平成11年6月15日に登記もした。さらにXは昭和58年の抵当権設定日から10年間本件土地を占有したことにより再度の取得時効が完成したとして、Yに対して時効を援用し、抵当権の消滅を主張し、登記の抹消を訴求した。1、2審はX勝訴。Yは原審が再度の取得時効を認めた点の違法を主張して上告受理申立て。

〈判旨〉 破棄自判。Xは、20年時効の援用により、昭和37年2月に遡って本件土地を原始取得し登記している。「Xは、上記時効の援用により

---

[90] (23) 松久三四彦解説・判例プラクティス民法Ⅰ（信山社、2010年）160頁参照。

確定的に本件土地の所有権を取得したのであるから、このような場合に、起算点を後の時点にずらせて、再度取得時効の完成を主張し、これを援用することはできないものというべきである。そうすると、Xは、上記時効の完成後に設定された本件抵当権を譲り受けたYに対し、本件抵当権の設定登記の抹消登記手続を請求することはできない。」

　本判決の理解に際しては、まず民法397条が「債務者又は抵当権設定者でない者が抵当不動産について取得時効に必要な要件を具備する占有をしたときは、抵当権は、これによって消滅する」と規定していることを確認しなければならない。占有と無関係に存続し得る抵当権であるが、この規定があることにより、取得時効の効果として排除される。したがって、抵当権者Bの出現後に取得時効が完成するのであれば、抵当権抹消の請求ができるはずであるところ、本件では時効完成後にBが登場している。Xが2度目の取得時効を援用したのはそのためであるが、ここではなぜ⑤原則の適用が否定されたのであろうか。抵当権の消滅は単純に原所有者Aに対する時効の援用の反射的効果にすぎないため、X、Aに関する限り、2回目の時効援用の意味がなく、判旨の言うように起算点を繰り下げて時効援用をやり直したに等しい。

　ではXがYの抵当権を排除する余地はないのか。私は初回の時効援用により本件土地は占有のはじめに遡ってXの所有に帰し、その旨の登記もなされたのであるから、他人の土地に設定されたBの抵当権は当然無効となり、XからYに対する抹消登記請求も認められると考える。そのような理解が民法397条の趣旨にも適うのではなかろうか。また、Xが2度目の時効援用をした目的がYの抵当権の排除にあることは明らかであるので、判旨は再度の援用を認めてXを救済してもよかったのではないかとも考えるが、観念的な権利である抵当権の特殊性に拘って、妥当な結論を導けなかったように見得る。

　所有権対抵当権の相克も民法177条で解決されるという前提に立てば、通常の二重譲渡ケースで再度の取得時効援用が肯定されているのに、相手が抵当権者である場合に限って、時効取得者が⑤原則の恩恵から除外されることは公平に反するであろう。その後同種の事例が最判平成24年3月

16日（民集66巻5号2321頁、判時2149号68頁）[91]に登場した。事案は、土地につき取得時効完成後に抵当権が設定されたケースで、競売開始決定に対して時効取得者が第三者異議を申し立て、抵当権設定登記後にさらに10年間占有したとして再度の取得時効を援用した。判決は⑤原則の適用を肯定して抵当権の消滅を認めている。時効の援用が一度だけなされている点が先の事例と異なる。

第7節　登記の効力

1　登記の有効性

　不動産登記法に従ってなされる登記の、形式的および実質的な有効要件をまず確認しておく必要がある。登記とは、権利の所在を公示するために登記簿に記入することであるから、実際に対象となる不動産と登記されるべき権利が存在し、適法な手続に従って登記が行われなければならない。存在しない権利が登記された場合には抹消登記によって抹消し、誤って抹消された登記については、元に戻すための回復登記がなされなければならない。登記時に不備や誤りのある登記がなされた場合には、更正登記によって訂正が行われる。このようにして、登記簿の記載をできるだけ真実の権利関係に合致させることが目指される。権利の実体関係に変更が生じれば、変更登記により修正がなされるべきことも当然である。しかし、いずれの面からも、常に完全な登記だけが行われるわけではなく、現実の登記簿の記載には、厳格な意味では過誤登記や偽登記に当たるものが少なからず混在している。一例を挙げれば、高額な課税を回避するために、贈与の登記がなされるべきところ売買を登記原因として登記するなどである。したがって、どこまでを有効な登記として肯定し、それに「対抗力」等の効力を認めるかは、最終的には判例の認定するところとなり、ここでも判例法の役割は大きい。

---

(91)　判時2149号68頁以下に詳細な解説がある。

第7節 登記の効力

　建前から言えば、不動産登記は個々の不動産を正確に表示し、それらに関する物権変動の過程および態様をそのまま登記簿に反映させることを目的とする。しかし、日本では登記官は登記される権利の内容について実質的な審査をする権限がない（形式的審査主義）という事情もあり、登記は現在の真実の権利状態を公示している限り、物権変動の過程や態様の正確さはある程度不問としてその効力を認めるのが判例の考え方である。その典型的な例が不動産登記法改正前における中間省略登記への対応に示されていた。すなわち、A→B→Cという物権変動が行われた際に、Bの登記を省略してAからCに直接移転登記することを判例は肯定してきた。ただし、A、B、C三者の合意があるか、あるいは省略された中間者Bに保護に値する客観的利益が見られないことが条件であり、すでになされた登記の効力を中心に論じられている。これに対して学説は、同様の条件の下では、新たに中間省略登記請求がなされることも差し支えないとしている[92]。

　こうした状況の下で、平成16年の不動産登記法改正が行われ、新たに登記原因証明情報（不登法61条）が制度化されたために、建前としては中間省略登記の申請が禁止される結果となったことはすでに指摘した（第3章第2節2参照）。判例法であったものが立法によりまったく否定されることは適当ではなく、取引社会においては、実際的な必要を満たすために、転売が行われた場合には、買主の地位を転得者に譲渡する、第三者のための契約を流用する等の手段で作為的に中間省略登記への道が開拓されているようである。

　中間省略登記と同じ考え方の下で、判例は登記の流用をもかなり広く認めている。とりわけ抵当権登記の流用は、第三者の利益がからむ場合を除いて有効とされる。最判昭和41年11月18日（民集20巻9号1827頁、判時471号27頁、判タ202号105頁）[93]は、偽造文書によりなされた無効の登記であっても、現在の実態的権利関係に合致する場合にはこれを有効としている。

---

[92]　最判昭和35年4月21日（民集14巻6号946頁）、滝沢聿代解説・判例講義民法Ⅰ133頁、最判昭和40年9月21日（民集19巻6号1560頁、判時425号30頁、判タ183号102頁）、滝沢聿代解説・判例講義民法Ⅰ134頁参照。なお、不動産登記法改正後の判例については、第2節2注(8)参照。

[93]　滝沢聿代解説・判例講義民法Ⅰ130頁、笠井修「登記の流用」前掲新不動産登記講座2総論Ⅱ207頁以下参照。

これに対して、滅失建物の登記を新築建物の保存登記として流用することは一貫して禁止されており、流用登記は無効とすることが大審院以来の判例である[94]。登記簿の公正を維持するという観点から、これが政策的に流用の限界例とされているのである。一般的に見ても、登記と実態関係の符合の程度に完璧を求めることは非現実的である。判例、学説がこの点に柔軟な対応を持ち込んでいることは、上述したいくつかの例によっても確認することができる。権利変動との関係では、判例は現在の権利状態に合致している登記を有効と見る傾向であり、登記の有効性に対するこのような柔軟な対応が、取引の安全からも、登記簿の管理という点からも必要不可欠となっている[95]。

2 登記の対抗力

民法176条・177条、すなわち意思主義・対抗要件主義によって物権変動と登記の関係が基礎づけられている体制の下では、登記簿は取引の安全のためにどのような効力を示すことになるであろうか。民法176条の意思主義の存在を前提とするならば、登記簿は当然のことながら、真の権利者であっても登記簿に記載されていない場合があるという前提をもつことになろう。そのような建前であれば、制度として登記に公信力を認めることは難しくなる。登記簿を信頼してもよいという原則がないのであるから、取引関係に入ろうとする者は、登記簿の記載を参照して、それを手がかりに現地調査をし、あるいは問い合わせする等の手段で真実の権利関係を探り、確認する作業を求められることになる。フランス法でも登記は調査資料であると性格づけられており、基本的には日本の登記簿も同様の性質を持つと解さなければならない。

しかし、それにもかかわらず、これまで見てきたようにわが国の判例学説は、民法177条の適用範囲を可能な限り拡大するという方法によって、登記の実質的な信頼度を高めることを目指してきた。これを日本法独自の登記尊重主義あるいは登記中心主義と呼ぶことが可能であろう。並行し

---

[94] 最判昭和40年5月4日（民集19巻4号797頁、判時414号20頁、判タ178号103頁）、滝沢聿代解説・判例講義民法Ⅰ131頁参照。

[95] 幾代通・不動産登記法〔新版〕（法律学全集、有斐閣、1971年）406頁参照。

て、さらに後述する民法94条2項の類推適用が公信力的に機能しており、登記尊重主義を増幅する結果にもなっている。この背後にはドイツ法の登記制度の影響を見ることもできる。この先に、登記簿の公信力への期待が生じることは自然であろう。したがって学説には、登記効力要件主義を採用しなくても、現状のままで登記に公信力を認めることは可能であるという主張も見られた[96]。登記簿の公信力は未登記の権利者にとっては強力な制裁となるために、これが逆の方向から登記を推進せしめる手段になるであろうことは指摘されるとおりである。

とは言え、これを強行するならば、意思主義を肯定している建前とはやはり矛盾することになる。仮に立法により公信力を導入する場合であっても、登記簿の論理の一貫性を維持するために、必要な例外や制限に十分配慮することが求められるであろう。また、登記官の審査権限が形式的なものに留まるという問題もあった。このようにわが国の登記簿は、実質的に真実の権利者が開示されている蓋然性はかなり高いのであるが、それでもこれを参照して取引に入る第三者に一定の調査義務は課されるという建前をもつ。

さて、登記に公信力を認めているドイツ法の下では、その前提として登記のあるところに権利があるという原則が必要であり、登記効力要件主義が採られている。すなわち、そこでの登記は権利移転的効力をもつことになる。これに対して、民法177条が登記の効力を「第三者に対する対抗力」とするわが国の登記においては、積極的な表現を採れば、民法176条による物権変動の効果を、第三者に対抗できるように強化する「対抗力」を付与することが登記の効力と言えるであろう。ただ、未登記権利者に登記させるための規定である民法177条は、登記しない場合の制裁を「第三者に対抗できない」としているため、消極的な表現である「対抗することができない」の定義を明確にすることが求められる。この点は、二重譲渡の理論構成においても重要な課題となって、古くから論じられてきた。

法定取得－失権説の理解によれば、未登記物権も排他性を有する完全な物権であった。ただし、先登記した第三者が出現し、優先的に法定取得す

---

[96] 幾代通「不動産登記と公信力」私法13号75頁以下、滝沢・理論32頁参照。

ることにより、この権利は追奪されて失権に至る。登記はこの未登記物権の弱点に対抗力を付与し、完全な権利に強化する効力をもつものであった。したがって、対抗力を欠く権利を不完全物権と呼ぶことは必ずしも不適切ではないかもしれないが、しかし、登記の有無は物権としての内容に相違をもたらすのではない。未登記物権の特質は、第三者の登記によって失権し、第三者に追奪されるというリスクを孕むところにあり、このような不安定な権利であることが、「対抗力を欠く」ことの中身である。したがって、対抗力があるのは物権本来の常態であるから、「対抗力がない」という表現で、この未登記物権の重要な欠陥が指摘されることになる。

以上は、狭義の対抗要件主義における「対抗力」の概念であるが、民法177条の登記は権利保護資格要件としても要求される場合があることを見てきた。物権取得の競合的な争いの外で、第三者保護のために求められる登記がない場合は、一定の第三者との関係では、取得された物権の効力を主張できないのであるから、相対的な無効を生じる。「対抗力」を欠くことのもう1つの意味がここにあることを見落とし得ない[97]。

3　登記の権利推定力

不動産登記の効力に関しては、民法177条以外にはほとんど規定がない状況である。しかし、判例・学説は、この規定における「第三者の範囲」を柔軟に操作し、登記の適用領域を極限まで拡大させているため、意思主義・対抗要件主義の本来の趣旨を超えて登記に重要性が付与されていることを、これまでにも確認してきた。判例は「登記名義人は、反証のない限り、その不動産を所有するものと推定される」と論じている（最判昭和34年1月8日民集13巻1号1頁参照）。判例のこのような考え方には、取引の安全を第1とし、ドイツ法の登記効力要件主義を理想とする学説からの影響が大きいと見ることができる。この結果、不動産登記がなされていればそこに真実の権利があるという蓋然性が高く、一般にもそのような期待を生んでいるという現状がある。民法188条は占有について、「占有者が占有物について行使する権利は、適法に有するものと推定する」と規定している。

---

[97]　滝沢・理論193頁以下参照。

では、不動産登記についても同様の推定力を認めることができるであろうか。これを肯定する学説もあり、たとえば我妻説は、登記の重要性ゆえに、登記制度によって管理される不動産については、占有よりも登記の権利推定力が高いと論じておられる[98]。しかし、登記の推定力に関する明文の規定はまったく見られず、あくまでも事実上のものと解するよりない。法定の権利推定規定である民法188条を無視してまで、登記名義人の権利を優先させることは適当ではないであろう。

ここには、登記の対抗力と権利推定力の混同という問題が絡むと考えられる。二重譲渡として同一目的物の承継人が競合的な権利取得を争う場合においては、登記によって解決がなされるため、登記のない占有者の方が負けることは当然である。これに対して、前出の第三者制限連合部判決[99]の事案のように、売買による権利取得を主張して占有する者と、単に登記名義だけがあり自己の所有物であると主張する者との争いにおいては、偽造登記の可能性も否定できない以上、占有の権利推定力が優先することは明らかであろう。第1に重要な証拠力を持つのが、売買契約書などの権原証書であることは言うまでもない。しかし、単純に占有と登記が対立している場合には、自由心証主義の枠内で証拠の評価がなされるのであるが、占有の権利推定力が十分尊重されるべきであろう。

制度の上からは、これまで見てきたように、対抗要件主義の拡大適用によって、登記による解決がなされる場合が増えていることは確かである。したがって、解決を要する個別の事案ごとに、登記の対抗力が機能するべきケースか、あるいは純然たる権利推定力の問題となるのかを明確にすることが重要である。

4　登記の公信力・民法94条2項の類推適用

わが国の登記簿に公信力がないことは、不動産登記法の規定からも明らかであって異論なく、登記簿の記載を信じて取引した者を正面から保護しようという議論はさすがに見られない。しかし、民法94条2項の類推適用が類似の機能を果たしていることは周知のところである。判例・学説は、

---

[98]　我妻＝有泉・新訂物権法245頁参照。
[99]　第5節1注[49]参照。

不適切な登記が放置されている状況を虚偽表示と捉え、迅速に適切な対応をしなかった真の権利者に帰責を認めることによって名義人の登記への信頼を保護しており、前述したように取消後の転売の事例では、第三者保護の手段として典型的にこの解決が支持されている。

　民法94条2項本来の適用であれば、A、Bの虚偽表示によって登記名義人となったBからの転得者Cは、善意であれば保護されるのが判例であり、類推適用の場合も同様とされている[100]。しかし、類推適用においては、まず条文に見られる通謀の要件が不要とされ、さらに虚偽表示者本人の帰責性が徐々に緩和されることによって、虚偽表示の範囲が拡大されてきた[101]。その延長上で判例は、民法94条2項と民法110条を重畳的に類推適用することによって、第三者の無過失という要件を加重することも行っている[102]。表見代理において保護される第三者には、善意無過失が要件となるからである。この状況は、民法94条2項の制度が登記の公信力保護へと大きく傾斜する現象を示すと見ることができる。とは言え、不適切な登記を放置した権利者本人への帰責という要素が残る限り、公信力そのものではない。

　登記に公信力が認められる場合には、真の権利者を犠牲にして登記簿への信頼が保護されるのであるから、保護される第三者の要件としては、善意とともに無過失と登記の取得が要求されるべきであろう。ここでの公信力は不動産登記制度の一貫として機能するものであるから、第三者が保護されるためには自ら適正な登記を取得していることが求められて当然である。従来の学説においても、たとえば取消後の転売において保護される第三者に登記を要求する立場は見られたのであるが、対抗要件主義の適用と混同がある場合には、理論構成の観点からそのような解決は否定せざるを得なかった。登記の公信力を導入する解決であることが明確にされるならば、最終的には立法が必要となることは明らかである。私見は、これまでにも、たとえば背信的悪意者からの転得者を保護するために、部分的に登

---

[100]　最判昭和44年5月27日（民集23巻6号998頁、判時561号40頁、判タ236号119頁）、七戸克彦解説・民法の基本判例〔第2版〕（法学教室増刊）24頁参照。

[101]　最判昭和45年9月22日（民集24巻10号1424頁、判時609号40頁、判タ254号144頁）、武川幸嗣解説・判例講義民法Ⅰ135頁以下参照。

[102]　最判昭和45年11月19日（民集24巻12号1916頁、判時616号63頁、判タ256号120頁）、武川幸嗣解説・判例講義民法Ⅰ138頁参照。

記に公信力を認める解決が望ましいと論じてきたが、そこでも同様に、第三者に善意および無過失と登記の取得を求めるべきであろう見ている。

　判例により拡大適用の一途を辿ってきたこの民法94条2項の類推適用に、近時適用の限界例が登場し、未登記の取消権者の側が保護されたケースが見られたことは注目に値する[103]。民法94条2項に依拠した公信力的解決と言っても、類推適用はあくまでも類推適用であり、登記の公信力そのものに至ることは決してないわけである。この点を改めて確認し、求められている制度があれば、それを立法によって実現することが目指されるべきであろう。取消と登記の問題に戻るならば、ここでは取消後の迅速な登記の回復を促すという点で対抗要件主義の論理が部分的に機能することもあるが、しかし、民法177条が悪意の第三者をも保護することを考えれば、登記の公信力による解決との間には質的な相違がある。公信力的な解決は、権利保護資格要件としての登記を個別に立法化するという考え方で実現できると考えられる。

5　仮登記

　対抗要件主義の基本は登記の順位優先主義にあり、登記が遅れた場合の失権という制裁によって、権利取得者に迅速な登記を促すところに制度の本質がある。したがって、この制度が適切に機能するためには、契約当事者や登記によって保護される権利取得者が、迅速に登記にアクセスできるという前提がなければならない。フランス法の当初の制度では、権利取得者が契約書の写しを単独で公示できるというシステムであった。これに対して、ドイツ法主義の影響を受けて不動産登記制度が作成された日本法では、登記は共同申請主義を原則としている（不登法60条参照）。すなわち、登記義務者言い換えれば譲渡人の協力がなければ登記できない建前であ

---

[103] 最判平成15年6月13日（判時1831号99頁、判タ1128号370頁）参照。不動産業者から地目変更のためと偽りの要求を受けて登記済証、白紙委任状、印鑑登録証明書等を交付し、不実の所有権移転登記をされた不動産の所有者を保護した事例である。不実の登記の放置に関する名古屋高判昭和62年10月29日（判時1268号47頁）も同趣旨。ただし、最判平成18年2月23日（民集60巻2号546頁、判時1925号92頁、判タ1205号120頁）（佐久間毅解説・判例百選Ⅰ〔第6版〕46頁参照）は、不動産管理を委託された者が恣意的に不実登記をしたケースについて、民法94条2項と民法110条を類推適用し、本人の帰責性を認めて第三者を保護している。

る。これにより登記の真実性の確保が目指されている。しかし、実際には、第1譲受人が所有権移転登記を懇請しているうちに、契約条件に不満を感じた譲渡人が第2譲渡に及び、こちらに登記を取得させるといったケースも判例には多出している。これを避けるための有効な手段となるのが仮登記である。

共同申請の原則は仮登記にも適用されるので、少なくとも登記義務者の承諾がなければ単独で登記することはできない（不登法107条参照）。しかし、不動産登記法108条は、申立により裁判所が仮登記を命ずる処分ができると規定している。すなわち、登記権利者は裁判所で仮登記の原因となる事実を疎明することによって、単独で仮登記を申請することができる（仮登記仮処分と呼ばれる）。不動産登記法105条によれば、仮登記には物権をすでに取得したにもかかわらず登記に必要な情報を提供できない場合になされるもの（1号仮登記）と、物権変動の請求権を保全するためのもの（2号仮登記）とがある。請求権が始期付き、停止条件付であった場合なども後者に含まれる。実務においては、この2種の仮登記はかなり柔軟に利用ないし活用されており、物権の仮登記と債権の仮登記というように単純な区別はなし得ない。どちらも本登記がなされるまでは、仮登記に固有の順位保全効しかなく、本登記がなされた後は完全に物権の対抗力を生じるからである。

仮登記の順位保全効については、不動産登記法106条が「仮登記に基づいて本登記……をした場合は、当該本登記の順位は、当該仮登記の順位による」と規定している。すでになされた仮登記に基づく本登記であることが明示される必要があり、さらに、所有権仮登記を本登記にする場合には、登記上の利害関係人の承諾を得なければならない（不登法109条参照）。第1譲受人が仮登記した後に第2譲受人が本登記していたような場合もこれに当たるので、承諾を得ることは必ずしも簡単ではなく、訴訟による例も少なくない。

仮登記の順位保全効の解釈には、対抗力遡及説と対抗力不遡及説の2説

---

(104) ただし、後述（次注参照）のように、判例も必ずしも一貫してはおらず、学説の立場にも有力な反対説は見られる。幾代通・前掲不動産登記法〔新版〕391頁以下、滝沢聿代「仮登記の対抗力（二・完）」成城法学4号52頁以下参照。

があり、判例は前者によるものの、学説では後者が通説とされている[104]。A→B、A→Cの二重譲渡を想定してみよう。前説によると、Bが2008年3月1日に仮登記し、同年5月1日に本登記した場合に対抗力は3月1日から生じると考えるのに対して、後説によれば、対抗力は5月1日から生じるのであり、ただ順位だけが仮登記に従って先になるのだと解される。そこで、4月1日に本登記した第三者Cがある場合にも順位においては3月1日の仮登記によりBが優先し、ただし5月1日から対抗力が生じると見ることになる。このように、対抗力不遡及説によればB、Cの争いを一方的にBに有利に解決することなく、Bの本登記まではCの権利を肯定することにより妥協的な結論を導くことができる。具体的妥当性や中庸を重んじ、理論によって割り切ることを好まない日本的な解釈論と言える[105]。

しかし、仮登記が順位を保全するという意味は、本来はこのように中途半端に順位を決める趣旨ではなかった。順位はすなわち日付が決めるのであり、本登記の効力が仮登記の日付に遡るのでなければ、仮登記制度の意義は生きてこない。ドイツ法でもフランス法でも仮登記はそのような制度として機能しており、真の権利者の保護の重要性が認識されるならば、対抗力が遡及しても差し支えないと考えられる。

昭和53年に「仮登記担保契約に関する法律」が成立して以来、仮登記については、判例法が認めてきた独自の不動産担保の公示方法としての意義が成文法上のものとなった。すなわち、不動産の代物弁済予約や停止条件付代物弁済契約等に基づいて所有権移転請求権保全の仮登記がなされた場合には、仮登記は本来の順位保全効を超えて、仮登記だけで仮登記担保権の対抗要件としての効力をもつことになった（仮登記担保法13条1項参照）。見落とせないところである。

---

[105] 最判昭和36年6月29日（民集15巻6号1764頁）（Bが請求権保全の仮登記後にCが本登記し占有した場合に、Bが本登記すればBは所有権を取得した時点に遡ってCの不法占有に対し損害賠償請求できるとしたケース）、最判昭和54年9月11日（判時944号52頁、判タ399号116頁）（Bが代物弁済予約の仮登記をした後にCが本登記し占有していた場合、本登記を取得したBからCに対する損害賠償請求を否定している）等参照。後例の判時解説は、「行為時に適法だった行為がのちに遡って違法とされ、これについて責任を問われるのは不合理ではないか」と論じている。しかし、仮登記の順位保全効は予測できたのであり、まったく適法であったわけではない。

6　登記請求権

　登記請求権という用語は、言葉としては不動産登記を管理する国家機関、すなわち法務局に対して登記を申請する権利（登記申請権）のようにも解し得るが、そうではなく、まったく私法上の概念であり、不動産登記をなすに当たって該当する特定の者に対して必要な協力を求める権利を指している。すなわち、単独で登記を申請することができないのは、登記共同申請主義の原則が採られているからであり、そこから登記請求権が生じる。実体法上の権利を有しこれを登記簿に記載しようとする者は、登記権利者と呼ばれ、必要な登記の実現に協力すべき者が登記義務者である。不動産の売買契約が成立し、所有権移転登記をなすべき段階に至れば、買主は登記権利者、売主は登記義務者となり、共同して登記申請手続をなすために、買主は売主に対して登記請求権をもつ。

　登記請求権が議論の焦点の1つとなっているのは、対抗要件主義の下での不動産登記が必然的に複雑なものとなり、登記が訂正ないし修正される機会も多いために、いかなる場合に登記請求権の発生を認めるかについて明確な整理をすることが難しいからである。売買のような積極的な権利変動が見られた場合は分かりやすいが、取消、解除、無効等で登記を旧に復させる場合にも登記請求権は必要である。では、まったく物権変動がないにもかかわらず、虚偽の登記が行われたような場合はどうか。やはり真正な登記を確保するために、登記請求権は発生せざるを得ない。このように見れば、登記請求権は総じて実際の権利関係と登記簿の記載に齟齬を生じた場合に、これを正すために必然的に発生すると捉えることができるであろう。抹消登記請求権、登記引取請求権といった消極的なかたちの請求権の必要性もこれによって説明できる。他方で、物権変動の有無にかかわらず、当事者間に登記をする特約がある場合には、契約に基づいて債権的な登記請求権が発生することも否定できない。

　以上のような状況から、登記請求権の発生原因には多元的な説明が適当であると解されるが、学説には物権そのものの効果と結びつけ、物権的請求権に含めて一元的に把握することを目指す立場もある。しかし、その場合にも不動産売買契約の効果として、買主から売主に対する債権的登記請

求権が発生することは否定できないであろうから、第1に物権的請求権の一部としての登記請求権があり、別に債権的登記請求権が競合的に並存し得ると見るべきであろう。さらに、そのいずれにも該当しない第3の類型の手続的登記請求権があるとも指摘されており[106]、これを肯定しておくことは、登記請求権の全体を確実に把握するために有意義であると考えられる。このように多元的な登記請求権の発生原因を整理すると、その法的性質が物権的、債権的かつ手続的の3種に分類できると見ることができ、それは登記請求権が民法177条に基礎づけられた実体法上の権利であると同時に、不動産登記法の支配下にあり、優れて手続的な権利でもあることを反映している。

なお、売主からの買主に対する登記引取請求権の根拠づけが問われ、これを妨害排除請求権と見ることの当否も論じられている[107]。売主はすでに物権を有しないので物権的請求権を認めることはできないが、債権的引取請求権と見ることはできる。他方、手続的登記請求権を想定しておくならば、このように説明が難しい状況の下で、登記制度運営上の究極の必要性を説くことも可能であろう。なお、登記が物権の属性であることは確かであるから、登記請求権を物権的請求権の中に含めることは適当であるとしても、一般的な妨害排除、妨害予防、目的物の返還請求のいずれかに含めるのではなく、それらと並存して独立的に物権的請求権となるものと解される。

第8節　動産物権変動と対抗要件

1　引渡の態様

民法178条は、動産物権の譲渡については、当該動産の引渡が第三者に

---

[106] 石田喜久夫＝石田剛・新版注釈民法(6)（有斐閣、2009年）466頁参照。なお、この第3の類型について司法研修所などでは物権変動的登記請求権という整理もなされるようであるが、この表現では内容的に①②と重複するものも含まれることになるので、手続的とする方が適当であろう。

[107] 石田＝石田・前掲書470頁参照。

対する対抗要件になると規定している。すなわち、動産については当然に民法176条の適用があり、その上に民法178条がセットになって適用されることになる。とは言え、不動産登記と違って、動産は自然的に占有と密着している存在であるから、そこに意思主義を持ち込んで占有そのものと観念的な所有権を切り離して考えることは、そう簡単ではなく、フランス民法でも動産については引渡主義が残存する傾向が見られた。日本法ではこの点は理論的に克服されており、動産物権変動にも意思主義が適用されることに異論はない。そうであれば、民法176条、178条の解釈は、これまでに見てきた176条、177条の解釈論の延長上にあり、その応用にすぎないということになる。しかし、不動産登記と単なる占有では公示の手段としてもかなり性質の相違があり、そこから必然的に異なる問題が派生することにもなる。

　占有は、後述するように、物に対する事実上の支配であり、それゆえに物の所有権者に占有があることが最も一般的、原則的であると見られる。しかし、賃貸借、寄託、質権設定等の契約を介して、例外的に他人の物を占有する権利が生じることも多く、占有の公示力を複雑にしている。ここでは占有は、代理占有（間接占有）と直接占有に分化せざるを得ないからである。さらに物の現実の占有移転であるべき引渡は、取引の世界でこれを常に要求することが難しく、引渡があったことにする、という簡便な方式へと柔軟化されることが必然的であった。言い換えれば引渡の意思表示をもって実際の占有移転に代えるわけであり、占有の観念化と呼ばれる。このような変容を経て、今日引渡は以下の4つのタイプに定着している。

　ア）現実の引渡……譲渡人から譲受人に対して、物の占有を移す行為を指す（民法182条1項参照）。譲受人が物の現実の支配を得ることが対抗要件の原則的方法である。

　イ）簡易の引渡……占有移転の合意だけで対抗要件となる場合である。たとえば、すでに目的物の占有をしていた賃借人が、売買によって賃借物の所有権を取得した場合には、所有権者としての間接占有も移す必要があるので、意思表示だけでその占有移転が実現する（民法182条2項参照）。

　ウ）占有改定……売主のように引渡をなすべき占有者が、売買後も引き

続き占有を継続する必要がある場合に、意思表示によって買主のための占有に性質が変わることを確認し、現実の引渡に代えることを指す（民法183条参照）。

エ）指図による占有移転……第三者（代理人）が占有している物を引き渡す場合には、まず本人である所有権者が占有物を自らに取り戻し、その上で現実の引渡をするのが本来であるけれども、第三者に以後は買主のために占有するように意思表示し、第三者がこれを承諾することによって簡便に引渡に代えることを指す（民法184条参照）。

民法178条の引渡としては、上記のいずれの形式が行われても対抗要件と認められる。したがって、動産の譲渡において対抗要件を付与することはきわめて簡単であるけれども、それでも上記のいずれかに該当する引渡ないしその意思表示があったかどうかは、重要であり、対抗要件となるべき意思表示がないために対抗力を欠く物権変動が生じる場合も少なからず認められる[108]。

このほかに、動産については、後述する民法192条が即時取得を規定しているため、その効果として占有に基づく物権変動が生じることがある。そこで対抗要件としての占有との議論の混乱もしばしば生じる。たとえば、典型的な二重譲渡のケースにおいて、AがBに動産を売却し、まだ対抗要件に該当する意思表示がまったくなされていないうちにCに二重売買がなされたとする。民法178条の適用によれば、Cに対してア）〜エ）のいずれかの引渡があった場合には、Cが悪意者であっても所有権を取得する。しかし、即時取得が成立するためには、善意・無過失の要件が必要であり、さらに後述するように判例は、Cに現実の占有の取得を要求する。この場合には、Bが先に対抗要件を取得していてもCが勝つことになる。

---

[108] たとえば、最判昭和30年6月2日（民集9巻7号855頁）では、Aが映写機、レンズ等6品の動産を債権担保のためにXに譲渡した。しかるに本件物品はAが他から購入して代金未払いであったため、Yが残代金を支払いAから物品の引渡を受けて占有していたものである。XからYに引渡請求。原審ではXは対抗要件がないとして敗訴したが上告して破棄差戻しとなった。判旨は、Xは譲渡担保権者として占有改定により対抗要件を取得していると判示した。占有改定の意思表示の認定の難しさが看取できる。山川一陽解説・判例百選Ⅰ〔第6版〕122頁参照。

したがって、B、Cがどのレベルで争っているのかを明確にした上で、必要な意思表示を確認しなければならない。

2　明認方法と特別法による対抗要件

　不動産物権変動の対抗要件が不動産登記法によって厳格に制度化されていることと比較すると、動産譲渡の対抗要件は、前述のように引渡そのものが多様性ある概念である上に、他にも引渡に代わり得る各種の重要な対抗要件が見られる。動産がそれ自体無限の多様性を示す目的物であることの反映と言えよう。

　明認方法については第2節でも触れているが、判例法によって認められている特殊な取引（公示）の態様であり、地盤所有権と区別された立木、未分離の果実、桑葉、稲立毛、温泉湧出地利用権（湯口権）等について、権利の所在を事実上公示することで対抗要件としての効果が認められることを指す。立木の集団は、「立木ニ関スル法律」（立木法）により地盤から独立して登記することが認められており、この場合には不動産と看做すとされている。しかし、なお伐採目的の売買などにおいて明認方法が行われる場合もある。他の農作物同様、周囲を縄で囲って所有者を明記した立札を立てることが一般的な方法である。取引価値のある個々の樹木については、名札を付けたり、樹皮を削って所有者名を記入することが行われる。所有権の公示が中心であり、抵当権の設定などを明認方法で公示することはできない。ただし、所有権移転の形式が採られる譲渡担保については明認方法も有効と認められている。

　これらの明認方法による取引の対象物は、土地所有権の一部を構成しているのであるから、本来は不動産である。しかし、取引当事者が地盤とは別に動産として取引するつもりであれば、取引上は動産と看做すことが適当であり、明認方法もここでは動産に関するものと見ることができる。集合物としての動産商品に名札（ネームプレート）を付けるという公示方法も広い意味での明認方法に当たる。

　動産及び債権譲渡特例法は、正式には「動産及び債権の譲渡の対抗要件に関する民法の特例等に関する法律」という名称であり、法人が動産を譲渡した場合には、専用の登記ファイルに記入することによって民法178条

の引渡があったとみなされる。商法上の貨物引換証、倉庫業者の預証券、船荷証券等によって取引される動産は、動産それ自体を表象し得るそれらの証書の効力に従い、証書の引渡が動産の引渡に代わり得る。商法はまた船舶の登記が所有権移転の対抗要件であると規定する（商法687条）。建設機械抵当法も登記を対抗要件としている（建設機械抵当法3条、7条）。自動車、航空機については登録制度が設けられており、登録が対抗要件となる（道路運送車両法5条、航空法3条の3等参照）。

最後に、金銭は重要な動産であるが、その純粋に価値的な性質ゆえに、原則として占有の移転に従って所有権も移転すると解されている。そこで、金銭の引渡は、所有権移転の対抗要件となることはなく効力要件である[109]。

3　第三者の範囲

前述したように、民法178条の適用については概ね民法177条に準じて考えることができる。したがって、第三者の範囲もさらには対抗要件を要する物権変動の範囲についても、不動産の議論をあてはめることが通常である。しかし、動産の場合に対抗要件の有無が問題となるのはほとんど所有権移転についてだけとなるため、多くの場合に意思表示によって必要な対抗要件が具備されると解され、立証の問題を別にすれば、あまり複雑な議論は生じる余地がない。A所有の動産がB、Cに二重譲渡され、ともに占有改定によって対抗要件を取得した場合には、先に占有改定を取得した者が所有権を取得することは言うまでもない。ただし、Cが民法192条で即時取得をする場合には、Bは公信の原則によって所有権を失うことになる。どのような場合に即時取得が成立するかは後述する。

動産の受寄者の扱いについては議論が見られる。ABの間に動産売買があった場合に、その目的物をCが受寄者として占有しているのであれば、Bは指図による占有移転を受けなければ対抗要件を取得することができない。しかるに判例は、対抗要件のないBからのCに対する引渡請求を肯定し、受寄者CはAに代わって一時物件を保管するにすぎないから、民法

---

[109]　我妻＝有泉・新訂物権法186頁参照。

178条の第三者に当たらないと論じている[110]。他方で判例は、Cが動産賃借人である場合には、契約に基づいて占有する立場は受寄者と同じであるにもかかわらず、引渡請求権を行使するBに対抗要件を要求してきた（大判大正4年4月27日民録21輯590頁参照）。受寄者と賃借人の扱いの違いは恣意的のようであるが、寄託においては、民法662条が「寄託者は、いつでもその返還を請求することができる」と規定する点が考慮されていると見得る。しかし、何人に返還するかは受寄者にとっても重大な利害関係があるので、賃借人の場合と同じくBには対抗要件を要求するべきであろう。なお、ここで対抗要件とされている動産の引渡は、不動産登記では権利保護資格要件としての登記と位置づけた広義の対抗要件に当たることも確認しておく必要がある。

[110] 最判昭和29年8月31日（民集8巻8号1567頁）、山野目章夫解説・判例百選Ⅰ〔第6版〕124頁、我妻＝有泉・新訂物権法196頁参照。

第 4 章

占 有 権

第1節　占有の成立

1　占有・占有権の意義

　占有権に関する規定は、民法180条から民法205条までとかなりの条文数がある。しかし、そのうち占有権の移転に関する規定である民法182条1項、2項、民法183条、184条については、動産物権変動の対抗要件との関連で、すでに前章第8節で扱っている。説明が前後するのは必ずしも適当ではないけれども、そちらも視野に収めた上で、ここではまず、占有という特殊な権利の全体像をつかむことが課題である。

　民法180条は、「占有権は、自己のためにする意思をもって物を所持することによって取得する」と規定している。したがって、民法が占有権という権利を想定していることは確かであるが、学説は、占有は単なる事実であって権利ではないとも論じている。占有は、物に対する事実的支配の外形をそのまま保護する制度であるから、占有それ自体は確かに事実状態である。しかし、これを要件として多様な法的効果が生じ、占有訴権のような明確な権利も派生するので、占有があるところに占有権もあるというかたちで、この2つの概念は並存的に存在すると考えることができる。したがって、一般的には占有と占有権は互換的に読まれて差し支えない。

　占有は物に対する事実上の支配であるから、所有権者、地上権者、賃借

人のように物を直接支配する立場にある者は、当然目的物に対する占有も有するのが通常である。これらの占有を正当化するような実質的な権利を本権と呼ぶ。占有の特徴は、このような本権がない場合にもある場合と同様に保護を受けるところにあり、以下の説明においては、主として本権のない占有に注目することになるため、占有と占有すべき権利（本権）の区別をまず確認しておく必要がある。

　占有制度は、歴史的にはローマ法の占有（ポセッシオ　possessio）とゲルマン法の占有（ゲヴェーレ Gewere）をともに承継しているとされる。ローマ法の占有は、事実的な物の支配の状態をそのまま保護することによって、社会の平和と秩序を維持することを主眼としており、この考え方が今日の占有訴権の制度の基礎となっている。すなわちそこでは、占有は真実の権利関係とは別の法体系として独自の効力を認められている。他方、ゲルマン法においては、ゲヴェーレが物に対する支配権の表象として保護されたため、占有は真実の権利に至る直近の道となることが多かった。しかし、ゲヴェーレによって解決されない訴訟では、最後は真実の権利関係が問われることになる。民法に規定される占有の効果は各種あり、それぞれの制度の特色が歴史的にいずれかのタイプの占有の影響を受けていると見ることができる[1]。

2　占有の要素

　民法180条によれば、占有が成立するためには、「自己のためにする意思」という主観的要素と「物の所持」という客観的要素が必要である。前者は心素（animus）、後者は体素（corpus）とも呼ばれ、占有の成立にはどの程度の心素が必要か古くから論じられてきた。

　占有の最も重要な要素となる「所持」は、物が社会観念上その人の事実的支配に属すると認められる状態を指す。現に本人が物理的に支配している物について所持があることは当然であるけれども、旅行中に自宅に置いている家屋や内部の動産についても社会的に見て所持があると解されるし、郵便受けの中の手紙類や家屋の敷地たる土地についても同様である。

---

(1)　我妻＝有泉・新訂物権法458頁以下参照。

例外としては、支配の意思が明確でない場合や一時的な物の支配などがあり、裁判例には、商店主が公道の一部を清掃し私物を常置しても占有を取得しないとしたケースなどがある(2)。また最高裁は、賃借建物の壁面にボルトで取り付けた広告用看板の所有者は、その壁面について客観的外部的支配事実がなく、壁面の占有を有しないとして、建物所有者に対する強制執行の排除を求めた賃借人を敗訴させている(3)。

占有の意思的要素に当たる「自己のためにする意思」は、所持による事実上の利益を自分に得させようとする意思であり、広く客観的に認定されている。すなわち、所有権者や盗人がこの意思を有するのは当然であるが、さらに賃借人、受寄者、質権者などは他人のために占有することが権利の性質上当然であるにもかかわらず、その占有には自己のためにする意思があるものと解されている。一般的に言えば、自分の責任において物を所持するすべての者は「自己のためにする意思」を持つのである。

占有の成立にどのような意思が必要であるかは、立法主義によって異なる。意思が必要とする主観説の立場においても、所有者意思、支配者意思、自己のために物を所持する意思の3説が見られる。フランス民法や日本の旧民法は所有者意思説を採用している。しかし、現行の民法は最後の説の立場によっており、意思的要素が最も軽い「自己のためにする意思」説を採用している。これに対して、意思的要素をまったく必要としない客観説もあり、ドイツ民法はこの考え方によっている。物の支配の外観を尊重して、社会の現状の秩序と平和を維持するという占有制度の目的からは、占有の成立をできるだけ広く認めることが望ましく、客観説が優れていると

---

(2) 東京地判昭和36年3月24日（判時255号27頁）参照。マーケットの正面広場を占有しているのは、そこを日常的に使用していたマーケット内店舗の賃借人ではなく、マーケットの所有者・経営者であるとした東京地判昭和30年10月27日（下民集6巻10号2246頁、判時67号13頁）も参考になる。判旨が述べるように、所持の有無は結局社会通念により決まることになる。田中整爾・占有論の研究（有斐閣、1975年）288頁以下参照。

(3) 最判昭和59年1月27日（判時1113号63頁、判タ524号206頁）参照（原審では占有ありとされた）。なお、所有権移転登記がない道路用地について、地方公共団体が市道として管理権を行使している場合には、「自己のためにする意思をもって当該道路を所持するもの」として占有権に基づく妨害予防請求を認めた最判平成18年2月21日（民集60巻2号508頁、判時1947号50頁、判タ1222号147頁）も注目される。

される。そこで、民法180条の「自己のためにする意思」も、できるだけ
緩やかに解し、広く占有を肯定していくべきであると論じられており、解
釈論としては、この意思的要素を端的に無視してもよいとする主張も見ら
れる[4]。とは言え、明文の要件をまったく無視することは適当ではないた
め、占有を生じさせた権原の性質に従ってできるだけ客観的に、この意思
を認定すればよいという理解になる。なお、占有意思は占有取得時の要件
であって、継続して存在する必要はないとされている。

　意思的要素が必要であるという前提を採る限り、意思無能力者の占有を
認めることは難しく、それが1つの限界となる。しかし、意思無能力者も
後述するように法定代理人によって代理占有を取得することはできる。賃
貸人が賃借人によって代理占有を取得する場合などと同じである。これら
においては、所持も意思的要素（本人のためにする意思・自己のためにする意
思）も占有代理人の許で認定され、代理占有は本人と直接所持する占有代
理人との法律関係によって形式的、機械的に成立する。すなわち、本人の
代理占有と代理人の直接占有が並存的に取得されることになる。占有意思
に関しては、意思能力があれば、行為能力は問われない[5]。

　なお、1つの占有を複数人で分け持つ場合も考えられ、単独占有に対す
る共同占有と呼ぶことができる。共同相続人が被相続人の占有を承継する
場合などであり、所持は共同の支配によって認められるため、自己のため
にする意思は各人毎に認定されるのであるが、ここでは複数の占有が成り
立つことにはならない。

3　占有の種類

　占有は多様な様相をもつ制度であり、さまざまな角度からその特質を整
理することができる。とりわけ占有の効果は占有の態様と密接に関係して
いるため、占有の効果を考える場合には、どのような性質の占有が要件と
して求められるか、なぜそうでなければならないかを正確に把握する必要
がある。占有の態様は通常以下のように整理されている。

---

(4)　川島武宜・所有権法の理論（岩波書店、1949年）166頁、舟橋・物権法286頁参照。
(5)　最判昭和41年10月7日（民集20巻8号1615頁、判時465号42頁、判タ199号124
頁）では、占有開始時に15歳であった者の自主占有が認められている。

①自主占有・他主占有

　自主占有とは「所有者意思」ないし「所有の意思」をもってする占有を指す。所有権者はもちろん自主占有者となるが、無権利者である盗人の占有も「自分の所有物として」占有するのであるから自主占有である。効果の面から見ると、取得時効の要件となる占有は、自主占有でなければならない（民法162条）。判例では、取得時効の成否をめぐって自主占有の有無が争われることが最も多い。先占（民法239条）もこの占有が要件となり、また占有者の責任に関する規定（民法191条）においては、自主占有かそうでない占有かによって賠償責任の範囲が異なっている。民法186条では、占有者の「所有の意思」は推定されると規定されているため、占有する者は自主占有者と推定される。

　所有者として占有するのではない場合は他主占有となり、賃借人、地上権者、受寄者などの占有がこれに当たる。所有の意思の有無は、自己のためにする意思と同様に、占有者の権原の性質に応じて客観的に判断されるため、内心の意思がどのようなものであれ、これらの権原に基づく他主占有者からは自主占有は生じない。

　しかし、民法185条は占有の性質が変更する可能性を認めている。すなわち、その権原の性質から当然他主占有と認められる場合であっても、次のような事由があれば途中から自主占有に変わり得る。①他主占有者が自己に占有をなさしめた者に対して、所有の意思があることを表示すること（民法185条前段）。②新権原により所有の意思をもって占有をはじめること（民法185条後段）。①は、賃借人が賃貸人から占有の対象である賃借物の贈与を受けたものと主張して、以後賃料支払いを止めたような場合である。判例においては、農地解放によって小作地の一部を買い受けた小作人が、残部について賃料の支払いをせず自由に耕作した事情の下で、所有の意思の表示が認められている[6]。②は、賃借人が目的物を買い取り、所有権者となったような場合である。二重譲渡における未登記の第1譲受人や、無権代理人から農地の譲渡をうけて登記した買主、農地を買い受け代金を支払ったが農地法上の許可手続がなされず、登記もしていない買主などにも

---

(6) これにより農地の小作人による時効取得が認められた。最判平成6年9月13日（判時1513号99頁、判タ867号155頁）参照。

自主占有の取得は認められる⁽⁷⁾。

　民法185条に関しては、とりわけ相続があった場合に、新権原による占有と認め得るかどうかが議論されている。一般的に言えば、相続によって被相続人の法的地位が相続人に承継されるのであるから、被相続人の占有が他主占有であれば、相続人もそれを引き継ぐことによって他主占有を有することになる。この意味では、相続は新権原に当たらないと解される。判例も古くはこのように判断した（大判昭和6年8月7日民集10巻763頁参照）。しかし、具体的な法主体は別々の個人であるから、相続人が被相続人の占有していた賃借家屋について、所有権があるものと誤信して占有をはじめることも考えられる。したがって後の判例は、相続人が所有の意思をもって独自の占有を開始したことが客観的に明らかである場合には、被相続人の他主占有を承継しつつも、別に固有の自主占有も取得する可能性を認めた⁽⁸⁾。この最高裁昭和46年判決は、「（相続人らは被相続人の死亡後）民法185条にいう『新権原ニ因リ』本件土地建物の自主占有をするに至ったもの」と論じ、相続が民法185条後段の新権原に当たることを認めている。しかし、むしろ同条前段に従って、他主占有者である相続人が所有の意思を対外的に示すことによって、被相続人に占有をなさしめた者に対して自主占有を主張していると解する方が適当であろう。相続は新権原に当たるとする学説の立場も、上と同様の理解を指すことが通常である⁽⁹⁾。判例が民法185条後段を適用し、相続が直ちに新権原に該当するかのように論じているのは、導かれる結論は同じでありながら、理論的な明確さに欠けるものであった。

　自主占有を主張する相続人は、その占有が外形的客観的に見て独自の所

---

(7)　最判昭和51年12月2日（民集30巻11号1021頁、判時841号32号、判タ346号191頁）（無権代理人による農地の売買があったケース）、最判昭和52年3月3日（民集31巻2号157頁、判時848号61頁、判タ348号195頁）（農地を売買し、代金を支払ったが知事の許可を得る手続がなく、登記もなされなかったケース）等参照。いずれも民法185条後段の新権原と認められた事例である。

(8)　最判昭和46年11月30日（民集25巻8号1437頁、判時652号37頁、判タ271号179頁）参照。本判決は、相続人が新権原により自主占有するに至ったものと論じたが、事案との関係では相続人の自主占有を否定している。その後も他主占有者の相続人に自主占有を認めた例は見られるが、最近のものでは、後述の最高裁平成8年判決が注目される。

(9)　近江・物権法〔第3版〕184頁、辻・後注(10)引用の解説150頁等参照。

有の意思に基づくものであるという事情を自ら証明しなくてはならない。民法186条の所有の意思の推定が働かないことは当然である。後の最高裁平成8年判決[10]では、被相続人が贈与を受けた不動産を相続したものと信じた相続人が、登記済証を所持し、固定資産税を納付して管理使用を専行したなどの事情を立証し、自主占有が認められた。「この場合には、相続人の所有の意思の有無を相続という占有取得原因事実によって決することはできないから」という判旨の文言によれば、ここでは民法185条前段が適用されたと見ることができる。しかし、本件の事案では、外形的な占有意思の変更の表示が必ずしも明白ではなかったため、判旨の意図にもかかわらず、その論理はやはり明確に示され得なかった。

②善意占有・悪意占有

占有すべき権利（本権）がない占有者が、本権があると誤信している場合にはその占有は善意占有であり、本権がないことを知っていて占有する場合は悪意占有となる。本権があるかどうか疑いをもって占有する場合は悪意占有に含めるのが通説である。したがって、本権がある占有者については、善意・悪意の区別は無関係である。また、民法は占有者の善意は推定されると規定している（民法186条）。

善意占有は悪意占有と比べてより厚く保護されるので、取得時効においては短期10年で時効取得できるとされ（民法162条2項）、即時取得も成立し得る（民法192条）。ただし、これらの場合には無過失の要件もあわせて必要である。善意の占有者はまた、占有物から生じる果実を取得できる（民法189条1項）。占有者の賠償責任（民法191条）と占有者の費用償還請求権（民法196条）においても、善意占有は有利に扱われている。後の3つの場合においては、過失の有無は問われず、善意であれば足りる。ただし、果実の取得においては、善意の占有者であっても本権の訴訟において敗訴した場合には、訴えの提起の時から悪意の占有者であったとみなされる（民法189条2項）。

---

[10] 最判平成8年11月12日（民集50巻10号2591頁）、辻伸行解説・判例講義民法Ⅰ149頁、中田裕康解説・判例百選Ⅰ〔第6版〕130頁参照。上記辻伸行解説は、民法185条前段、後段のいずれを適用するのかが必ずしも明確にされていないとして、所有の意思の明確な表示が必要と論じられる。

③過失ある占有・過失なき占有

　善意占有については、過失の有無が区別される。本権がないのにあると誤信して占有している善意占有者は、その誤信について過失があるかどうかを問われるのである。民法186条は占有の態様について、所有の意思、善意、平穏、公然であることが推定されるとした。すなわち、過失の有無は推定されないので、場合に応じて個別具体的に認定されることになる。しかし、民法188条は占有の適法性が推定されると規定しており、ここから無過失も推定を受けると解する余地がある[11]。判例は、即時取得については無過失の推定を認めるが、民法162条2項による短期取得時効の主張者は、無過失について自ら立証責任を負うとしている[12]。

　短期取得時効、即時取得においては、善意でかつ過失なき占有が要件とされているが（民法162条2項、192条参照）、果実収取権、費用償還請求権、占有者の責任に関する規定は、過失に言及していないので、この要件を不問とすると解される（民法189条1項、196条、191条参照）。

④瑕疵ある占有・瑕疵なき占有

　占有の瑕疵とは、平穏、公然でないこと、すなわち暴力行使によったり、隠避された占有（隠して占有した場合）、悪意、有過失など、完全な占有としての効果を妨げるすべての事情を指す。また、占有は継続することで重要な効果を生じるため、不継続の占有も瑕疵のうちに含め得る。取得時効との関係では、所有の意思がないことも瑕疵となり得る。このような不利な要素が1つでもあれば瑕疵ある占有となり、そうでないものが瑕疵なき占有となる。民法186条によれば、占有の善意とともに平穏、公然も推定される。

⑤自己占有・代理占有（直接占有・間接占有）

　民法181条は、「占有権は、代理人によって取得することができる」と

---

[11] 前主の占有を信頼すれば過失があるとは言えないからである。於保・物権法（上）214頁参照。

[12] 最判昭和41年6月9日（民集20巻5号1011頁、判時453号30頁、判タ194号80頁）は、小型船舶の即時取得を主張する者について過失の有無が争われた場合に、民法188条の適法性の推定を理由に、無過失の立証を要しないと論じた。即時取得制度の趣旨が第三者保護にあるためと解される。他方、最判昭和46年11月11日（裁判集民事104号227頁、判時654号52頁）は、民法162条2項の短期取得時効を主張する者に無過失の立証責任を負わせている。

規定する。これにより、代理人が所持とともに自ら占有を有し、本人も占有ないし占有権を取得するという関係が認められている。代理占有という用語は、法律行為の代理人による占有とも読めるので分かり難い。そこでドイツ民法に倣って代理占有を間接占有と呼び、本人に代わって占有する者（占有代理人）の占有を直接占有と呼んで区別することが広く行われている。ただし、ドイツ法の占有は意思的要素を必要としないので、同じ間接占有という用語を用いても、内容は異なることに注意しなければならない。代理占有（間接占有）がある場合には、直接占有は他主占有かつ自己占有ということになる。賃借人と賃貸人の関係のように、賃借人が所持または占有をする場合に、賃貸人には占有がないとすると、賃貸借契約によって占有が中断することになり、時効取得も成立せず不都合である。また、社会秩序の上からも、賃借人が占有することによって賃貸人も目的物に支配を及ぼすと考えられるので、代理占有は制度として不可欠である。

　代理占有の成立においても、所持と意思的要素の存在が必要である。すなわち、「占有代理人が所持」し、「本人のためにする意思」を有することが要件となる。この時占有代理人は自己のためにする意思も合わせ持つことになり、それによって代理占有とともに、自己占有も認められる。意思的要素の存在は広く柔軟に肯定されるべきことも、自己のための意思の場合と同じである。さらに、代理占有においては、代理人の占有の効果を本人に及ぼすために、占有代理関係の存在が要件として加わる。すなわち、法定代理人と本人の関係、賃借人と賃貸人の関係、質権者と質権設定者の関係のような法的ないし事実的関係の存在であり、より一般的には、「外形上ないし客観的に、所持者が本人に対して物の返還義務を負う関係」の存在と言うことができる。事実的関係でもよいのは、たとえば賃貸借関係が無効であったような場合にも、代理占有関係を認める必要があるからである。代理占有においては、本人の意思は要件とならない。すなわち、代理人によって占有を取得する意思は必要とされず、占有代理関係の存在がこれに代わることになる。したがって意思無能力者も代理人により占有を取得できる。

　占有の各種の効果において、代理占有（間接占有）は本人に対して、自己占有（直接占有）によるのと変わらない効果を及ぼすものである。しか

し、具体的な所持がないところに占有が認められるのであるから、代理占有は占有の観念化にほかならず、とりわけ動産物権変動の対抗要件については形骸化という不都合も生じる。占有の瑕疵の有無は、判例・通説によれば、直接に所持を有する占有代理人について検討されるべきものである[13]。

　占有代理人を考える際には、それと類似するが別の概念である占有補助者（占有機関）との区別を確認しておく必要がある。本人の占有を助けるという意味では共通の面があるけれども、占有補助者には独立した占有は認められない。たとえば、雇主の指示に従って働く従業員や家族の一員などは占有補助者であり、占有者たる本人の事実上の所持を作るだけの存在であって、そこには占有それ自体も占有の法的な効果もまったく生じない。法人と法人の機関についても同様の関係を認めることができる。判例は、A法人のB代表取締役が賃借地を占有していた場合に、Bの占有は代表機関としての占有であり、占有者本人はAであるとして、Bに対する明渡請求を認めた原判決を破棄差戻ししている[14]。

第2節　占有の承継

1　占有承継の意義

　他人の権利を引き継ぐことによって権利を取得することを承継取得という。これに対して、新規に発生する権利を取得することは原始取得と呼ばれる。両者の違いは、実際には前主の許で存在していた当該権利の上の負担が引き継がれるかどうかにあり、原始取得の場合には、前主の権利と無関係に新たな権利を取得したものとみなされる[15]。これらの相違を区別することは、とりわけ物権変動において重要であったが、占有についても同

---

[13]　不動産の管理人である代理人が悪意であれば本人が善意であっても民法162条2項の取得時効は主張できない。大判大正11年10月25日（民集1巻604頁）参照。

[14]　最判昭和32年2月15日（民集11巻2号270頁、判時104号18頁、判タ69号62頁）、辻伸行解説・判例講義民法Ⅰ148頁、小杉茂雄解説・判例百選Ⅰ〔第6版〕128頁参照。

[15]　第3章第1節1参照。

様である。

　占有の承継取得には、譲渡による場合と相続による場合がある。占有ないし占有権の譲渡は、意思表示による物権変動に伴って生じるのが通常であり、売買や贈与によって譲渡人から譲受人に目的物の占有が移転することは、とりわけ動産物権変動においては対抗要件として重要な意味をもつ。この点は民法178条の説明の中ですでに言及したので、ここでは占有移転の4つの形式、すなわち現実の引渡、簡易の引渡、占有改定、指図による占有移転のそれぞれについて、代理占有との関係を確認しながら、占有承継の態様を概観する。

　民法182条は、現実の引渡（1項）および簡易の引渡（2項）により、占有が移転されることを規定する。本来の引渡である前者においては、物に対する具体的な支配が譲渡人から譲受人に移る。これに対して後者は、具体的な所持がすでに譲受人にある場合に、代理占有者であった譲渡人による占有移転の意思表示だけで、いわば残りの占有権を移転させるものである。これにより、譲受人の占有の性質が変わって自主占有となる。すなわち、代理占有は終了する。民法183条の占有改定は、物の所持を移転させることなく意思表示だけで占有移転が行われるもので、これにより譲渡人の自主占有は他主占有となり、新たに代理占有が生じる。民法184条の指図による占有移転においては、第三者に他主占有がある場合に、代理占有のままの状態で、3者の意思表示を介して譲渡人から譲受人へと占有者の変更が生じることになる。

　相続は人の死亡による観念的な占有の移転を生じさせる。これについて民法には規定がないけれども、解釈によってこれを認めなければ、人の死亡によって取得時効が中断され、時効制度にあまり意味がなくなるなどの不都合を生じる。また、社会的にも、被相続人の事実的支配にあった物は、相続人の支配内に取り込まれると見られるので、被相続人から相続人へ占有が引き継がれると解することに問題はないとされている。相続によるこのような占有移転にもかかわらず、相続人が相続を契機として独自の主体的な占有を開始することは事実上避けられず、相続による占有移転の二面性が認められる。ここで他主占有が自主占有に変わるような場合もあり、前節で論じた民法185条の適用によって相続人の利益が保護されなければ

ならない。

2　占有承継の効果

　民法187条は、占有が承継され得ることを確認し、承継取得者は自己の占有のみを主張することも、前主の占有を合わせて主張することもできると規定する。しかし、同条2項によれば、前主の占有を合わせて主張する場合には、その瑕疵も承継しなければならない。前述したように、占有の種類は多様であり、それは占有成立のために、所持に加えて必要とされる主観的要素が多様であることによる。所持を、自己のためにするか他人のためにするか、本権の存在につき善意か悪意か、過失の有無等々は、個人の心理状態であるから、所持の変更に際してさまざまに変化する可能性があり、同一の所持が継続している場合であっても時期によって変化し得る。そこで、占有承継人の地位について、二面的な扱いを認めることにしたのが187条の規定である。すなわち、占有の承継があった場合には、前主の占有をそのまま承継したと解されるのが原則であるが、立証が可能であれば、自己の固有の占有だけを主張することもできる。

　これにより、前主Aが瑕疵ある占有を15年継続した後で承継人Bが瑕疵のない占有を7年継続したような場合には、BはAの占有を合わせて瑕疵ある占有を22年有したとすることができる他、自己の瑕疵のない占有の7年だけを主張することもできる。前者の場合には162条1項の取得時効が成立し得るが、後者の場合には2項の短期取得時効にはさらに3年間の占有継続が必要となる。このように、187条の規定は、取得時効との関係でもっぱら意義をもつことになる。

　古い大審院の判例は、相続のような包括承継には187条は適用されないと解していた[16]。しかし、相続による占有の承継を肯定する以上、そこにも占有承継人の地位の二面的な性質が認められることは当然であり、包括承継の場合を除外するべきではない。したがって、相続人は、被相続人の占有をその瑕疵も含めて承継し、取得時効を援用することができる他に、

---

[16]　相続は被相続人の地位の承継である、相続が民法185条の新権原に当たらないという2つの理論の帰結である（大判大正4年6月23日民録21輯1005頁参照）。判例変更として、最判昭和37年5月18日（民集16巻5号1073頁、判時307号25頁）参照。

瑕疵のない自己の占有のみを主張して短期時効取得を主張することもできる。前主は占有開始時に善意・無過失の占有であったけれども、占有承継人は悪意・有過失で承継したような場合はどうなるか。判例は、短期取得時効の要件である瑕疵のない占有の有無は、占有開始の時点で判断されることを前提として、前主が善意・無過失の占有を取得していれば、承継人が悪意・有過失で占有を取得した場合にも、短期取得時効を主張できるとする[17]。しかし、単独の占有で時効を主張する場合と、占有の承継があった場合とは区別するべきであると批判されている。問題の多いこの最高裁判決を次に取り上げておこう。

■最判昭和53年3月6日（民集32巻2号135頁、判時886号38頁、判タ362号208頁）[18]
〈事実〉　X_1～X_4の夫および父に当たるBは、北海道の原野である本件土地を先代Aの死亡により家督相続していたが、Bは昭和26年死亡しXらが共同相続した。しかし登記はAのままであったため、Y_1（国）は、昭和29年にこの土地を登記名義人所在不明として農地法旧44条に基づいて買収した。その後売渡し、再買収が行われY_1→C→Y_1→D→Y_2（北海道）の順に譲渡された。XらがYらに対して、買収処分の無効を理由に、本件土地の所有権確認、登記名義の回復、土地の引渡を求めて本訴を提起した。Yらは買収を有効と争い、予備的に善意・無過失のCの買受け時を起算点とする10年の取得時効を援用した。1、2審とも買収を無効とし、時効については、中間者Y_1の占有は有過失であるから、短期取得時効は完成していないとしてXらの請求を認容した。Y_2が上告。
〈判旨〉　破棄差戻し。「10年の取得時効の要件としての占有者の善意・無過失の存否については占有開始の時点においてこれを判定すべきものとする民法162条2項の規定は、時効期間を通じて占有主体に変更がなく同一人により継続された占有が主張される場合について適用されるだけではなく、占有主体に変更があって承継された2個以上の占有が合わ

---

(17) 大判明治44年4月7日（民録17輯187頁）、最判昭和53年3月6日（民集32巻2号135頁、判時886号38頁、判タ362号208頁）参照。後者については以下の本文で取り上げ概説した。

(18) 辻伸行解説・判例講義民法Ⅰ151頁、松久三四彦解説・判例百選Ⅰ〔第6版〕132頁参照。

せて主張される場合についてもまた適用されるものであり、後の場合にはその主張にかかる最初の占有につきその占有開始の時点においてこれを判定すれば足りるものと解するのが相当である。」このように論じて、原審の判断は民法162条2項、187条1項、2項の解釈を誤った違法があるとし、Cの善意・無過失を審理させるべく破棄差戻しした。

民法162条2項は、確かに「その占有の開始の時に、善意であり、かつ過失がなかったときは」として短期取得時効を規定している。占有開始後に悪意になってもそれだけの理由で占有を放棄することは困難であり、また占有の期間中ずっと善意であったことの証明はきわめて困難であるから、規定の趣旨は理解できるところである。しかし、占有が承継された場合に、本来悪意であった占有者が前の占有者の善意に便乗することを認めるのは信義に反するのではなかろうか。形式論として一貫させるか、実質の違いに拘るか、この相違のために学説の立場も二分されている。最高裁はここでは民法187条の機械的な適用に与した。事案の解決を見てみると、Xは相続登記を怠った私人、Yは買収手続にミスをした国と地方自治体（北海道）であって、公的責任の追及と個人財産の保護という比較考量からは、判旨の結論に疑問を投じる余地があろう。ただし、相続による占有承継の場合などでは、善意者を相続した相続人の利益を優先させてもよいと考えられるし、本件においては、占有の瑕疵が悪意ではなく有過失であったという事情も考慮して、ここでは判旨の結論を可と見ておきたい。

第3節　占有の効力

1　本権の推定

占有の効力は多様である。占有が動産物権変動の対抗要件として機能することはすでに述べた。占有の効力に関しては、最初の規定である民法188条が、占有（占有権）を行使すればそこに本権（占有すべき権利）があると推定されるとし、占有を強力に保護している。物に対する事実上の

支配がそのままで一応の適法性を認められるのは、現状の秩序をあるがままに肯定して、社会の平和を維持する必要があるからである。民法186条は、占有の態様という観点から、占有者については所有の意思、善意、平穏、公然等の内容が推定されるとしている。さらに、民法188条により本権の存在が推定されるのであるから、占有者は原則としては所有権者であるという推定を受けることになろう。しかし、客観的な占有の概観が明らかに賃借人、受寄者などの他主占有である場合には、事実上そのような本権があるものと推定すべきであろう。真の本権者がこの推定を覆すためには、反対の事実を指摘し、立証において優越を示さなければならない。このように、占有者が訴訟において本権の挙証責任を免れるということは、占有の法的効力の最も重要な側面であり、占有者の法的地位を有利にしている。

　占有の推定的効力と登記の関係をどう捉えるかは難しい問題である。不動産登記が対抗力を中心に組織されていることはすでに述べた。判例・学説は民法177条の解釈を通して、できるだけ広く登記が励行されるように、登記尊重主義を一貫させてきたので、登記があるところに権利があるという推定はかなり高度に認められるはずである。しかし、不動産登記法には公信力の規定が見られないことは繰り返すまでもない。その他にも登記の権利推定力に関する規定はまったく置かれていないので、登記の法的推定力という効果は認められず、事実上の推定力だけがあると見なければならない。

　AB間に不動産売買が行われ、登記だけが移転され引渡がなされなかったようなケースにおいて、数年後にA、Bの相続人の間で目的不動産の所有権が争われたとする。買主Bは、売買契約書や代金支払いの証明なくして、登記の存在だけで所有権を主張することはできないであろう。登記の対抗力によって問題が解決され得るような場合を除いては、登記の権利推定力が当然に占有の推定効を超えると解することはできない。通常の自由心証に戻って裁判官の総合的な判断に委ねられるものと考えられる。

　これに対して学説には、民法188条の推定は動産だけを対象とするものであって、不動産については登記の権利推定力が常に優先すると解する有力説も見られる[19]。前述したように[20]、この考え方においては対抗力と権

利推定力が明確に区別されていない点に注意しなければならない。確かに取引社会において不動産登記の事実上の権利推定力は大きいのであるが、民法188条が不動産には適用されないという理由はない。占有者は、最終的には不実の登記の保持者に抹消登記請求をして勝訴し、自ら登記を取得すべきことは言うまでもない。

2　果実の収取と返還・損害賠償

(1)　善意占有者の果実収取権

民法189条は、善意の占有者に果実収取の権利を認めている。善意とは本権があると誤信することであり、誤信についての過失の有無は問われない。所有権、地上権、賃借権等の果実収取権を含む本権の不存在を知らずに、他人の権利に属する元物を占有し、その果実を取得した者を保護する規定である。果実には、天然果実と法定果実が含まれ、物の利用の利益（使用利益）も果実と同視される。消費した果実のみならず、収取されて占有者の手元に残存する果実も返還を免れる[21]。果実の帰属の判断に関しては、民法88条、89条が合わせて適用されることになろう。たとえば善意の認定は、果実の帰属が決定される民法89条1項の「元物から分離する時」が基準となるなどである。

本条によって果実収取権が認められると、無権利で果実を取得したことよる不当利得は、法律上の原因があることになって成立しない。すなわち、特則規定によって例外的に善意占有者が保護される。しかし、樹木を傷めるなどを含めて過失があれば、無権利の果実取得が不法行為となることは有り得ると解される。取得された果実については不法行為の損害とな

---

[19]　我妻＝有泉・新訂物権法245頁、490頁以下参照。学説、判例の紹介は、能見＝加藤・判例民法2物権60頁以下が簡明である。

[20]　第3章第7節3参照。

[21]　ただし、収取して保管する果実や収取を怠った物につき返還義務を認める説もあり、判例は必ずしも明確でない。我妻＝有泉・新訂物権法494頁参照。

[22]　民法189条と不法行為の損害賠償責任との関係は必ずしも明確ではない。過失があって不法行為が成立すれば果実も賠償義務があるため、善意占有者には無過失も要求すべきであるという見解も見られる（石田・物権法547頁参照）。私見は、本条の適用によって取得された果実が賠償の対象外になる場合もあると考え、不法行為は別個に検討されるものとしたい。

らないとしても、それ以上の損害が生じる可能性もあるからである[22]。

民法190条1項は、悪意の占有者の果実返還義務を規定する。悪意とは本権を有しないことを知っていることであり、悪意者が返還すべき範囲は、残存する果実と「既に消費し、過失によって損傷し、又は収取を怠った果実の代価」である。悪意の占有者には、本権の訴えに敗訴したため悪意とみなされる者が含まれる。民法189条2項が、「善意の占有者が本権の訴えにおいて敗訴したときは、その訴えの提起の時から悪意の占有者とみなす」と規定するからである。本権の存在について確信をもって占有し、争った敗訴者には不利な規定であるが、訴訟の効果として止むを得ないところである。また、190条2項は、暴行、強迫、隠匿によって占有する者を悪意者と扱うものとする。悪意の解釈として、重過失が含められる場合もある。これらの適用と合わせて、別に不当利得、不法行為の成立が認められる場合があり得る[23]。

(2) **占有者と回復者の関係**

民法191条は占有者が回復者に占有物を返還する場合において、損害賠償の義務を負う場合があることを規定し、民法196条は占有物のために支出された必要費、有益費の償還を請求し得る場合があることを規定する。果実そのものの取得と返還義務について規定する189条、190条については前述した。占有者に対して取戻しを請求する回復者は必ずしも所有権者だけではないが、本権を有するものであり、またその本権は果実収得権を含むものでなければならないことも、民法189条の場合と同じである。しかし、占有者が占有によって利益を得た後に、占有すべき権利がなかったことが明らかとなれば、そこには当然法律上の原因を欠く利得があったことになり、不当利得返還請求権が機能することになろう。したがって、民法189条～191条および民法196条と、不当利得の規定である民法703条、704条との関係が問われるが、占有者の保護を明確にするための特則規定として、現物返還の場合に限り、前者が優先的に適用されると論じられて

---

[23] 不当利得の場合には損失、不法行為の場合には損害の発生が要件となるため、別個の規定が必要となる。民法709条適用の場合は、もちろん故意又は過失が必要であり、果実に関する規定とも競合並存すべきものとされる（大判昭和18年6月19日民集22巻491頁参照）。

いる[24]。

　民法191条は、返還すべき占有物を、責めに帰すべき事由によって滅失又は損傷した占有者の責任に関する規定である。悪意の占有者は損害の全部を賠償し（前段）、善意の占有者は「現に利益を受けている限度で」賠償義務を負う（後段）とされている。また民法191条ただし書は、賃借人、質権者などの他主占有者については善意であっても全部の損害を賠償しなければならないとする。無効な賃貸借契約に基づいて占有していた場合などがこれに当たるが、本来善良な管理者の注意をもって他人の物を使用すべき立場であるから、善意であっても全部の賠償は止むを得ない。

　民法196条は、占有者が占有物のために支出した必要費（1項）、有益費（2項）については、回復者に対してその償還を請求できるとする。占有者のこの権利は、占有の善意・悪意を問わず認められる。民法196条1項の「その物の保存のために支出した金額」は必要費であり、不可避の修理代金、占有訴権を行使するための費用などを指す。必要費の請求については、自主占有と他主占有とを問わず、占有者は全額の返還を請求できる。ただし、民法196条1項ただし書によれば、占有者が取得した果実と通常の必要費は相殺される。したがって、通常の必要費と特別の必要費が区別されなければならないが、その線引きは個別の判断により、果実の代価に見合う程度の修理費などが通常の必要費とされるであろう。同様に、必要費と有益費の区別にも微妙な難しさはある。「占有物の改良のために費やしたる金額」は有益費であり、店舗の模様替えのための造作費などがこれに含まれる。

　民法196条2項によれば、有益費の償還に際しては、回復者は占有物の価額の増加が現存する場合に限って、費やした金額か増加額のいずれかを選択することができる。回復者が選択するのであるから、金額の少ない方

---

[24] 最判昭和38年12月24日（民集17巻12号1720頁、判時362号24頁、判タ157号103頁）では、無効な債務引受契約に基づき弁済された金銭を銀行が返還するに際して、利息相当額の運用利益も返還すべきかどうかが争われた。判旨は銀行が善意の利得者であるという前提で、「本件不当利得の返還は価格返還の場合にあたり、現物返還の場合に該当しないのみならず、前記運用利益をもって果実と同視することもできないから、右運用利益の返還義務の有無に関して、右法条の適用を論ずる余地はない」として、民法189条1項の適用を否定し、民法703条によるべきものとした。

が選ばれるであろう。費用償還請求権は悪意の占有者にも等しく認められる。しかし、196条2項ただし書には、悪意の占有者に対する制裁が見られ、回復者の請求があれば、悪意の占有者への償還に対しては、裁判所は相当の期限の付与を認めることができる。すなわち、悪意の占有者は、占有物の返還と費用償還について同時履行を主張することができない。

3　占有による家畜外動物の取得

　民法195条は、家畜外の動物が飼育者の手元を離れて逃失している場合に、これを善意で占有した者があれば、容易に所有権を認めようとする。条文は、「占有開始の時に善意であること」「その動物が飼主の飼育を離れた時から1ヶ月以内に飼主から回復の請求を受けなかったとき」を条件としている。家畜以外の野生動物は本来無主物であるから、これについて所有権を取得した飼育者があっても（民法239条1項参照）、その所有権を取引社会の財物と同様に保護するまでの必要はないという趣旨の立法である。

　家畜外の動物としては、飼育されることが通常ではないものとして、狸、狐、鹿、カラス、セキレイといった類が考えられるが、土地柄によって異なり得る。たとえば狐を飼育することが一般的な地域があれば、そこでは家畜と解される。裁判例には九官鳥について民法195条の適用をしたケースも見られるが、大審院判決は同条の適用を否定した[25]。今日では野生動物の捕獲、飼育は稀であるため、本条の適用可能性は少ないと見得るが、ペットとして飼育されている野生動物については、家畜との区別は困難であり、個別の判断が必要と考えられる。家畜であれば、逃走した場合には、遺失物として処理されることになる。

---

[25]　大判昭和7年2月16日（民集11巻138頁）参照。事案では、逃失した九官鳥を捕獲、飼育していたXから所有者と主張するYが奪取したため、Xから返還請求権がなされたが、そもそも同一の九官鳥ではなかった。判旨は、原審が民法195条をも適用したことを違法とするとともに、善意の占有者であるためには、無主物と信じたことが必要であると論じている。

第4節　即時取得

1　即時取得の意義

　民法192条以下が規定する即時取得（善意取得とも呼ばれる）は、占有の効果として直ちに重要な動産物権変動を生じさせるため、公信の原則の効果という観点から、別に取り出して解説する教科書も多い[26]。しかし、条文の上でも占有の効力の1つと位置づけられており、占有制度全体の中で概観することが適当であろう。とは言え、重要なテーマであることは確かであり、ここでは節を改めて取り上げる。

　動産の取引における公信の原則は、前主の占有を信頼して動産所有権、質権を取得した者について、占有者に実質的な権利がなかった場合にも、それらの物権の取得を認めるとするもので、動産取引の安全のために無権利者からの権利取得を認める制度である。すなわち、「何人も自己の有する以上の権利を他人に譲渡することはできない」という無権利の法理を修正する重要な原則である。日本民法の規定の沿革は、フランス民法旧2279条の趣旨がボアソナード草案を経て定着したものと見られる。フランス古法では、相手を信頼して動産を引き渡した場合には、この相手にだけ返還を請求できるという原則が行われた。「動産は追及力がない」とすることによって動産取引の安全が保護されたのである。このような事情から、フランス法の規定は占有それ自体から権原が生じるという規定の仕方をとっており[27]、時の経過という要件は欠けるものの、時効取得と同一線上に位置づけられる制度となっている。

　同様の規定は、もちろんドイツ民法932条以下にも見られ、さらに遡れ

---

[26]　我妻＝有泉・新訂物権法210頁以下は「公信の原則による物権変動」としてこれを扱う。

[27]　フランス民法の即時取得の規定に当たる民法2279条は、2008年の改正によって2276条に動いたが、条文自体は1804年のナポレオン法典以来変わらず、〈En fait de meubles, la possession vaut titre〉（動産については、占有は権原に値する）というものである。なお、ドイツ民法の規定は、動産譲渡においては前主が無権利であっても引渡を受けた善意の取得者が所有権者となるとされており、理論的により明快である。

ば即時取得の制度はゲルマン法の占有を引き継ぐものとなる。そもそも「所有者が任意に他人に占有を与えた場合には、この他人に対してだけ、返還を求めることができる」という原則はゲルマン法のものであった。ゲルマン社会では、占有と権利の未分化が見られ、物の事実的支配が権利の表現形式として把握されたため、このようにして、占有から直ちに権利が生じるという理論も容易に導かれたのである。

2　即時取得の成立要件

①目的物が動産であること

　家具、衣類、書籍、機械器具、装飾品、自動車等々、動産の種類は無限であり、これらのすべてが即時取得制度の対象となる。ただし、不動産登記に準じる登記ないし登録制度が適用されるために、当然に即時取得の対象外とみなされる一部の動産があり、登記制度のある船舶、登録制度がある航空機、自動車などがこれに当たる。建設機械抵当法により登記される建設機械も同様である。判例は未登録の自動車や登記を要しない小型船舶については即時取得の成立を認めている[28]。工場用の動産が目録に記載されて工場財団の一部をなす場合などは、原則として対象外であるけれども、財団から分離し独立して取引された場合には、即時取得が成立し得る[29]。貨物引換証、倉庫証券等によって表象される物品が、証券の支配を離れて取引された場合、立木法により登記されている樹木が伐採されて取引の対象となった場合も同じである。

　これに対して、分離取引が予定され、明認方法が施されている立木や未

---

[28]　最判昭和41年6月9日（民集20巻5号1011頁、判時453号30頁、判タ194号80頁）（不登記船舶の例）、最判昭和45年12月4日（民集24巻13号1987頁、判時617号55頁、判タ257号123頁）（未登録自動車の例）参照。また、最判昭和62年4月24日（裁判集民事150号925頁、判時1243号24頁、判タ642号169頁）（佐賀徹哉解説・判例講義民法Ⅰ142頁参照）は、既登録自動車につき民法192条の適用を否定している。

[29]　最判昭和36年9月15日（民集15巻8号2172頁）、最判昭和57年3月12日（民集36巻3号349頁、判時1039号63頁、判タ468号99頁）参照。目録があるため分離物にも抵当権の効力が及び、即時取得によって抵当権の負担のない所有権が取得され得る。工場抵当法5条2項がこの点を明記する。立木抵当の場合には、伐採された樹木についても同様であり、立木法4条5項に規定が見られる。なお、抵当権の対抗力が及ばなくなるので、即時取得を援用するまでもなく第三者が保護されるとの理解もあるが、即時取得による解決がより明快である。

分離の果実は一応動産と扱われているわけであるが、そのままで即時取得の対象になることはない。分離前の現状は不動産の一部を構成するにすぎないからである。しかし、古い判例には稲立毛の売買に即時取得を適用したものがあり[30]、これが動産に含まれると論じられている。理論的には立木と同じように、土地の定着物のはずであるが、成熟して刈取りを待つばかりの稲立毛を取引上動産と扱うことは、必ずしも不合理ではなかろう。ただし、学説の多くは批判し、即時取得を否定している。

　金銭は動産であるけれども、商品取引の手段として価値の表象物であり、高度の代替性を有するために、例外的にその所有権は占有とともに移転すると解されている。したがって、即時取得制度の必要がないので対象外となる。また、民法86条3項により動産とみなされている無記名債権、すなわち商品券、電車やバスの乗車券の類は、当然に即時取得の対象となる。無記名債権が商法519条の適用を受ける有価証券である場合には、小切手法21条が適用され、民法192条の適用はないとされる。小切手法21条は、民法192条より以上に取得者を保護する規定となっているからである[31]。そのため、同条の適用を受ける有価証券が盗品や遺失物であった場合には、民法193条が適用されるのを避けることができる。この結果、悪意又は重大な過失がなければ即時取得が成立し（小切手法21条ただし書参照）、公信力の効果がいっそう強化される。

②取引行為による占有の取得があること

　即時取得は、取引の安全を保護するための制度であるので、192条により動産取得者が保護されるのは、取引行為が介在する場合だけであると解されてきた。後述するように、所有権または質権の取得を目指すような取引行為ということになる。この要件は平成16年の民法改正以後は、条文の上でも明記されている。したがって、隣接する山林を自己の所有と誤信して伐採し、樹木を占有したような場合は適用の対象外である[32]。

　取引行為の範囲は広く認められ、売買、贈与などの他、代物弁済、弁済

---

[30] 大判昭和3年8月8日（新聞2907号9頁）参照。
[31] 即時取得には盗品、遺失物についての例外規定として民法193条、194条があるが、小切手法21条によればこのような例外は生じ得ない。
[32] 大判大正4年5月20日（民録21輯730頁）、大判昭和7年5月18日（民集11巻1963頁）、佐賀徹哉解説・判例講義民法Ⅰ143頁参照。

としての給付、競売等が含まれる。

③前主が処分権のない者であること

公信の原則は、今日では取引安全のために無権利者からの権利取得を認める制度であり、前主が無権利ないし無権限であることが即時取得成立の基本的な要件である。前主が賃借人、受寄者、質権者、無効な売買による買主等である場合には、これらの者は所有権を譲渡できないのであるから、仮にそうした譲渡が行われれば、即時取得による譲受人の保護が必要となる。また、転質のできる質権者を除いて、これらの者が目的物に質権を設定した場合には、質権の即時取得が可能である。ただし、他人物売買の要件が満たされる場合には、そちらの規定の適用を考えるべきである。

動産の二重譲渡については独自の問題が見られる。Aが所有の動産をBに売却した後、さらにCにも同じ動産を二重に売却し、引き渡した場合には民法178条が適用されるので、不動産の二重売買と同じ考え方によって、引渡（対抗要件）の先後によりCの法定取得とBの失権が成り立つと解することができる。しかし、対抗要件としての占有移転は、観念的移転を含むために、公示力においては見るべきところが少ない。そのため、ここで対抗要件主義を強調する意義は少ないと見なければならない。そこが不動産登記と本質的に異なる。

では、Bが占有改定により引渡を受けた後で、ACの二重譲渡が行われた場合はどうか。ここでは民法178条によって無権利者からの取得が実現する余地はもはやないのであるが、なお民法192条による即時取得の可能性は残されていることになる。同じことは、Bが対抗要件を取得しないうちに、Cが先に占有改定を経て民法178条による法定取得をした後に、AD間にさらに重複譲渡と現実の引渡が行われた場合にもあてはまる。いずれの場合にも、善意・無過失で引渡を受けた側に即時取得が成り立つと見ることになるが、ここから即時取得者の占有の要件を占有改定では不十分とする理由を看取することができる。すなわち、占有改定で即時取得を認めるならば、同様の即時取得の再発が繰り返し可能になるのであり、動産取引の安全を害するとともに、対抗要件としての占有改定の機能を失わせることになろう。フランス法が動産二重譲渡においては即時取得の適用しか想定していないのは、沿革の影響があるとしても、実質的に合理的である

からこそ維持されたものと考えられる[33]。

④平穏・公然・善意・無過失の取得であること

即時取得は、無権利の法理を修正して、処分権限のない者からの権利取得を可能にする制度であるから、そこでの善意は当然前主に処分権があると誤信したことであり、無過失はその誤信が過失によるものでないことを指す。その他に、取引行為自体が暴力によって強制されたものであったり、隠れて行われたものであったりしてはならず、社会通念に従った正常な取引行為であることが求められるのは言うまでもない。占有代理人がこの取引の当事者となる場合には、代理に関する民法101条が類推適用されるので、占有代理人が悪意・有過失であれば即時取得できない。

ここでは、占有者に広範囲な推定的効力が認められていることが大きな意味をもつ。まず民法186条によれば、占有者は所有の意思をもって、善意、平穏、公然に占有するものと推定されるため、これらの点について占有者が自ら挙証責任を負うことはない。無過失については推定されていないが、民法188条が占有者の権利の適法性を推定しているため、即時取得者の占有も適法であり、その取得に過失はないものと推定されると解されている[34]。即時取得が前主の占有への信頼を保護する制度であることによる。民法162条2項の時効取得を主張する場合には、自らの無過失を立証しなければならないのと対照的である。民法192条の無過失については推定が働くとは言え、相手方から過失の挙証があれば、推定が覆ることはもちろんであり、実際、民法192条をめぐる判例においては過失の有無が争われているケースは多数見られる。たとえば、以下のような例である。

東京高判平成8年12月11日（判タ955号174頁）では、所有権留保付きで売買されたパワーショベルを買い受けた建設機械の業者に、売主の所有権を確認しなかった過失があるとして即時取得が否定された。福岡高判平成9年12月25日（判時1635号91頁、判タ989号120頁）では、大量の冷凍蛸を集合物譲渡担保として取得した債権者は、債務者が担保物の所有者である

---

[33] フランス民法には、「動産の二重譲渡においては、権原の日付が後であっても、善意で現実の占有を取得した者が優先し所有権者となる」と規定している1141条の規定が見られ、前注[27]に引用した旧2279条の帰結と論じられている。

[34] 前注[28]に引用した最高裁昭和41年判決が、ここに論じたような無過失の推定を肯定し、これに反する大審院判決を改めている。

と信じるについて過失があったとする。名古屋高判平成14年9月10日（判時1810号73頁）は、古美術商を経営する者が商品として購入した骨董品が贓物であった事例であり、売主に所有権があると信じたことにつき過失があるとして、即時取得を認めた1審判決を取消している。いずれのケースにおいても、特殊な取引動産を扱うプロフェッショナルには相応の注意義務が求められることを確認できる。

⑤相手方からの占有承継があること

即時取得は、ゲルマン法に見られたHand wahre Hand（手は手を守る）の原則に由来すると言われる。これを承継して、フランスの古い慣習法でも「動産には追及力がない」という原則が行われていた。いずれも、動産を信頼して引き渡した者は、その引渡の相手方にのみ返還請求できる、という趣旨であり、第1節においても指摘したところである。動産の特性に注目して、当時の時代に即した動産取引の安全が意図されたものと考えられる。追及力が遮断される結果、動産では占有の取得が所有権の取得に結びつき得たのであり、前述したフランス民法2276条の規定のように、「動産については、占有は権原に値する」と確認されていた。この場合の占有は現実の占有であり、ドイツ法、フランス法ともに今日でもこの立場によっている。

これに対してわが国では、近代法における即時取得は、動産の占有に公信力を認めた規定と解されており、無権利者の占有を信頼した第三者を保護するための制度と論じられている。したがって、BがAの所有物を現実に占有している場合に、Cがこれを信頼してBに処分権があると誤信し、Bから買い受けた場合の保護が問題となるのであるから、Cは対抗要件としての占有さえ取得すればよいのであり、相手からの占有承継は占有改定であっても差し支えないという議論も見られる。この占有改定肯定説に対して、判例は古くから否定説を採り、占有改定では即時取得はできないとしてきた[86]。折衷説として、占有改定により所有権を取得できるけれども確定的なものではなく、後に現実の占有を取得してはじめて即時取得が確定的になるという見解もある[86]。この場合には、現実の引渡を受けるときには悪意であっても差し支えないとされている。これらの3つの立場をどう評価するかは、民法の重要な争点の1つである。

この問題は、二重譲渡のケースを検討する場合に、最も問題点が明瞭となる。Aが占有していた所有動産をBとCに二重譲渡し、B、Cのいずれもが占有改定を取得したとする。まず、先に対抗要件を取得したBは、民法178条により所有権者となる。しかし、肯定説によれば、Cが占有改定を得た時点で、民法192条が機能し、Bは所有権を失うであろう。仮にBがまだ対抗要件を取得していないとすれば、Cは民法178条によっても完全な所有権の取得が可能である。即時取得との違いは善意・無過失の要件が必要とされないという点だけとなる。このように対抗要件主義の機能を混乱させる点で、肯定説は不適当とせざるを得ない。さらに、現実の占有がAにある限り、Aは同様に占有改定を行って第3、第4の譲渡を繰り返すことができ、その度に新たな即時取得者が出現することになる。取引安全のための制度をそのように不安定なものにし、追奪の被害者を増やすような解釈はもちろん適当ではない。否定説に従って、即時取得には現実の占有が必要と解すべきであろう。

　では、折衷説の立場はどうか。第2譲受人Cは善意・無過失で占有改定を取得した時点で暫定的に即時取得者とされる。したがって、譲渡人AからCへの現実の引渡が期待されることになる。ということは、先に占有改定を受けたBが現実の占有を取得せず放置したことが非難されているわけでもあるが、このことは動産の自由な譲渡を促すために対抗要件を占有改定で可とした趣旨に反すると言えよう。B、Cが制度としてAからの現実の占有取得を争うという状況は、おそらく民法192条が期待するところではない。即時取得は、動産取引の安全に寄与すべき制度であるから、前主の占有に対する信頼が保護されることは確かに重要である。しかし、それだけではなく、現実の占有があるところで所有権を確定することによって、不安定な動産取引に保障を与える必要があるのであり、そのような側

---

(35)　大判昭和9年11月20日（民集13巻2302頁）、最判昭和35年2月11日（民集14巻2号168頁、判時214号21頁）、佐賀徹哉解説・判例講義民法Ⅰ144頁以下、大塚直解説・判例百選Ⅰ〔第6版〕134頁参照。後者の最高裁判決は、「譲受人が民法192条によりその所有権を取得し得るためには、一般外観上従来の占有状態に変更を主ずるがごとき占有を取得することを要し、かかる状態に一般外観上変更を来たさないいわゆる占有改定の方法による取得をもっては足らないものと言わなければならない。」と論じている。

(36)　学説でも多数説である。我妻＝有泉・新訂物権法222頁以下参照。

面に制度の沿革的な意義もあったと考えられる。それを生かした解釈が望ましいはずであるが、折衷説を含めて、占有改定での即時取得を可とする立場は、民法192条を登記の公信力に限りなく近いものと解するために、占有本来の特質を見落としていると言えよう。

肯定説のような考え方は、占有改定を取得した第1譲受人が譲渡担保権者である場合にいっそう問題が大きい。有効に担保権を取得している者が追奪を受ける危険を、必然的に大きくするからである。しかし、議論は譲渡担保の場合には別になされる必要があると指摘されているので、ここでは措きたい[37]。

占有改定では即時取得は成立しないとすれば、同じく観念的な占有移転の方式に当たる「指図による占有移転」ではどうか。最判昭和57年9月7日（民集36巻8号1527頁、判時1057号131頁、判タ480号88頁）[38]はこれを肯定する。船荷証券が発行されている豚肉の取引に関する事案であり、荷渡指図書に基づいて倉庫業者に寄託された物品について寄託者名義の書き換えがなされている。事例は必ずしも意思表示のみによる占有移転とは同視できないが、判旨は即時取得を肯定しているため、指図による占有移転により即時取得を成立させた判例と解されている。譲渡人が完全に目的物の所持から離れており、第三者にとって客観的に占有状態の確認をすることが比較的容易であるから、「一般外観上従来の占有状態に変更を生ずるがごとき占有を取得すること」という表現（前注(35)参照）には直ちに当てはまらないとしても、それに準ずると見ることは可能であろう。

3　即時取得の効果

民法192条は、即時取得の効果を「即時にその動産の上に行使する権利を取得する」と規定している。動産についての所有権と質権が取得の対象となり、その他の権利については適用の余地がないとされている。留置権や先取特権は法律の規定に基づいて発生するため対象外であり、動産賃借

---

[37]　近江・物権法〔第3版〕158頁以下では、動産譲渡担保は対抗要件を要せず、設定の順序で優先順位が決まるとされる。
[38]　佐野彰解説・昭和57年度重要判例解説（ジュリスト臨時増刊）109頁、前出の佐賀徹哉解説・判例講義民法Ⅰ146頁参照。

権への適用は判例によって否定されている[39]。即時取得により、前主の権利とは別に新たな権利が発生すると解され、原始取得が生じる。

即時取得者Cは、原権利者Aの蒙る損害に対して不当利得返還の義務を負うかが論じられている。A→B→Cという物の移転が見られた場合に、Cが即時取得の要件を満たすならば、Cは法律上の原因あってその物に対する権利を取得するのであるから、不当利得が適用される余地はない。AがBに対して、Cから受け取った対価を不当利得として返還請求するか損害賠償請求することは考えられる。学説には、B、Cの取引が無償であった場合には、公平の見地からCはAに対して利得を返還するべきであるという主張も見られる[40]。しかし、日本法では伝統的に取引の有償、無償に従って法的効果を変えることはしていないので、判例・通説に従い、不当利得の適用を否定することが適当である。このことは、費用償還を特別に定めている民法194条の意義を明確にする上でも必要であろう。無償譲渡の場合には、Cの善意無過失を慎重に判断することによって調整が可能と見たい。

4　盗品・遺失物に関する特則

民法193条は、即時取得の対象となる動産が、盗品又は遺失物であった場合の例外規定である。被害者又は遺失者は、盗難又は遺失の時から2年間、占有者に対して回復請求できるとされている。所有者の意思に基づかないでその占有を離れた動産については、追及権の制限は適用されず、返還請求できるとすることが、ゲルマン法以来の伝統的な制度でもあった。しかし、取引の安全という観点からは必ずしも歓迎されない例外であるため、制限的な解釈、適用がなされてきた。盗品とは窃盗又は強盗によって所持を奪われた物、遺失物はそれ以外で占有者の意思によらずにその所持を離れた物であり、拡張解釈はするべきではないとされる。判例も詐欺、横領物などは対象外としている。遺失物については、遺失物法、民法240

---

[39] 大判昭和13年1月28日（民集17巻1頁）は、他人の動産（映写機等）を善意無過失で賃借した者に対する引渡請求を認容し、賃借人の権利は民法192条の「その動産上に行使する権利」に当たらないとした。

[40] 我妻＝有泉・新訂物権法227頁以下参照。ドイツ民法816条も無償取得者は利得を返還すべきと規定することが指摘されている。

条の手続に従って正当に所有権を取得された物以外が対象となる。盗品又は遺失物であれば、無権利者からの直接の承継人のみならず、転々譲渡された場合の譲受人にも適用される。盗難又は遺失の時から2年間が権利行使期間であるが、盗難又は遺失の時は必ずしも常に明確とは限らないので、時効の起算点の確定におけるような配慮が必要となるであろう。

　回復請求権の法的性質はどのように捉えるべきであろうか。回復請求が認められる2年間は所有権が原権利者に残るという理解が一方にあり、判例はこの立場とされる。しかし、民法192条の効果はその要件が満たされる時に直ちに生じるものと解されるので、回復請求権は原権利者の保護のために、民法が独自に認めた実体法上の形成権という説明[41]が実態に適うと考えられる。回復請求権を行使できるのは、条文によれば「被害者又は遺失者」であるから、賃借人、受寄者などが回復請求権を行使する場合もあり、同時に即時取得によって反射的に所有権を失った原所有者にも回復請求権が認められることになる。適法な権利行使の結果、所有権が回復されるとともに、賃借人、受寄者の法的地位も復活すると解される。

　民法194条は、回復請求する原権利者が「代価を弁償」しなければならない場合について規定している。民法193条による回復は無償でなし得るのが原則であるけれども、ここでは例外的に即時取得者の保護が必要と見られている。すなわち、即時取得者が盗品又は遺失物を、①競売、②公の市場（店舗一般）、③その物と同種の物を販売する商人（個人商人、行商人など）、のいずれかから善意で買い受けた場合には、被害者又は遺失主は、即時取得者が支払った代価を弁償してその物を回復しなければならない。ここでは、真の権利者の保護を犠牲にしても、取引の安全の保護が特に強調されるべきだからである。回復請求を受けて抗弁として代価の弁償を求める場合のみならず、代価を支払わない回復者に対しては物の返還を請求できるとされている。

　民法194条の代価の弁償に対しては、特別法によってさらに例外が設けられている。古物営業法20条、質屋営業法22条は、これらの適用を受ける商人について、盗品又は遺失物をこれらの者が上記①～③の商人から取

---

[41]　我妻＝有泉・新訂物権法232頁参照。

得した場合には、善意の取得であっても、被害者又は遺失主は1年間は無償での回復請求が認められるとしている。盗品又は遺失物について職業上特別の注意義務があるからである。

第5節　占有訴権

1　占有訴権の意義

　占有訴権は、占有ないし占有権に対する侵害を排除して、完全な占有状態を回復させるための権利であるから、物権的請求権の一種である。独自の呼び名で占有訴権とされることも、その特色も占有という権利の特殊性によるもので、フランス法では占有訴訟は通常の訴訟と異なる簡易迅速な手続のものとされている(42)。しかし日本法では、占有の訴えは、民法197条から民法202条までの規定の適用を受ける通常の私権の請求であり、ただ民法202条に規定されるような、占有と本権の区別という訴訟上の制約が特徴となるだけである。本権と離れた占有だけを保護するために必要なこの民法202条1項、2項のような規定は、占有訴訟に固有のものであり、フランス法、ドイツ法とも共通する要素である。

　占有権は、占有という事実から生じる1つの物権であり、物の事実的支配の状態をそのまま一応正当なものとするための権利である。占有の保護によって社会のあるがままの秩序を保護し、その妨害を排除する権利が認められることは、訴訟を通して占有権を実現できることでもある。したがって、本権をもつ正当な権利者といえども実力で奪われた占有を取戻すことは許されない。自力救済は禁止されるという原則は、このように占有権の保護と密接な関係を有するもので、社会の平和的な秩序を現状維持するという法の本質的な目的に由来する。占有を本権と切り離したかたちで保護する制度は、ローマ法の占有であるポッセシオの最も重要な効力であったことは、すでに第1節において述べた。

---

　(42)　フランス民事訴訟法1264条、1265条に特別の規定が置かれている。

このように、占有の保護による社会秩序の維持は、自力救済を禁止することによっても実現されるのであるが、例外的に本権者の自力救済が肯定される場合があるとすれば、そこに占有保護の限界が画されることになろう。明文の規定はないが、通説はこのような例外的な自力救済を許容している。それは切迫した事情があり、後になって公権力による権利の実現をはかることが困難であるような状況の下で認められる。同様に、占有権についても、その侵奪に対する自力救済が必要な場合はあると考えられる。占有が侵害され、社会の秩序が攪乱された場合には、直ちに元の占有状態を回復することによって、秩序の維持を図ることは占有制度の存在意義とも両立し得る。とりわけ占有権は、最終的には本権に取り込まれるべき暫定的な権利であるから、その自力救済は本権の自力救済よりも広汎に認めることができ、それによって占有権の効力はさらに拡張される。スイス法、ドイツ法などもそうした考え方を採っている[43]。日本法では刑法238条が、窃盗からの取戻しを正当化するような事後強盗を規定するに当たって、同様の前提を認めていると指摘される。

　なお、最近では、占有侵害の排除のためには仮処分が多く活用されるので、占有訴権の機能はどちらかといえば占有それ自体よりも本権の保護に重点を移しているという指摘もある。本権に基づいて目的物の返還を求め得る場合であっても、占有訴権によるならば権原の証明の困難が緩和されるため訴訟が容易になり、結果的に自力救済を抑止して、法秩序を維持する機能が果たされることになる。

　占有訴権の当事者は占有権者と占有の侵害者である。誰が占有権者となるかは占有の成立において検討したところに従う。すなわち、代理占有者（間接占有者）、占有代理人は占有訴権を提起できるが、法人の理事や店番の使用人などは占有機関であるからその当事者にはならない。賃借人や受寄者のような他主占有者であっても、自らの名前で占有訴権を行使することができる。盗人のように本権のない占有者であっても差し支えないことはまさに占有訴権の特徴である。他方、占有訴権の相手方は占有の侵奪者である。占有者の意思に反して占有物を奪取する者がこれに当たる。したがっ

---

[43]　我妻＝有泉・新訂物権法501頁以下参照。

第4章　占有権

て、詐取、遺失等の場合は除外されるし、賃貸借契約終了後の賃借人が目的物の返還を拒絶した場合について、侵奪がないとした判例が見られる[44]。

　占有訴権には、占有の侵害を排除する請求とともに、損害賠償請求権の規定が含まれている。後者は基本的には不法行為に基づく損害賠償と見るべきものであるから、請求をなし得るためには、相手方の故意・過失が必要である[45]。物権的請求権の規定と損害賠償請求権をどのような理論構成によって調和させるかは、物権一般の効力の問題としてすでに物権的請求権の章において言及しているが、占有訴権においても同様の確認が必要となる。この点に関しては、物権の本質から必然的に導かれる物権的請求権と、相対的に弱い物権である占有訴権とをまったく同じに論じることは適当ではなく、明文の規定がある占有訴権において不法行為の特則としての性質がより明確であると解したい。

2　各種の占有訴権

　占有訴権は侵害の態様に応じて3種に区別されており、民法198条が占有保持の訴え、民法199条が占有保全の訴え、民法200条が占有回収の訴えとなる。以下ではこれらを順次取り上げる。

①占有保持の訴え

　民法198条によれば、「占有を妨害されたときは」、その妨害の停止と損害賠償を請求することができる。これが占有保持の訴えである。隣地の樹木が枯死して占有地内に倒れてきたとか、占有地内に廃棄物を放置されたなどは、典型的な占有妨害であり、妨害者に対してその除去を訴求できる。煤煙、振動、音響などのニューサンス（環境侵害）も当然妨害に含め得るが、これらの生活妨害については、不法行為の差止めという観点から、侵害が受忍限度を越える場合に限って妨害排除を認められるのが通常である。この場合にはもちろん故意又は過失の要件が必要とされる。しかし、物権的請求権においては、所有権との関連ですでに論じたように[46]、妨害の事実

---

[44]　大判昭和7年4月13日（新聞3400号14頁）参照。賃貸人からの占有回収の訴えが認められなかった。
[45]　我妻＝有泉・新訂物権法504頁参照。
[46]　第2章第3節参照。

があれば妨害者の主観的要件を問わずに排除を請求できるのが原則であるから、受忍限度以内で不法行為にも当たらない程度の妨害は、排除の対象となるべき違法な侵害がないと見て、物権的請求権の対象外になると解すべきことになる。占有訴権が不法行為とまったく同じに機能するのであれば、制度の存在意義がなくなるので、それぞれの特質を生かして調和的に適用することが望ましい。

　民法198条に規定される損害賠償請求権を、不法行為に基づくものと見るならば、請求の要件として故意・過失が求められる。このように説くのが通説であるけれども、民法717条が適用ないし類推適用されるような状況の下では、無過失の損害賠償責任もあり得るわけで、このことは物権的請求権の費用負担との関係で、すでに第2章でも論じた。占有訴権という別個の規定の下にある損害賠償を、不法行為と完全に一体化させることには疑問が残るけれども、ここでは占有権が相対的に弱い物権であるため、不法行為と無関係に占有妨害があるという事実だけから、損害賠償責任を負う場合はないものと解したい。

　民法201条1項は、占有保持の訴えについて、「妨害の存する間又はその消滅した後1年以内に」提起しなければならないとする。妨害が消滅すれば排除の必要はなくなるので、妨害消滅後1年以内に提起されるのは、損害賠償請求だけである。さらに、この規定にはただし書があり、「工事により占有物に損害を生じた場合において、その工事に着手した時から1年を経過し、又はその工事が完成したときは」、これを提起することができないとされる。工事は事実として明瞭であり、社会的な認知もなされやすいので、妨害排除の有無を早期に決着させる必要があるからである。

②占有保全の訴え

　民法199条は、「占有を妨害されるおそれがあるとき」、占有保全の訴えを提起できるとする。その内容は、妨害の予防と損害賠償の担保を請求することである。将来損害賠償の必要が生じた場合に備えて予め提供させる担保は、形式を問わないが、金銭の供託や抵当権の設定が想定されている。損害賠償請求について故意・過失の要件が必要とされることは民法198条の場合と同じである。

　訴えの提起期間を定める民法201条2項は、妨害の危険が存する間は訴

えの提起ができるとするが、「工事により占有物に損害を生ずるおそれがあるときは」、民法198条の場合と同様の制限があり、前述した201条1項ただし書が準用される。

③占有回収の訴え

民法200条が規定するのは、「占有を奪われたとき」の占有回収の訴えである。占有者がその意思に基づかずに所持を奪われたことを要件とし、目的物の返還と損害の賠償を請求できる（1項）。最初に占有者の意思に基づいて物の交付がなされた場合には、後に占有者の意思に反するようになっても「奪われた」ことにはならない。詐取された場合、強制執行によって占有を失った場合も同様で、占有回収の訴えは認められない。直接占有者である賃借人が占有を奪われた場合には、間接占有者である賃貸人も占有を奪われたことになる。また、占有代理人が本人に対して、本人のために占有しない旨の意思表示をすれば、本人は間接占有を失うことになるが、占有の始まりが侵奪ではない場合には、占有回収の訴えは認められないとするのが判例である[47]。占有侵奪は動産について生じることが多いが、他人の土地に建物を建てたりすることによって不動産侵奪がなされ、本条の適用がなされることもある。民法201条3項によれば、占有回収の訴えを提起できるのは、「占有を奪われた時から1年以内」である。

占有侵奪者に本権がある場合でも、被侵奪者はもちろん占有回収の訴えができる。また、他人の占有を侵奪した者でも、目的物を侵奪されれば、占有回収の訴えによって取戻すことができる。しかし、甲が乙の占有物を奪ったような場合に、占有回収の訴えを提起できるはずの被侵奪者乙が、1年以内の提訴の期間中に奪われた物を実力で取戻したとするならば、甲から提起された占有回収の訴えにおいて乙を敗訴させることは、公平に反するとも言える。なぜなら、最初に占有の秩序を乱したのは、侵奪者甲であり、乙は本来の占有状態を回復したのであるから。しかも、敗訴した乙が改めて占有回収の訴えによるならば、裁判所は改めて甲を敗訴させなければならなくなり、訴訟経済に反する結果ともなる。ドイツ民法にはこのような奪還を禁止する規定が置かれている（ドイツ民法861条参照）。した

---

[47] 転借人が転貸人の地位を否定した事案として、最判昭和34年1月8日（民集13巻1号17頁）参照。

がって、裁判例にはこうした場合の甲の返還請求を否定するものが多く見られるが、古い判例は甲の勝訴を認めている[48]。ただしこの小丸船事件では、目的物がすでに他に売却されているため、占有の返還は否定されて、損害賠償請求だけが認められている。このように、占有者同士あるいは占有者と本権者の間で占有の「奪い合い」が生じる場合は交互侵奪と呼ばれており、その特殊性から特別の配慮が必要となるわけである。

民法200条2項は、「占有回収の訴えは、占有を侵奪した者の特定承継人に対して提起することができない。ただし、その承継人が侵奪の事実を知っていたときは、この限りでない」という規定である。すなわち、占有回収の訴えの相手方は、侵奪者本人、その包括承継人と悪意の特定承継人ということになる。善意の占有取得者（特定承継人）が保護されるのは、取引安全の考え方と共通すると言えよう。学説は、占有が善意の承継人に移ることによって、占有攪乱の状態が平静に復するからであると論じ、判例も、その後に悪意の特定承継人に移った場合はもはや占有回収の訴えは認められないとする[49]。悪意の特定承継人からの賃借人、受寄者、質権者なども占有の特定承継人となるので、悪意であれば返還請求の対象となる。間接占有者、占有代理人のどちらも被告となり得る。

占有回収の訴えの内容は、物の返還と損害の賠償である。物の占有の返還は、所有権に基づく返還請求に準じるが、占有侵害による損害は物の占有の価格、言い換えれば使用の価格に帰するとされる。また、民法201条3項は、「侵奪の時より1年内に」訴えを提起しなければならないとしており、損害賠償請求を含めて1年の期間制限に服する。

3　占有訴権と本権の訴えの関係

民法202条には、占有の訴えと本権の訴えの関係について2つの規定がある。1項は、「占有の訴えは本権の訴えを妨げず、また、本権の訴えは占有の訴えを妨げない」という条文であり、2つの訴えが相互に独立し自由に提起され得ることを確認する。2項は、「占有の訴えを本権に関する

---

[48]　大判大正13年5月22日（民集3巻224頁）（小丸船事件）、中田裕康解説・判例百選〔第5版〕146頁参照。類例については、我妻＝有泉・新訂物権法510頁参照。

[49]　我妻＝有泉・新訂物権法511頁、大判昭和13年12月26日（民集17巻2835頁）参照。

第4章　占有権

理由に基づいて裁判してはならない」とし、裁判の過程においても両者の独立と関連性の切断が必要であることを明記している。占有の訴えとは、言うまでもなく民法197条にまとめて規定され、先に一つ一つ検討してきた3つの占有訴権を指すが、本権の訴えとは、占有すべき権利、すなわち所有権、地上権、賃借権のような実質的な権利の実現を求める通常の訴訟のことである。本権の有無とは別に、現にある占有状態を事実として保護しようとする占有権の制度を認める以上、これらの手続的な配慮は不可欠である。

　まず、民法202条1項によれば、所有権者は盗人に対して、所有権に基づく返還請求と占有訴権のいずれをも提起することができ、別々に提起することも同時に提起することも認められるのであり、一方の判決の既判力は他方に及ばないのが原則である。この結果、占有の訴えで敗訴しても改めて本権の訴えで争うことができ、本権の訴えで敗訴した者が占有の訴えで勝訴することもあり得る。後者については、旧民法にこのような占有の訴えを禁止する規定があり、あえて占有の訴えで勝訴させることに疑問も投じられているが[50]、規定の趣旨を貫徹させて、両者の効果を別々に扱うべきであろう。

　2項の趣旨は、占有を奪われた甲が侵奪者乙に対して占有回収の訴えを提起した場合に、乙が所有権者、賃借人等本権を有する者であることを理由に甲を敗訴させてはならないということである。甲の占有が本権に基づかないことを理由に甲を敗訴させることももちろんできない。あるべき権利の状態に変わりなく、現にある占有の状態を保護するという占有制度の帰結である。反訴をどのように扱うかは問題である。占有の訴えに対しての本権に基づく反訴、本権の訴えに対する反訴としての占有の訴え、のいずれもが禁止され、別訴が提起されても併合してはならないとすることが原則に忠実な解決であろう。しかし、最高裁判決は、占有保全の訴えに対して本権に基づく反訴が提起された場合にこれを肯定しており[51]、学説の

---

[50]　我妻＝有泉・新訂物権法514頁参照。
[51]　最判昭和40年3月4日（民集19巻2号197頁、判時406号50頁、判タ175号104頁）、辻伸行解説・判例講義民法Ⅰ153頁、笠井正俊解説・判例百選Ⅰ〔第6版〕138頁参照。

多くがこれを支持している。形式的に見て別訴であるから、民法202条2項に抵触しないという理由による。

なお、民法202条の解釈は、民事訴訟法において新訴訟物理論が援用される場合には、占有の訴えと本権の訴えを同一の訴訟物と扱う必要を生じるため、必然的に両者の訴えの併合がなされる等の効果によって影響を蒙らざるを得ず、新たな問題を生じる[52]。

第6節　占有の消滅

占有の取得においては、主観的要素（自己のための意思）と客観的要素（所持）が要件とされた。したがって逆に、それらを失えば占有が消滅することになろう。これに関しては、民法には2つの条文があり、自己占有（直接占有）と代理人による占有（間接占有）の場合に分けて考える必要がある。

民法203条は、代理人によらずに自分で所持をする自己占有の消滅事由を規定している。直接占有である限り、自主占有と他主占有を問わないので、所有権者、地上権者、賃借人、受寄者等に共通の規定である。その消滅原因の1つは、「占有者が占有の意思を放棄すること」であり、他は「占有物の所持を失うこと」である。占有意思（自己のためにする意思）は占有取得の要件であるけれども、占有継続の要件ではない。したがって、単に自己のためにする意思がなくなっただけでは占有権は消滅せず、自己のためにする意思を積極的に放棄するという意思表示が必要である。第2の消滅原因は所持の喪失であるが、所持は占有継続の要件とされているため、これの喪失は直ちに占有権の消滅となる。具体的には、事実上の支配がないと客観的に認められるような状況が生じれば、所持の喪失となる。判例には、劇場内の売店を再三の督促にもかかわらず使用せずに2年8ヶ月経過したため所持がないとされた例などがある[53]。建物を占有していればその土地についても所持が認められるところ、賃借地上の建物が震災で焼失し、建物所有者が一時行方不明となった場合でも、土地賃借人は敷地の所

---

[52] 我妻＝有泉・新訂物権法514頁参照。
[53] 最判昭和30年11月18日（裁判集民事20号443頁）参照。

持を失わないとされている[54]。

なお、民法203条ただし書は、「占有者が占有回収の訴えを提起したときは、この限りでない」としている。占有物の所持を失っても、占有回収の訴えに勝訴すれば、元の占有状態が平和的な秩序に合致すると認められたことになるからである。また、占有回収の訴えの要件があれば、占有物が任意に返還された場合でもこれに準じると説くのが通説である。

占有の目的物が滅失すれば占有権も消滅するのは、物権一般の消滅原因に共通である。しかし、占有権は消滅時効にかかることはなく、混同の規定が適用されることもない。

第7節　準占有

民法205条に規定されるように、「自己のためにする意思をもって財産権を行使する場合」には、占有の規定が準用されるので、この状況は準占有と呼ばれる。これまで見てきたように、占有は物の事実上の支配を保護する制度であり、これによって社会の平和な秩序維持が可能にされるのであった。同じような保護は、物の支配だけに限らず、権利の行使の外観についても必要であり、物でないものの事実上の支配関係は権利の占有と見ることができるであろう。歴史的には、物の支配について発達してきた占有が、ゲルマン法やドイツ普通法で広範囲に拡大適用されたような事情があり、それが再び制限されて準占有という考え方が生じたとされる[56]。フランス法は今日でも占有の拡張に柔軟であって身分占有という考え方も認められている[56]。日本民法は、身分関係を除外しつつも、準占有によって広く財産権一般に占有の考え方を適用していることになる。

---

[54] 大判昭和5年5月6日（新聞3126号16頁）参照。なお、大判昭和3年6月11日（新聞2890号13頁）によれば、借地人が地上建物を賃貸している場合に、その建物が消失すると、借家人の占有は消滅し、借地人が敷地を自己占有することになる。
[55] 舟橋・物権法331頁参照。
[56] フランス法の身分占有（possession d'état）は、親子関係、婚姻等の身分関係一般について、法的にそのような資格を有しない個人が、これらの身分関係にあるように行動し、一般にもそれを認められている場合に、真の法的効果を付与するという考え方である（Gérard Cornu, Vocabulaire Juridique, PUF, 1987）。

しかし、財産権といっても物の支配を内容とする権利、すなわち所有権、地上権、賃借権、質権などは、本来の占有制度により事実的支配関係が保護されるのであるから、準占有の対象外である。物の所持を本質的内容としない財産権としては、地役権の多くのもの[57]、先取特権、抵当権などを挙げ得る。また、著作権、特許権、商標権などのいわゆる無体財産権は、純粋に観念的な財産権であるために、準占有による制度的保護が大きな意義をもつ。準占有においては、原則として占有の規定のすべてが準用されるので、権利の推定、果実の取得、費用償還請求、占有訴権等の効果が、それぞれの状況に適した範囲で認められる。ただし、民法192条の即時取得については、準占有の対象となる財産権が通常の動産とは異なる性質の権利であることを理由に、適用を否定する学説が有力である[58]。準占有によって取得時効が成立し得ることは、民法163条に規定されている。なお、債権については、民法478条が準占有者に対する弁済を保護する規定となっており、民法205条の効果が公信力的な方向に拡張されていると言えよう。しかし、これを権利の推定がもたらす効果と見ることもできる。

---

[57] 地役権は一般的に準占有の対象に含める考え方が有力であり（舟橋・物権法521頁参照）、通行地役権について準占有を適用した判例（大判昭和12年11月26日民集16巻1665頁参照）も見られるが、後述するように（第6章第4節参照）、物の直接的支配を内容とする地役権には占有が適用されるべきであろう。

[58] 我妻＝有泉・新訂物権法240頁、舟橋・物権法331頁。

第 5 章

所 有 権

第1節　所有権の意義

1　所有権の歴史

　所有権の観念は、中世の封建社会から市民革命の時代を経て近代社会が確立する過程の中で、大きく変貌している。中世はいわゆる身分社会であったから、そこでは土地に対する所有権は、その土地を利用する人に対する身分的な支配力を伴うものであり、それによって社会の経済関係も動いていた。また、中世都市の手工業の発達とともに、生産品や生産設備に対する所有権も重要となったが、それらもギルドなどの団体的制約と身分的な拘束を伴う社会統制の下にあった。このような封建的所有権は、市民革命によって推進された個人の尊厳と自由、独立の思想の下で、いわゆる「自由な所有権」に変質し、「契約の自由」と結びついて自由経済社会の基礎をなすことになる。身分関係の拘束を離れた所有権は、純粋に物的な支配権能となり、また物に対する全面的な支配が保障されることは、個人の自由と独立のために不可欠な経済的裏づけであった。

　このような所有権の自由に支えられた自由経済は、資本主義経済組織を発達させ、今日のような複雑な企業社会を生み出している。その中での所有権は商品に対する所有的支配の重要性が最も注目されるのであるが、財貨の中心は所有権を越えて、現代社会では金銭債権が資本の法的基盤を支

えているとされる[1]。また、近代的所有権は、物の物質的利用の側面よりも債権と結びつき得る観念的側面がより重要であり、それが近代法の基本構造を支えていると見ることができる。しかし、日本の法理論においては、物に対する直接の支配が所有権の内容として重視され、所有権の理論構成を難しくしている[2]。

　所有権の絶対という考え方は、近代法における個人の自由と独立の概念とあいまって、所有権の行使に無制限の自由をも認める傾向を生んだ。19世紀初頭に成立したフランス民法典には、「所有権は、最も絶対的なやり方で、使用、収益、処分ができる権利である」という条文が見られる[3]。しかし、社会生活の中で所有権者の横暴が許されない場合は当然生じるはずであり、フランス法では権利濫用の理論によって所有権の制御がなされるようになり、後に日本法にも導入された[4]。思想的に所有権の限界付けを明確にした立法としては、ワイマール憲法が注目されている。所有権の中には社会的義務が包含されるという考え方であり、その思想は日本民法1条1項の「私権は、公共の福祉に適合しなければならない」という規定にも引き継がれている。実際、所有権の絶対を根底に置いた自由主義経済は、必然的に経済的な強者と弱者の対立を生み出し、国家と法は20世紀を通じてその解消のための工夫を重ねて来たのである。特別法による民法の理念の修正としては、借地借家法、利息制限法などが典型的な例となるが、物権法の分野ではとりわけ賃借権の物権化が重要である。

　民法の規定を概観すると、所有権の章に置かれている民法206条から民法264条までには、所有権の定義規定のほかに、所有権の限界、所有権の取得、共有の3つの側面が扱われている。所有権の限界という第1節の表題は、条文の数の上でも大部分を占める相隣関係を念頭に置くものである

---

[1] 我妻=有泉・新訂物権法256頁、我妻栄・近代法における債権の優越的地位（有斐閣、1953年）参照。
[2] この問題は、所有権移転の時期をめぐる議論に典型的に示されていることを、すでに第3章第3節で検討した。
[3] フランス民法典544条は、以下のような所有権の定義規定である。「所有権は、法令により禁止された使用をしない限り、最も絶対的な方法で物を享受し、処分する権利である。」
[4] 民法1条3項に権利濫用を禁止する規定が置かれたのは、昭和22年の法改正以来であるが、それ以前にも判例法によってこの理論が活用されていた。

が、ここからは土地の利用が周辺地域の生活慣行と密着しながら、必然的に制約を伴わざるを得なくなる状況を看取できる。第2節の所有権の取得においては、後述する添付の制度を通して、個人主義的な所有権を創出するための工夫を見ることができる。また、止むを得ず残された共同所有関係（共有）においても、単独所有権への早期の移行が目指されていることを確認できるであろう。「第3節　共有」がこれを扱っている。

2　所有権の一般的性質

　所有権は、使用（usus）、収益（fructus）、処分（abusus）というかたちで、物を全面的に支配する権利である。債権その他、権利の上の所有権という考え方の可能性も論じられているが、結局はそれらの権利の帰属点を示す以上の意味はないと指摘されている[5]。全面的な権利とは、地上権、永小作権などのいわゆる制限物権が、それぞれ所有権の権能のうちの一定範囲だけに限って物を支配する権利とされていることと対比すれば明瞭である。全面的ではない所有権の例としては、封建時代の分割所有権を挙げることができる。そこでは上級所有権は地代徴収権、下級所有権は耕作権として機能するのが通常であった。日本の旧い慣習法にも、耕作を中心とする上土権（うわつちけん）と上級所有権に当たる底土権（そこつちけん）を区別する例が見られたが、現行民法の成立とともに前者は結局永小作権と位置づけられ、農民に少なからぬ犠牲を払わせることになった[6]。

　近代法における所有権は、一方に物の所持を中心とする占有権があるため、現実的な支配を離れた観念的な権利としてその意義を発揮する場合が多い。また、物権的請求権により、必要に応じて所有権の具体的内容を実現できるのであるから、所有権の名義（タイトル）はそれだけで十分法的な存在意義を有することになる。動産取引においても、このような観念的所有権が債権と結合して商品経済を支えていることは周知のところである。したがって、所有権の観念性は、物権法の理論体系において不可欠の

---

[5]　加藤・大系Ⅱ〔第2版〕248頁参照。
[6]　農民が有していた上土権は、永地小作権とも呼ばれ、所有権にかなり近い独立の権利とされていたが、土地の物権を所有権と制限物権に二分する民法の体系の下では、制限物権とならざるを得ず、この処理をめぐる過程で小作争議も発生している。舟橋・物権法412頁参照。

重要性をもっている。

　全面的な支配権である所有権は、使用、収益、処分のすべてをなし得る渾然一体の権利であるが、制限物権が設定されると所有権の作用はその限りで制限され、地上権、永小作権などの場合は、物の利用ができない単なる地代収取権に帰する。無償の場合ならば、まったく名義だけの空虚な所有権となる。しかし、制限物権が消滅すればまた完全な所有権が回復するのであるから、所有権と制限物権が同一人に帰属する状況の下では、混同によって所有権以外の権利は消滅しても差し支えない（民法179条参照）。後述する共有関係において、1人の共有権者の持分が放棄されると共有権者が2人の場合には、残りの1人に完全な所有権が帰属する（民法255条参照）。このように完全な所有権へと柔軟に復帰する性質は、所有権の弾力性と呼ばれる。また、所有権は存続期間を予定して成立することはなく、消滅時効によって消滅することもない。所有権は最も基本的な権利であり、すべての物に所有権があるという前提が法体系の基礎となる必要があるからである。これが所有権の恒久性（永久性）である。さらに所有権については、自然法的な権利として、法令の制限がない限り絶対的に自由な行使が認められるべきであるとされ、所有権の絶対性が指摘されている。また、そこから派生する不可侵性を観念することもできるけれども、時代とともに所有権の社会的制約が重視されるようになったことは、歴史的観点から前述したところである[7]。

第2節　所有権の内容

1　所有権の範囲と制限

　所有権の定義については民法206条に規定があり、「法令の制限内にお

---

　(7)　所有権の絶対性は、債権の相対性に対する物権の絶対性という観念の延長上にあると見ることもできるが、とりわけ所有権はフランスの人権宣言では、不可侵の神聖なる権利（un droit inviolable et sacré）と位置づけられていたことの影響が大きい。我妻＝有泉・新訂物権法7頁参照。

いて、自由にその所有物の使用、収益及び処分をする権利」とされている。使用・収益とは、目的物を物質的に使用して利用利益を取得し、また果実を得ることである。他人に使用・収益させて賃料等の法定果実を取得する場合ももちろん含まれる。処分は、目的物を物理的に変形、改造、破壊等することと、法律的に譲渡や担保権の設定などをすることである。前者は事実的処分行為、後者は法律的処分行為に当たり、どのような行為がそこに含まれるかは、個別の規定との関係では議論を生じ得る。たとえば、代理人の権限に関する民法103条、遺言執行者の権利義務に関する民法1012条、のような規定が想起されるであろう。しかし、民法206条の列挙はごく一般的なものにすぎず、何でもできることを示す。

権利の行使が法の制限内で認められるものであることは当然の前提であり、所有権に限ってのことではない。しかし、民法206条が「法令の制限内で」とあえて断っているのは、所有権については、歴史上絶対的に自由であってもよいと考えられた時期もあったことを反映している。今日ではむしろ、所有権に対する制約の多さを強調することがより適切である。憲法29条2項は、「財産権の内容は、公共の福祉に適合するように、法律でこれを定める」と規定しており、所有権の制限も法律によらなければならないが、法律によって委任を受けた命令（政令、省令、条例など）による制限もあり得る。具体的な例を挙げて検討すれば、以下のようになろう。

まず、民法207条により、「土地の所有権は、法令の制限内において、その土地の上下に及ぶ」とされている。土地所有権の範囲が上空、地下に及ぶことを確認する規定であるが、土地所有権の行使に関しては、後述する相隣関係の規定によって、民法そのものが重要な制約を設けており、ここでの「法令の制限」は第1にそれを指すと見るべきであろう。上空の利用については、航空法、電波法等による制限があり、地下の利用に関しては、下水道法、温泉法、鉱業法等による制限が考えられる。また最近では、大深度地下の利用に関する特別措置法などが典型的な例となる[8]。言うまでもなく、その他にも特別法による土地利用の制限の例は数知れない[9]。

---

(8) 平成12年に成立した「大深度地下の公共的使用に関する特別措置法」は、建築物の地下室のために利用されない深さ（地下40メートル以上の深さ）の公共的な利用を可能にするもので、送水管や地下鉄、高速道路等の設置が考えられる。

第5章　所有権

土地の利用制限は、最終的には土地収用法によって、公共の利益のために所有権自体を取り上げることをも許すのであり、この点は、憲法29条2項が「財産権の内容は、公共の福祉に適合するように、法律でこれを定める」とするところからも明らかである。しかし、同じく憲法29条の3項は、公共のために用いられる財産権については、「正当な補償」が必要と規定することを看過し得ない。

所有権の制限は、立法によるだけではなく、前述した民法1条3項と権利濫用の法理を通して、判例によっても具体化されている。著名な大審院判決である宇奈月温泉事件、発電用トンネル事件等を経て、最高裁判決である板付飛行場事件に至る権利濫用判決の系譜においては、土地所有権ないし土地利用権の社会的制約が、それぞれの時代の影響の中で典型的に示されている[10]。

2　所有権の効力

所有権は物権の中心的な存在であるから、所有権の効力は、物権の効力としてすでに第2章第3節で把握したところに準じる。物権的請求権（物上請求権）も、代表的な物権である所有権の保護を中心に発達してきた制度であると言うことができ、所有権の重要な機能に含まれる。ここでは、所有権に基づく物の返還請求権（rei vindicatio）、妨害排除請求権、妨害予防請求権のそれぞれについて、所有権に固有の特徴を概観しておく。いずれも民法に明文の規定が見られず、解釈論としてあるいは講学上説かれるところである。

所有物返還請求権は、所有権者が物の占有を取り戻す権利であり、その限りでは占有回収の訴えと共通するが、本権に基づく引渡ないし明渡請求であるところが本質的に異なる。所有物の占有を全面的に妨害している者

---

(9)　自然公園法、文化財保護法、森林法、建築基準法、都市計画法、農地法等々であり、我妻＝有泉・新訂物権法272頁以下に詳しい。

(10)　いずれも土地の妨害排除請求ないし明渡請求を権利濫用によって否定した著名な判決であり、それぞれ大判昭和10年10月5日（民集14巻1965頁）（宇奈月温泉事件）、後藤巻則解説・判例講義民法Ⅰ24頁、大村敦志解説・判例百選Ⅰ〔第6版〕4頁、大判昭和11年7月17日（民集15巻1481頁）（発電用トンネル事件）、最判昭和40年3月9日（民集19巻2号233頁、判時402号25頁、判タ175号104頁）（板付飛行場事件）を参照されたい。

であれば、直接占有者、間接占有者を問わず相手方となり、必要な場合には損害賠償請求権も合わせて行使することができる。行為請求権か、忍容請求権かの問題はすでに論じたように、状況に応じて妨害の被害者、加害者のどちらからでも適宜選択が可能であるとした[11]。所有権の円満な状態に対して、客観的に違法な侵害がある場合には侵害者に対して妨害排除請求権を行使することができる。妨害が自然力によって生じたか、第三者の行為によって生じたかを問わず、現に妨害物となっている物の所有者が相手方となり、最終的にこの者が妨害排除の費用を負担しなければならないし、必要があれば損害賠償もしなければならない。

　しかし、物権的請求権の相手方が請求者の、あるいは自分自身の所有権を否定して争ったらどうであろうか。請求者は当然自らの、あるいは相手方の所有権を証明することによって訴訟を維持しなければならない。そのような場合、事実から派生する占有に比べて、しばしば観念的な名義（タイトル）にすぎない存在となる所有権の証明が難しいことは、よく知られるところである。仮に真正な売買契約書を提出できたとしても、実は前主の権原の真正が同様に証明されなければならず、時効取得が完成するまでは、限りなく遡って前主の所有権を証明しなければならない。限りなく困難なこの証明は、悪魔の証明（probatio diabolica）と呼ばれている[12]。不動産登記に権利の証明力があればこうした状況は回避できるが、これまでに見てきたように、制度的には日本の登記は対抗力を付与するだけで、権利の証明力は薄弱である。したがって、所有権の所在は、登記や占有、土地の境界線やその他の証拠のすべてを考慮しつつ、最終的には裁判官の自由心証によって判断されることになる。判例は「登記名義人は、反証のない限り、その不動産の所有者と推定される」と論じているが（第3章第7節3参照）、上記の原則論に立ちつつも事実上登記に高い権利推定力が与えられ

---

[11]　第2章第3節2参照。このように考えることによって、迅速に妨害のない状態の実現を目指すことができる。しかし、重要なケースでは被害者から相手方に行為請求権が訴求されるので、判例ではこれが中心となっている。認容請求権は学説の指摘によるもので、むしろ理論的な意義が大きい。

[12]　七戸克彦「所有権証明の困難性（いわゆる「悪魔の証明」）について——所有権保護をめぐる実体法と訴訟法の交錯」慶大大学院法学研究科論文集26＝27号73頁参照。

第5章　所有権

ていることを示している。

　不動産所有権の妨害排除請求には、違法な登記の抹消請求も含まれる。登記請求権を物権的請求権に含める考え方の下では、このような理論構成は、すべての場合ではないとしても一般的には適切に機能し得る。登記名義を持つことによって所有者としての責任を負うことは、原則としてないはずであるが、近時判例は、例外的に建物登記の名義人に対する明渡請求権の行使を肯定して注目された[13]。他人の土地の上に違法に建築された建物を取得して自ら登記した者は、これを第三者に譲渡した後も、登記名義がある以上、土地所有者からの建物収去・土地明渡の訴訟において被告となると判示されたものである。登記によって第三者が明渡請求の相手方を知る必要があることが考慮されているが、民法177条の対抗の考え方の延長と解すべきであろう。

第3節　相隣関係

1　現代社会と相隣関係の意義

　民法209条から民法238条までには、相隣関係という表題の下に、隣接する土地所有権の相互的な権利関係が扱われている。土地所有権による利用をまっとうするためには、隣地との協力関係が不可欠であり、隣接地の必要に応じて、それぞれの所有権の内容を制限したり、あるいは拡張することによって、これが実現されることになる。所有権に関する規定であるけれども、民法267条は地上権にもこれを準用している。学説は永小作権や土地賃借権についても準用の必要があるとしており、解釈によって調整されることになる。以下では、民法209条、210条のように今日でも重要な役割を果たしている規定には個別に注目しながら、細部に関わる相対的

---

[13]　最判平成6年2月8日（民集48巻2号373頁）、横山美夏解説・判例百選I〔第6版〕96頁参照。なお、登記名義人は所有者としての責任を負わないとした例には、最判昭和35年6月17日（民集14巻8号1396頁）、最判昭和47年12月7日（民集26巻10号1829頁、判時702号59頁、判タ294号332頁）などがある。

に重要性の少ない規定はまとめて論じることとする。類型的に分けるならば、隣地の使用と通行の関係、流水の関係、竹木の切除等の関係、境界付近の土地利用関係の5つのグループに整理することができるであろう。

2　隣地の使用に関する規定

民法209条は、「土地の所有者は、境界又はその付近において障壁又は建物を築造し又は修繕するため必要な範囲内で、隣地の使用を請求することができる」という規定であり、隣地への立入権を認めている。境界線に沿って石垣を築く場合などが典型的であり、工事のためには隣地の使用が不可欠である。また、足場を立てる、資材を搬入する等の状況も考えられる。いずれにしても隣地の使用は当然にではなく、隣地所有者またはそれに準じる占有者（地上権者、賃借権者等）に「使用を請求する」ことによって可能となる。したがって、承諾を得ることができない場合には、裁判所に訴えて、承諾に代わる判決を求めなければならない[14]。民法209条1項ただし書は、「隣人の承諾がなければ、その住家に立ち入ることはできない」と規定する。すなわち、必要な場合には、任意の承諾を条件として、隣人の住居の内部にも立ち入ることができる。しかし、承諾があればどのような利用ができても当然であるから、ただし書の存在意義はそれ程大きくはない。むしろ本文が、土地の使用については、承諾を前提とせずに使用請求権を認めていることに反して、承諾がなければ住家には立ち入れないことを確認する点に意義がある。隣人は所有権者を指すものであるが、解釈によって借家人にも適用され得るであろう。本文、ただし書のいずれの場合にも、隣人が損害を受けた場合には、隣人は償金を請求することができる（209条2項参照）。公平に基づく損失補償である。

3　隣地の通行に関する規定

民法210条は、袋地所有者の隣地通行権を認める規定であり、以下民法

---

[14] 判例は少ないが、津地伊勢支決昭和48年6月20日（判時714号216頁）は、8階建て貸ビルの建築を予定する申立人が周辺住民の反対を受け、工事妨害禁止等の仮処分を申請し認められたケースである。その中で、工事に際して民法209条の隣地立入りの許可も求めて認容された。

213条までの3つの規定を伴っている。袋地とは、民法210条が言う「他の土地に囲まれて公道に通じない土地」のことであり、「その土地を囲んでいる他の土地」は旧条文では囲繞地（いにょうち）と呼ばれていたが、現行規定ではこの用語は用いられていない。2項が規定する池沼、河川、崖等の障害で公道に通じない土地は、準袋地である。すなわち、公道への通路をもたない袋地ないし準袋地の所有者には、当然に隣地（囲繞地）を通行する権利が認められているのであり、本条は法定の通行権の規定である。袋地所有者にとっては、財産権の行使、生活のために必須の権利であるから、登記なしにこの権利を主張することができるとされている[15]。その通行の方法については、民法211条1項が「他の土地のために損害が最も少ないものを選ばなければならない」としている。通常は公道への距離が最も短い空地部分を通行することになろうが、2項によれば、「必要があるときは、通路を開設することができる」。言い換えれば、舗装をするとか、柵などを設けて、常設の通路の形状を作出することが可能である。

　民法212条は、この隣地通行権を有する者から通路となる土地の所有者に対して、「償金を支払わなければならない」とする。ただし書によれば、通路開設による損害は一括して支払い、単なる通行の損害は年払いが可能である。しかし、単なる通行に関しては、実際には償金が支払われないことがむしろ常態のようであり、判例でもその点に言及するものは少ない[16]。なぜなら、公道への通路を持たない土地の所有者にとっては、隣地の通行はまさに死活問題であり、この通行権は憲法が保障する基本的人権に含まれる。償金が支払えないからといってこの権利を否定することはできないし、他方、対価は経済性を考慮すれば高額にならざるを得ず、通行させる側の要求が認められる可能性は少ないであろう。このことは、後述する通行権の幅員拡張が解決の困難な問題であることとも密接に関連している。

---

[15]　最判昭和47年4月14日（民集26巻3号483頁、判時667号25頁、判タ277号140頁）、吉田克己解説・判例講義民法Ⅰ157頁参照。判旨は登記不要の理由について、「囲繞地通行権を主張する場合は、不動産取引の安全保護をはかるための公示制度とは関係ないと解するのが相当であり」と論じている。

[16]　仙台高判昭和61年10月29日（判時1214号75頁、判タ625号174頁）は、黙示的に無償の通行が認められている土地の共有持分権を取得した者が、持分に応じた償金の請求をすることは権利濫用に当たる、とする。

結局この通行権は、通行される土地にとっては回避不可能な物権的義務となるのである。

　民法213条は、土地の分割によって袋地を生じた場合の規定である。新たに人為的に袋地が作り出されたのであるから、その通路に対する責任を無関係な周辺の土地に負わせるべきではない、という考え方の下に、「公道に至るため、他の分割者の所有地のみを通行することができる」とされており、「この場合においては、償金を払うことを要しない」のである。分割によって袋地を作るのは分割前の土地の所有者であり、分割後の土地の特定承継人が、それとは知らずに取得後に通行権の負担を引き受けることになるのは、必ずしも公平ではない。しかし、分割を経た土地であるかどうか、袋地の存在の有無などは公図によって確認することが可能であり、ルールさえ明確であれば、必ずしも土地の取得者が不測の損害を蒙ることはないと言える。

　判例は上記の考え方のもとに、分割によって生じた袋地の通行権については、残余地に売買等の特定承継があった場合にも、民法213条により通行権の負担が決まるのであり、民法210条に戻って通行権を主張する余地はないとしている[17]。すなわち、民法213条の通行権は、分割によって袋地が生じた時から、永続的に特定の残余地に対して課される物権的負担になると解されている。明快な解決であるが、当該残余地の特定承継人が不利益を蒙る可能性があるという批判も見られる。

　隣地通行権によって行使できる通路の幅員は、きわめて重要な問題であり、関連の判例も多く見られる。前述のように、日常生活維持のための最低限の通行を念頭に置くならば、人一人の徒歩による通行を考え、50センチメートル程度の幅員があれば足り、隣地所有者の犠牲においてそれ以上を要求することは難しいであろう。しかし、石材搬出のための通行権を認めた古い判例[18]も見られ、一般的にはここでの通行権の内容は、「袋地利用者の通行必要度と隣地利用者の被害度との相関的衡量によって」決ま

---

[17]　最判平成2年11月20日（民集44巻8号1037頁、判時1398号60頁、判タ768号62頁）、最判平成5年12月17日（判時1480号69頁、判タ834号67頁）、吉田克己解説・判例講義民法Ⅰ158頁、岡本詔治解説・判例百選Ⅰ〔第6版〕140頁参照。

[18]　大判昭和13年6月7日（民集17巻1331頁）参照。

るとの指摘もある[19]。このように考えると、今日の車社会においては、袋地に居住する者にとって車での通行は不可欠とも言えるため、そのために通行権の幅員の拡張を認め得るかどうかが注目すべき課題となる。この問題をめぐる訴訟はかなり多くなっており、すでに車の通行を認めた裁判例も複数あるが[20]、これらケースは、概ね通行権の幅員がもともとかなり広かったため裁判所が既成事実を保護したという事案であり、まったくはじめから車のための幅員で通行権を主張できるという考え方が肯定されているわけではない。しかし、最近の最高裁判決には、後者のような場合に自動車による通行権を認めた例が登場し[21]、今後は積極的な方向への展開も予想される。

　他方、建築基準法43条1項には、建築物の敷地は道路に2メートル以上接していなければならないとする接道義務が規定されている。袋地は当然この要件を満たすことができないため、そこに新たに建物を建築することはもちろん、現に建物を所有して居住している者であったとしても、改築や再築に際しては建築許可を得ることができず、財産権は重要な制限を課されることになる[22]。袋地の所有者がこの接道義務を満たし得るように、民法210条の通行権を援用して通路の拡張を求める事件も判例には登場しており、最高裁が幅員に関して最初に判断を下したのは、このケースに対してであった[23]。しかし判決は、建築基準法の通路の要請は建築物の安全性のためであって、通行権そのものの問題ではないと切り捨て、民法210条による通路の拡幅にきわめて厳しい制限を課した。結局この問題は、判例、学説の双方において未だ解決を見ていない課題となり、民法の枠を超

---

[19]　沢井裕・叢書民法総合判例研究10隣地通行権（一粒社、1978年）51頁参照。
[20]　東京地判昭和57年4月28日（判時1051号104頁）、大阪高判平成5年4月27日（判時1467号51頁）等参照。
[21]　最判平成18年3月16日（民集60巻3号735頁、判時1966号53頁、判タ1238号183頁）、秋山靖浩解説・判例百選Ⅰ〔第6版〕142頁、東京高判平成19年9月13日（判タ1258号228頁）（差戻審）参照。事案は墓苑の経営者が自動車での通行のために県有地の一部の利用を求めたものであり、かなり特殊なケースに当たる。
[22]　最近の裁判例では、建物を購入してから15年後に接道義務がなく建替えができないとして、売主の説明義務違反を理由に損害賠償請求した買主が勝訴している。千葉地判平成23年2月17日（判時2121号110頁）参照。
[23]　最判昭和37年3月15日（民集16巻3号556頁）、吉田克己解説・判例講義民法Ⅰ155頁以下参照。

えた立法的な対応が求められている状況と見得る[24]。

4　流水に関する規定

民法214条から民法222条までの9条が流水関係の規定である。雨水の排水を中心に、高地から低地へという自然の水流秩序を維持することが基本原則であり、そのために障害物を除去する権利、高地または低地の工作物を利用する権利等が確認されている。帰するところは、物権的請求権の内容に土地上の水ないし水流に対する権利を含ませるための規定と解することができる。境界線上に水流（川）がある場合には、民法219条により幅員の変更が禁止され、堰の設置とその相互利用に関する規定である民法222条が適用される。対岸が他人の土地であっても当然に堰を付着させることができ、相手方にはこの堰を使用する権利が認められる。償金を支払うべき場合もあり得る。今日の都市社会には不要と思われる規定であるけれども、土地利用の基本に関わるという意味では不可欠の原理を含んでおり、将来とも残らざるを得ない条文であろう。慣習がある場合にはそれに従うとされる規定も含まれるので（民法217条、219条3項）、必要に応じて注意深く読む必要がある。

5　境界・囲障に関する規定

民法223条から民法232条までの10条がこれに当たる。境界線上の設置物（境界標、障壁、堀など）の費用は、関係当事者での折半が原則であり、測量の費用だけは面積比に応じて分担するとされている（民法223〜226条）。設置物をめぐる相隣者相互の利益を調整する細かい規定も見られ（民法225条、227条等）、慣習が優先される場合についての規定もある（民法228条）。囲障について、「板塀又は竹垣その他これらに類する材料のものであって」と指定する等（民法225条2項）、時代遅れの事情は否めないが、

---

[24]　その後の判例には、通路の拡幅を認めない否定説と肯定説がともに見られた。最判昭和49年4月9日（裁判集民事111号531頁）は、事実上幅員2メートルの通路が存在している場合に、接道義務を考慮して2メートルの通行権を確認した原審の判断を肯定しており、最判平成11年7月13日（裁判集民事193号427頁、判時1687号75頁、判タ1010号235頁）は再び昭和37年判決の立場を踏襲して、接道義務のための通路拡張を否定した。

解釈により克服できないものではない。最近の裁判例は慣習を考慮してブロック塀の設置請求を認めている[25]。

また、民法229条は、「境界線上に設けた境界標、囲障、障壁、溝又は堀は、相隣者の共有に属するものと推定する」と規定している。しかし、民法231条1項によれば、共有者の1人が自己の費用により単独で障壁の高さを増すこともでき、2項はこの場合には増加した高さの部分を単独の所有にすることができるとする。これらの条文は、境界線上の設置物の共有関係が重要な意味を持つフランス法から導入された[26]。しかし、日本では条文が列挙するような設置物が境界線上に設置されることは稀である。内と外の区別に鋭敏な日本人のメンタリティは、各自が境界線の内側に設置物を設け、隣人との接触を避けることを好む。そのため、この種の共有の規定は、外国法を参照した条文が十分根付かなかった1つの例を示しているが、原則論としては合理的である。

6 竹木の枝・根の切取りないし切取り請求権

民法233条1項は、「隣地の竹木の枝が境界線を越えるときは、その竹木の所有者にその枝を切除させることができる」とし、2項は、「隣地の竹木の根が境界線を越えるときは、その根を切取ることができる」と規定する。ここには慣習優先の規定は置かれていない。したがって、植栽物は、境界線を限界として、土地所有権ないし土地利用権の範囲内でのみ生育すべき存在とされていることになる。当然と言うべきであろうが、樹木（竹木）の自然の効用というものはあり、しばしば目撃される塀を越えて伸びている庭木の処遇を、改めて考えてみる余地はあろう。すなわち、越境が社会的相当性をもつ場合もあり得る、ということである。枝と根の扱いの違いはどうであろうか。所有権の帰属が明白に外観に現れる枝については、所有権に敬意を表することが社会的にも妥当であり、かつ所有者には実益もある。社会生活の基本として、市民道徳としても、適切なルールと

---

[25] 東京地判平成23年7月25日（判時2131号72頁）参照。
[26] フランス民法の同種の規定は653条から663条に及び、はるかに詳細であるが、日本法の規定は、旧民法に取り込まれたものが条文化されている。我妻＝有泉・新訂物権法294頁参照。

言えようが、いずれも例外の余地はありそうである。

7　境界付近の建築・掘削の制限

　民法234条1項によれば、建物建築に際しては、境界から50センチメートル以上の距離を保たなくてはならない。2項はこれに違反する場合の妨害予防ないし妨害排除に関する規定であり、隣地所有者は工事を中止又は変更させることができる。ただし書によれば、建築に着手したときから1年経過又は建物完成の場合には差止めは不可能で、損害賠償の請求のみが認められる。1項の規定は、日本的秩序となって広く遵守されているルールであるが、古い判例では、境界線に接着して建築することを認める慣習の存在も論じられている。

　今日でも都市部のビル建築などに際しては、境界線一杯に建物を建築し、建物の間に無駄な空間を残さないことが望ましいという考え方はあろう。最高裁は近時、当事者が望んだ場合には、防火地域内の建物に関しては、そのような建築方法も認められると判断し注目された[27]。建築基準法65条が「防火地域又は準防火地域にある建物で、外壁が耐火構造のものについては、その外壁を隣地境界線に接して設けることができる」と規定するところから、民法234条1項の特則が認められていると解されたものである。しかし、判例の考え方によると、建築基準法65条が適用される場面では、先に建物建築をする者が境界線付近の利用方法を自己に有利に決定できることになり、公平を欠く上に、民法の基本原則の意義が容易く否定されることも疑問である。少数説は、当事者の合意がある場合に限って建築基準法65条による建築が可能になると解すべきであると説いており、このような理解が本来のものと考えられる。もちろん、慣習がある場合には、それが優先されることは民法236条が確認している。

　民法235条1項は、境界線から1メートル未満の距離内で、他人の宅地を観望することを制限し、建物に目隠しの設置を義務付けている。2項は1メートルの測定方法を定める。プライバシー保護のためであり、今日の

---

[27]　最判平成1年9月19日（民集43巻8号955頁、判時1327号3頁、判タ710号115頁）、吉田克己解説・判例講義民法Ⅰ159頁以下、吉岡祥充解説・判例百選Ⅰ〔第6版〕144頁以下、滝沢聿代解説・判例セレクト（法学教室113号別冊）19頁等参照。

社会生活においては不可欠の重要性があると言えよう。しかし、民法236条は、前2条に関しては慣習の優先を確認しているので、ここでも慣習が考慮される。民法237条、238条は、池、溝、塀等の工作物のために境界線付近を掘削する場合の制限を定めている。1メートルないし2メートルというように通常の建物の場合より、空間の距離を長く取る必要があるとする理由は十分理解できるけれども、工事技術の進歩と都市生活の必要に鑑みて、例外を認める必要もあるのではなかろうか。立法上の検討課題と見得る。

第4節　所有権の取得

1　先占・遺失物の拾得・埋蔵物の発見

民法239条によれば、「所有者のない動産は、所有の意思をもって占有することによって、その所有権を取得する」とされており、これが先占（せんせん）と呼ばれる制度である[28]。所有の意思、占有についてはすでに述べたが（第4章第1節参照）、無主物の先占による所有権取得は、占有の効力の重要な1つとなる。先占の対象は動産だけであるから、民法239条2項は、「所有者のない不動産は、国庫に帰属する」と規定している。民法240条では、遺失物の拾得により所有権を取得できることが規定されている。遺失物法は明治32年成立の古い立法であったところ、平成18年に全面的に改正された。新法によれば、遺失物については、警察署に公告された後3ヶ月経っても所有者が判明しない場合には、民法のこの規定により拾得者に所有権が帰属する。民法241条は、埋蔵物の発見による所有権取得の規定である。この場合にも遺失物法に従った公告が必要であるが、公告後6ヶ月以内に所有者が判明しない場合に、発見者が所有権を取得する。同条ただし書によれば、他人の所有物の中から発見された埋蔵物は、その他人と発見者とで所有権を折半する。

---

[28]　大判大正14年6月9日（刑集4巻378頁）は、野生の狸を狭い岩穴に追い込んで入口を塞いだ場合に先占の成立を認めており、有名判例である。

2　附合・加工・混和

　民法242条以下248条までには、付合、混和、加工に関する規定があり、これら3つの制度は、総称して講学上添付（てんぷ）と呼ばれる。所有権の共有状態をなるべく避けて、単独者による所有権の取得を確実にすることが目指されている。いずれにおいても法律の規定によって新たな所有権の帰属が生じ、相対的に所有権の喪失を生じるため、利得と損失の発生が不可避となる。したがって、そこには不当利得の規定が適用され、償金請求というかたちでの利害の調整が行われる。これを確認するのが民法248条である。

　民法242条は不動産の付合に関する規定である。建物に造作が設置されたり、土地に土壌が寄洲するなどによって、不動産に動産が附合することが想定されているけれども、例外的には、建物不動産同士が附合して一体化する場合もあり得る。附合とは、それまで独立して所有権の対象となっていた動産（あるいは別の不動産）が不動産に付着・合体して独立性を失い、社会経済上本体の不動産そのものと見られるようになることを指す。土地に植えられた苗木・樹木、蒔かれた種、建物の増改築された部分などもこの例に当たる。ただし、建物増改築によって、区分所有権の対象となるような独立した部分ができた場合は、附合は生じない[29]。言い換えれば、増築部分に独立の所有権が認められるためには、区分所有権の成立が必要であるとされており、大審院以来の判例となっている（大判大正5年11月29日民録22輯2333頁参照）。この点は、民法242条ただし書の解釈と関連して議論を要するところである。

　民法242条ただし書は、「ただし、権原によってその物を付属させた他人の権利を妨げない」という規定であり、附合の対象となる動産が、地上権、永小作権、賃借権などの「権原」に基づいて不動産に付属させられた場合は、附合は成立せず、付属させた者の所有権が留保される、という原

---

[29]　最判昭和44年7月25日（民集23巻8号1627頁、判時568号43頁、判タ239号155頁）、神田英明解説・判例講義民法Ⅰ160頁参照。賃借人が賃借建物の2階に増築し所有権保存登記して第三者に売却したため、賃貸人が無断譲渡または転貸に当たるとして解除した例である。判旨は独立の建物ではないから、民法242条ただし書の適用はなく、増築部分は賃貸人の所有であって解除の理由はないとした。

則を確認している。付属させた物が不動産の構成部分となり、独立の所有権の存在を全然認めることができないような場合には、この例外の適用がないという見解もあり、前述した大審院判例はこの立場と言えよう。しかし、ただし書は本来附合が成立すべき場合の例外を規定したものであり、蒔かれた種や、建物の増改築部分などについても、その部分が特定できる限りはただし書の適用を受けると解すべきであり、そのように論じる判例もある[30]。学説は、蒔かれた種について、後に生育・成熟した時点で独立性を得てただし書の対象となると論じるものもあるが[31]、成熟するまでは土地所有者の所有物と考えるのは不自然であろう。

ただし書の適用を受ける権利者は、その権原につき対抗要件を取得しているべきかという問題もある。対抗要件がない場合でも不動産に附合は生じるし、ただし書の権利を留保することもできるはずであるが、結果として生じた権利が取引の対象となるときには、民法177条の適用を受けるのは一般の場合と同じである[32]。

民法243条は、動産の附合について規定する。所有者を異にする数個の動産が、「損傷しなければ分離できなくなったとき」または「分離するのに過分の費用を要するとき」にはその合成物の所有権は、主たる動産の所有者に帰属する。指輪の台に宝石を取り付けた場合、車を塗料で塗装した場合などの例を挙げることができる。発動機を漁船に取り付けた場合などは、取り外しが容易であるかどうかによって、附合と見たり見なかったりすることになるので、結局附合が生じるかどうかは、社会経済的な判断に帰することになる。附合した複数の動産の主従を決めることができない場合は、民法244条の適用により、各動産の所有者が、附合時の価格の割合に応じて合成物を共有する。

添付には、その他に混和（民法245条）と加工（民法246条）がある。前者

---

[30] 大判大正10年6月1日（民録27輯1032頁）、最判昭和31年6月19日（民集10巻6号678頁）参照。

[31] 舟橋・物権法368頁、我妻＝有泉・新訂物権法307頁参照。

[32] 最判昭和35年3月1日（民集14巻3号307頁、判時216号19頁）、神田英明解説・判例講義民法Ⅰ162頁参照。山林の買主が未登記のまま杉苗を植林していたところ、登記した第2買主から所有権確認と伐採に対する損害賠償請求を受けた事例で原告が勝訴。

は穀物、金銭、土壌などの固形物、あるいは酒、油などの液体が混じり合うことを指す。所有者の異なるこれらの物が混和して、「識別することができなくなった場合」には民法245条が適用され、附合に準じて、主たる物の所有者に所有権が帰属する。主従の区別が困難である場合には共有とされることも、附合の場合と同じである。

　加工は、他人の動産に工作を加えた者（加工者）がある場合に、加工の結果である産物（加工物）の所有権は、工作の対象になった動産の所有者と加工者のいずれに帰属するべきかを決定する規定である。民法246条1項は、材料の所有者に所有権が帰属するとしている。ただし書は例外として加工者が所有権者となる場合の規定であり、加工物の価格が材料の価格を著しく超えるときがこれに当たる。洋服地を加工してスーツが出来上がった場合、通常はスーツは生地の所有者のものである。しかし、有名デザイナーが製作したスーツとなれば、デザイン料が生地代をはるかに上回る場合もあり得る。ただし書はこのような場合に適用され得る。民法246条2項はさらに複雑になる。「加工者が材料の一部を供したとき」であるから、仕立人が裏地やボタンを提供している場合などである。ここでは、工作によって生じた加工物の価格とこれらの材料代を加えたものと生地代を比較することになり、価格の大である方の提供者が加工物の所有権を取得する[33]。しかし、通常は契約による当事者の意思が優先する。

　附合、混和、加工の規定により、新たな所有権取得が生じれば、相対的に従前の所有権者の権利は消滅する。その結果、従前の所有権が他人の権利すなわち質権、先取特権などを負担していた場合には、これらの権利も消滅することになり（民法247条1項）、その損失に対しては不当利得の規定に従って償金を請求することができる（民法248条）。逆に、新たに附合による合成物、混和物、加工物の所有権者となった者の従前の権利に他

---

[33]　最判昭和54年1月25日（民集33巻1号26頁、判時921号87頁、判タ381号78頁）は、建築中の建物にこのルールを適用した。建物建築工事の請負人が建築途上の未完成でまだ不動産になっていない建前を放置していたところ、注文者が第三者に依頼してこの建前を独立の不動産に完成させた事案である。この場合には、所有権の帰属は民法246条2項の規定によって決すべきであり、建前の価格よりも完成させた第三者の工事代と材料の価格がはるかに大きいので建物所有権は加工者に帰属する、と判断されている。坂本武憲解説・判例百選Ⅰ〔第6版〕146頁参照。

人の権利の負担があった場合には、これらの権利は拡大された新たな所有権に対して全面的に行使され得る（民法247条2項）。主従の区別が困難で、民法244条が適用され共有となる場合には、当然、共有持分の上に他人の権利が行使されることになる[34]。

第5節　共有

1　共有の意義と態様

　近代民法においては、財産権の中心は所有権であり、所有権は物に対する全面的、包括的な支配権とされている。また、所有権を行使する主体は自由で独立した単独の個人とされ、この前提の上に、財産取引の自由に裏づけられた市民社会が成立することになる。したがって、民法の所有権は、当然個人の単独所有として構成されているのであるが、例外的に複数の個人が単一の物に対して共同で所有権を行使する必要を生じることがある。典型的には、共同相続が開始すれば、遺産分割が終了するまでは否応なく被相続人の財産は共有とならざるを得ない。また、友人と共同で利用するために金を出し合って購入した動産をどのように共同利用するかは、まさに共有の問題である。民法249条から262条までには、このような場合の所有権の法関係が規定されており、所有権以外の財産権については、民法264条が準共有と位置づけて共有の規定を準用すると定めている。ちなみに民法263条は入会権に固有の規定であり、共有の性質を有する入会権には共有の規定を準用するとされているが、これについては用益権の章で改めて取り上げる。

　このように、民法が所有権を個人的な権利としているところから、民法の共有にも2つの特徴が反映されている。まず、共有の権利関係自体が、

---

[34]　最判平成6年1月25日（民集48巻1号18頁、判時1492号89頁、判タ844号81頁）では、合体された2個の建物が同一所有者のものであったが、別々の債権者のために各建物に抵当権が設定、登記されていた。判旨は、抵当権は消滅せずに、旧建物のそれぞれの価格の割合に応じた持分を目的として存続するとした。神田英明解説・判例講義民法Ⅰ 163頁参照。

なるべく個人的所有に近づけて行使されるように構成されていることであり、つぎに、共有関係をなるべく早く解消させ、単独所有関係に移行させることが目指されていることである。すなわち、共同所有関係といっても単一の形態があるのではなく、共同体の特質を反映して多様であり得る。民法はそのうちでも、きわめて近代的な個人主義的共有を制度化しているのであり、民法上の共有ないしは狭義の共有などと呼ばれている。その他に、団体的拘束がより強い共有の形態として、総有と合有が知られており、広義の共有関係は、これら3つの態様に整理されている。以下ではそれぞれについて、団体的拘束の強さを比較しながら概観してみる。

　①総有

　ゲルマンの村落共同体における土地所有のあり方に典型的に見られる共有の形態である。そこでは村民が個としての地位を失うことなく、そのまま「全一体」として結合し「実在的総合人」を形成するとされる[35]。したがって、共有物の管理権能はこの村落共同体にもっぱら帰属し、住民である各個人は当該村落の社会規範の規律に従がいつつ、目的物の収益権能のみを行使することになる。この収益権能は村落の住民たる資格の得喪と結合し、独立の財産権とはなり得ないものである。共有でありながら、持分という観念も存在しない、近代的所有権以前の共同所有の形態である。民法には総有に関する規定は見られないが、その特徴は今日でも入会権の中に残存し、かたちを変えて、権利能力なき社団の財産関係などにも示されている。すなわち、法人格を取得しない段階における社団では、それに帰属する財産権は社団の構成員全体に「総有的に」帰属するとされている[36]。入会権については、用益物権の章で後述する。

　②共有

　典型的な共有は、先に狭義の共有と位置づけたところであり、わが国の民法上の共有がそれに当たる。総有の対極にある、この個人主義的な共

---

[35] 我妻＝有泉・新訂物権法315頁以下参照。
[36] 最判昭和39年10月15日（民集18巻8号1671頁、判時393号28頁、判タ169号117頁）、河内宏解説・判例講義民法Ⅰ40頁、山田誠一解説・判例百選Ⅰ〔第6版〕20頁参照。著名な引揚者更生生活協同連盟杉並支部事件であり、賃借権の帰属主体が問われたが、判旨は、「権利能力のない社団の資産は構成員に総有的に帰属する」と論じて団体メンバーではなく団体自体に賃借権があるとした。

同所有関係の歴史はローマ法に遡る。紀元前5世紀の12表法からほぼ1世紀後のユスチニアヌス法典に至る長い発展の歴史を持つローマ法は、科学的、理論的であるとともに必然的に個人主義的であるという特色を示し、共同所有のあり方にもそれが反映された。そこでは、目的物の管理権能と収益権能は、共同所有者の各人に持分権というかたちで帰属し、自由な所有権の特徴を維持している。したがって、持分権は自由に処分することが可能であり、他方、共同所有を止めて単独所有に移行するための分割の自由が認められる。これが近代法の共有に引き継がれ、日本民法にも取り込まれていることになる。団体的拘束をどのようなかたちで、どの程度認めるかは、立法技術によって決まる。

③合有

総有と前述した共有の中間に位置づけられている。しかし、各共有権者が持分権を有し、目的物に対して固有の管理権能と収益権能を行使する余地がある点で、総有よりも共有に近いと見ることができる。合有は、ドイツ民法では合手的共有（Eigentum zur gesamten Hand）として明文の規定が置かれており、組合財産、夫婦共有財産、共同相続財産がこれに当たるとされている[37]。これらに共通するのは、共有権者の間に共同の目的が存在し、その目的達成のために、権利行使に一定の団体的拘束が必要とされることである。日本民法には合有という文言はまったく見られないが、学説の議論の中で活用されている。

たとえば、民法667条が規定するように、組合においては共同の事業を行うという目的があり、そのためには持分権処分の自由や分割請求の自由は制限されなければならない。民法668条は、組合財産を共有と表現しているが、他方で民法676条は、組合財産の持分の処分や分割請求を制限する規定となっているから、実質的には合有であると解されている。また、民法898条によれば共同相続財産は共有に属するとされるが、かつては合有と解する学説が有力であり、家産の維持という目的による団体的拘束が考慮された時期もあった[38]。今日では判例、学説ともに純粋な共有と解している。

---

(37) 我妻＝有泉・新訂物権法317頁参照。
(38) 中川善之助＝泉久雄・相続法〔新版〕（法律学全集、有斐閣、1982年）198頁参照。

日本の特別法では、信託法に合有の規定が見られることが注目される[39]。建物の区分所有等に関する法律にも、当然共有関係が見られる。共用部分とされる廊下、階段室、エレベーターなどは区分所有者全員の共有とされているが（区分所有法11条参照）、合有にかなり近いと言えよう。しかし、建物全体を共同利用するための特殊な必要性に基づくものであり、独自の考察を要する第4のタイプの共同所有とも指摘されている[40]。

2　共有の法的性質

(1)　共有の成立

共同相続財産や組合財産が基本的に共有となることは前述した。これらは民法の規定がそのように明示しているからであるが、その場合にも合有の性質を取り込んで解釈する余地はあるとされてきた。このほかにも、相隣関係に関する民法229条において、境界線上の囲障、障壁などが共有と推定されており、民法244条、245条は、附合あるいは混和した動産の主従が区別できない場合には、合成物が共有になるとしている。共有物から生じた天然果実が共有権者の共有物となることは、民法89条1項から明らかである。

　このように、共有関係の成立は法律の規定によることが1つの前提となるが、それ以外に、当事者間の合意に従って共有が成立する場合も少なくない。友人と金を出し合って自動車1台を購入した場合には、共有物として共同で利用することが前提であろう。これを当事者の意思によって共有が発生する場合と見ることができる。しかし、実際には共有は当事者にとってかなり煩わしい法律関係となるため、多くは生じないのである。ちなみに、共有の別荘を建てるために、共同で土地を借りたとするならば、賃借権を共同利用する関係が生じ、これは民法428条の不可分債権関係となるほか、民法264条の準共有にも当たる。

(2)　共有の内部関係

共有者間で1個の目的物を利用する場合のルールは、共有の内部関係と呼ばれ、民法の規定は主としてこれを対象としている。まず、民法249条

---

[39]　信託法79条は、受託者が2人以上ある信託において、信託財産を合有としている。
[40]　加藤・大系Ⅱ〔第2版〕284頁参照。

は、「各共有者は、共有物の全部について、その持分に応じた使用をすることができる」と定める。ここには、共有者のそれぞれが、目的物全体に対して権利（所有権）を有することと、その権利が持分によって制限されることが示されている。すなわち共有権も1個の所有権と見ることができ、ただその行使が持分つまり制限割合によって縮減される、という法関係が認められる。共有権を持分によって区別された部分的な所有権と見ることも可能であるが、通常は各共有権者がそれぞれ1個の所有権を有し、それらが持分によって制約されつつ、1つの所有権の実質を示すものと解されている[41]。この考え方によるならば、共有者の1人が持分を放棄したり、死亡して相続人がいないような場合には、その持分が他の共有者に帰属し（民法255条）、その結果持分が拡大することを、より適切に説明することができる。所有権の弾力性の延長と解することもできよう。

　持分の割合は、民法250条によって均等であると推定される。異なる持分割合による場合にはその主張ができることは言うまでもない。共同相続などにおいては、当然法定相続分が優先することになる。このように持分という用語は、通常は共有権者のもつ権利の割合（持分率）を示すのであるが、共有権者の権利の根拠である持分権の意味に用いられる場合もある。

　ところで、民法249条が規定する「持分に応じた使用」とは、具体的にはどのようなものであろうか。民法252条は、共有物の管理については「各共有者の持分の価格に従い、その過半数で決する」としており、使用はこの管理に準じて考えることができる。収益についても同様である。すなわち、基本的には話し合いによることになり、協議の整わない場合には、条文の示す多数決が効力を示すことになる。その態様は、日割りで動産を使用したり、土地を事実上分割利用するなど、多様である。民法252条にはただし書があり、「保存行為は、各共有者がすることができる」という規定である。したがって、管理行為、保存行為が具体的に何を指すかを明らかにすることが必要となる。その際には、民法251条が規定する変更行為も合わせて考察しなければならない。

---

[41] 我妻＝有泉・新訂物権法320頁参照。

判例には、使用貸借契約の解除、賃貸借契約の設定や解除を管理行為とした例が見られるが[42]、後者については、借地権の財産価値に鑑みて、むしろ変更行為に含めるべきではないかとの疑問もある。民法251条の変更行為は、共有者全員の同意に基づいて行われなければならない、とされている。変更とは、共有物の法的または物理的性質を変えることであり、売却、抵当権の設定、山林の伐採、動産への質権設定、物理的改変などを含む[43]。保存行為は、権限の定めのない代理人のできる行為として、民法103条に見られる概念でもある。物の現状を維持する行為を指すが、手続、実体の両面を含みその範囲はかなり広い[44]。とりわけ共有においては、個人主義的な処理を広範に認めることが判例の立場となっているため、保存行為に当たるとされる例が多くなる傾向にある。

　登記の関係では、最判昭和31年5月10日（民集10巻5号487頁、判タ60号48頁）[45]が、Aの共同相続人C、Dのうちの1人は単独で目的財産に虚偽の登記を取得しているBに対して登記の全部抹消を請求できるとし、保存行為であるからと論じている。登記を正しくAに戻し、その後に共同相続登記を為す必要があるわけで、保存行為に該当すると言えよう。最判平成15年7月11日（民集57巻7号787頁、判時1833号114頁、判タ1133号116頁）[46]では、相続財産につきA、B、Cの共同相続登記がなされた後、Aの持分につきDに対する無効な移転登記がなされていた。判旨はB、CからDに対してなされた登記の抹消請求を肯定しており、共同相続という特殊な状況の下で、保存行為としての妨害排除請求が認められたと解することができる。

---

[42]　最判昭和29年3月12日（民集8巻3号696頁）、最判昭和38年4月19日（民集17巻3号518頁）、最判昭和39年2月25日（民集18巻2号329頁、判タ160号75頁）、鎌野邦樹解説・判例講義民法Ⅰ169頁参照。

[43]　行為能力との関係では、通常処分行為という用語が用いられるが、ここで言う変更行為にほぼ重なる。

[44]　具体的には、建物の修理などが典型的な例となるが、事実行為としての修理も請負人に修理を依頼する法律行為もともに保存行為となる。以下のように、判例は登記の抹消、移転等をこれに含めており、占有侵害に対する妨害排除請求も保存行為となり得ることはすでに指摘した。

[45]　古くは大判大正10年6月13日（民録27輯1155頁）が保存行為としていた。他方で、同種の妨害排除請求権を不可分債権と論じ、民法428条を類推適用する判例も見られることを見落とし得ない（大判大正10年3月18日民録27輯547頁参照）。

[46]　七戸克彦解説・判例百選Ⅰ〔第6版〕152頁、滝沢聿代解説・判例セレクト（法学教室282号別冊）15頁参照。

さらに、民法253条1項は、各共有権者が持分に応じて共有物の管理費用、その他の負担を負うと規定する。前者は共有物の利用、改良のための必要費、有益費などを指し、後者のその他の負担には公租公課などが当たるとされる。同条2項によれば、負担を履行しない持分権者がある場合には、他の共有者は償金を支払ってその者の持分権を取得することができる。また民法254条は、共有者の1人が他の共有者に対して、共有物に関する債権を有する場合には、持分の特定承継人に対してもこの債権を行使できるとする。持分の譲渡人とともに連帯債務を負担すると解される。

(3) 共有の対外関係

　共有権者同士の間の法律関係と比べると、共有権者が外部の第三者に対してどのようにその権利を主張するかは、より重要な問題であるように思われるが、民法にはこれを直接規定する条文は見られない。共有関係が訴訟の場で争われる場合には、民事訴訟法38条以下に共同訴訟の制度があるためそれに従がって、通常は民事訴訟法40条の必要的共同訴訟の規定が適用される。判例によれば、共有権者が第三者に対して共有関係にあることを主張する場合には、固有必要的共同訴訟となり、共有権者全員が訴訟当事者となる必要がある[47]。しかし、各共有権者が共有権を主張する場合には、対外的にも共有関係があるという前提が必要であるから、保存行為であるなら単純に共有権者と主張すればよいということには必ずしもならない。判例の趣旨は、共有関係それ自体を確定する目的の訴訟は固有必要的共同訴訟であるという意味で、どちらかと言えば特殊なケースである。一般的には各共有権者の主張の中で、共有関係の存在も前提問題として確認されるわけであり、共有関係の存在自体は争われない場合が多いということになる。

3　共有物の分割

　民法では個人主義的な単独所有が基本とされているため、共有はあくま

---

[47]　最判平成11年11月9日（民集53巻8号1421頁、判時1699号79頁、判タ1021号128頁）は、共有地の境界確定訴訟に関する事案であり、判旨は、「共有者全員につき判決の効力を及ぼすべきものであるから、右共有者は、共通の利益を有する者として共同して訴え、又は訴えられることが必要となる」と述べている。

でも例外であり、分割によってなるべく早く単独所有に移行することが期待されている。民法256条1項はこの趣旨を、「いつでも共有物の分割を請求することができる」と表現している。ただし書は不分割の特約も五年以内であれば有効と認め、2項はこの特約を5年以内であれば更新できるとした。もちろん、境界線上の構築物については、分割を認めることは目的に反するため認められない（民法229条、257条参照）。分割はどのように行われるか。分割の方法については民法258条が規定している。1項は、協議による分割と裁判所に分割請求する方法があることを示す。分割の手続であり、まず話し合いすなわち協議が先行することは当然であろう。裁判所の調停による分割もここに含まれる。2項は分割の具体的内容に言及する。すなわち、現物分割が原則とされ、それに不都合がある場合には価格分割として、競売した売却代金の分割が行われる。30平米の土地を共有者A、B、Cの3名で分割するとして、各人が10平米を得ることは可能であるとしても、その利用価値は疑問であり、建物建築のできる纏まった30平米の土地がはるかに市場価値を持つことは確かである。これなどは、2項が言う「分割によってその価値を著しく減少させるおそれがあるとき」に当たるであろう[48]。

　民法のこのような規定にもかかわらず、従来からこのほかに、価額賠償という第3の方法が解釈論によって認められてきた。共有者A、B、Cの間で30平米の土地を現物分割する代わりに、Aが土地の全部を取得しB、Cには持分相当の金額を支払うことがそれである。このような方法は実際的であり、当事者の意思に適うことも多いため、判例においても積極的に認められるようになっているのが近時の傾向である。このような柔軟な分割方法に大きく舵を切った判例として、最高裁昭和62年4月22日大法廷判決（民集41巻3号408頁、判時1227号21頁、判タ633号93頁）[49]が注目される。以下では、この判決を概観しながら、後の判決に及ぼされた影響を検討したい。

---

[48] 共有物の分割のためのこのような競売は形式的競売と呼ばれるが、担保物権の実行の場合と同じく民事執行法59条、63条等が準用される。最決平成24年2月7日判時2163号3頁、判タ1379号104頁参照。

[49] 鎌野邦樹解説・判例講義民法Ⅰ170頁以下、荒井重勝解説・判例百選Ⅰ〔第3版〕162頁以下等参照。

最高裁昭和62年判決の事案では、X、Yは兄弟であり、父から生前贈与を受けた森林で合計68筆100数万平米に当たるものを、持分2分の1ずつで4箇所に所有していた。森林の管理は兄Yが行っていたが、Xの反対にかかわらず本件森林が伐採されたため、Xは森林の現物分割を請求するとともに、伐採による持分権の侵害に対して損害賠償を請求した。1、2審では損害賠償請求のみが認められ、分割請求については、森林法186条が持分2分の1以下の共有権者の分割請求を禁止していることを理由に棄却された。Xが森林法186条は憲法29条に違反するとして上告、これが容れられて破棄差戻しとなった。判旨は、森林法186条の無効を論じるに当たって、価額賠償も現物分割の一態様であること、複数の不動産を分割する場合には、一括して分割の対象とすることが可能であること、必要な一部だけを分割して残りを共有のままにすることも認め得ることなど、分割の概念を柔軟化するための前提を述べ、本件森林を細分化することなく分割することは可能であるとして、Xの主張を容れた。この結果、森林法186条は削除された。

　その後最高裁は、最判平成4年1月24日（判時1424号54頁、判タ789号116頁）[50]において、上記昭和62年判決の趣旨を生かして、A、B、Cの兄弟が4筆の土地を共有し、Cがその持分をDに譲渡したためB、CからDに分割請求がなされた場合には、4筆について一括分割を認め、Dの持分だけを分割した残りは共有のまま残すこともできると判示している。さらに、最判平成8年10月31日（民集50巻9号2563頁、判時1592号51頁、判タ931号148頁）[51]においては、全面的な価額賠償による分割が新たな問題を提起している。事案は、土地建物の共有者5名のうち、Yのみが建物に居住し隣接建物で薬局を経営しており、X_1～X_4は他に居宅を有している状況の下で、Yに対して分割請求がなされたものである。1審では競売による価格分割が認められたため、Yが控訴。Yは、自分が単独で本件土地建物を取得しXらに価額賠償するという分割方法を主張して、2審ではこれが認められた。一部破棄差戻しとなった上告審判決では、目的物を特定の共有者に取得さ

---

(50)　鎌野邦樹解説・法学セミナー495号63頁以下参照。
(51)　鎌野邦樹解説・判例講義民法Ⅰ173頁以下、同解説・判例百選Ⅰ〔第6版〕154頁以下ほか多数の論稿が見られる。

せることが妥当であるような状況の下で、「当該共有物を取得する者に支払能力があって、他の共有者にはその持分の価格を取得させることとしても共有者間の実質的公平を害しないと認められる特段の事情が存するときには」全面的価額賠償も許されると論じた。しかし、差戻し後に特段の事情が判断される必要があるとされたことになる。問題は支払能力であり、これが保証されなければ分割請求者間の公平は図れない。そのための審理は、必然的に裁判所の負担を増加させ、訴訟の長期化も危惧されるとの指摘も見られる。

　民法259条は、共有者間に当該共有に関する債権債務が存する場合には、債務者の持分がその引き当てになり得るという規定であり、そのためには当該持分の競売も認められる。民法260条は、共有外の第三者が共有物の分割に参加する可能性を認めている。持分権者の債権者については債権者代位権による介入も可能であろうが、この規定によれば債務者とともに参加することができる。一般的な利害関係人がどこまで対象となるかは解釈問題となり、法的な利害関係が必要とされるので、共有物に担保物権、賃借権等をもつ第三者が挙げられる。民法261条によれば、各共有者は、他の共有者が分割によって取得した物について、売主と同様の担保責任をその持分に応じて負担する。共有分割は共有者間での持分の交換と捉えることができるので、原則として有償契約に準用される売主の担保責任の規定がここに適用されることは当然と考えられる。民法262条は、共有物に関する証書、すなわち売買契約書、登記証、納税証明書等の保存と使用の方法を規定している（1項、4項）。単独所有者がこれらの証書を保存することは当然であり、持分に応じた分割であれば最大の部分を取得した者が保存することになる（2項）。均等に分割された場合には、協議で保存者を決定し、それが困難であれば裁判所が規定する（3項）。

4　準共有

　所有権以外の財産権の共有は準共有と呼ばれ、民法264条が規定している。共有は所有権の共同行使であるが、同様に複数の主体に権利が帰属する関係はその他の財産権についても生じ、民法上の用益物権、担保物権は特別の事情がない限りここに含まれる。その他、商標権、特許権、著作権

などの無体財産権も対象となるし、物権に準じる鉱業権、漁業権などにも原則として適用される。債権についても準共有を考える余地はあるが、債権が共同行使される場合には、民法には多数当事者の債権、債務関係を規律する規定があるので、それによることになろう。しかし、債権である賃借権には準共有を適用した議論がなされている[52]。

5　建物区分所有法の共有

昭和37年に「建物の区分所有等に関する法律」が成立し、同時に民法208条に置かれていた建物の区分所有に関する規定が削除された。以来数度の改正を経て、建物区分所有法は現状では72条に及ぶ大部の特別法をなし、マンション時代の現代社会にあって、大きな影響力をもち、判例も多数蓄積されている。もともとは民法により規律されていた共有の一領域であるが、建物区分所有法の下では、区分所有者が全員で団体を構成し、マンションの管理組合を形成する等、はるかに規模の大きい法活動を展開することになる。管理組合は法人格を取得することもできる。以下にはこの法律を概観しておく。

同法1条、2条によれば、「一棟の建物に構造上区分された数個の部分で独立して住居、店舗、事務所又は倉庫その他の建物としての用途に供することができるもの」は所有権の目的とすることができ、「区分所有権」と呼ばれる。区分所有権のある建物は、通常はマンションであり、専有部分と共用部分に分かれる。区分所有権の目的になるのは専有部分であり、共用部分は区分所有権者全員の共有とされる（法11条1項）。後者に含まれるのは、建物の躯体部分、廊下、エレベーター、管理室、駐車場等広範囲に及び、一定の専用権が認められることもあるため複雑である。使用方法をめぐっての裁判例も多数見られる[53]。

区分所有建物の存続には、敷地の利用権が不可欠である。土地の所有権

---

[52] 我妻＝有泉・新訂物権法320頁参照。
[53] とりわけマンションの駐車場にからむ紛争例は多い。一部の区分所有権者だけが駐車場の専用使用権をもつ場合の法関係について、大阪高判昭和55年7月9日（判時987号53頁、判タ426号116頁）、共用部分に設けられた専用駐車場の利用条件を変更するには規約変更の手続を要するかにつき、浦和地判平成5年11月19日（判時1495号120頁）、ほか多数。

ないし地上権、賃借権であるから、前者の場合は本来の共有、後者であれば準共有となり、持分はすべての共用部分の持分と同様に、専有部分の床面積の割合によるとされている（法14条1項）。専用部分と敷地利用権は、規約に別段の定めがない限り分離して処分することができない（法22条1項）。区分所有建物の登記は、表題部に1棟の建物の表示と専有部分の表示を要し、それぞれに敷地権の目的たる土地の表示と敷地権の表示が記入されなければならない（不登法46条）。また、共用部分についてはその旨の登記も必要である（不登法58条）。

建物の区分所有権は、通常の共有以上に強い団体的拘束の下に置かれ、「共同の利益に反する行為」を禁じられている（法6条1項）。この義務に違反する行為があった場合には、区分所有者全員または管理組合法人の集会の決議に基づいて、行為の停止、結果の排除、予防等のために必要な措置をとることができる（法57条1項、2項）。必要がある場合には、相当期間の間専用部分の使用を禁止することもできるが、これには4分の3以上の決議が求められる（法58条1項、2項）。さらには、該当する区分所有者の区分所有権および敷地利用権を競売することも認められる（法59条1項、2項）[54]。

区分所有建物の管理において最も大きな課題となるのは、建物の滅失にともなう復旧および建替えである。平成7年の阪神大震災後にその重要性が再認識され、管理組合が機動的にこの問題に対応できるように平成14年に大改正がなされた。すなわち、本来であれば全員の同意を得てはじめて建替えができるはずであるところを、区分所有者および議決権の5分の4以上の多数で、建替え決議が可能であるとされた（法62条）。管理組合の規約や集会に関しては法30条以下に規定があり、議決権は専有面積の割合による持分によって決まる（法14条、38条）。集会の決議は、通常は過半数による多数決でなされるが、重要な項目については4分の3の多数決

---

[54] マンションの一室で無認可託児所を経営している場合に、法57条に基づき託児所としての使用差止めが認容された東京地判平成18年3月30日（判時1949号55頁）、法58条に基づき、長期にわたる管理費滞納により2年間の専有部分の使用禁止請求が認められた大阪地判平成13年9月5日（判時1785号59頁）、法59条に基づき、管理費等の長期滞納者の区分所有権を競売請求したが棄却された東京地判平成18年6月27日（判時1961号65頁）等参照。

が行われ、さらに5分の4の多数が必要な場合を設けたことになる。なお、本法第2章は「団地」について、「建物の区分所有」の規定を全面的に準用している。1つの団地内に数棟の建物があり、土地や付属施設が共有関係にある場合にも、同様の問題が生じるからである[55]。

このように、特別法の詳細な規定によって規律されている建物区分所有法の共有は、もはや民法の共有そのものではない、独自の団体的共有法を形成していると見なければならない。しかし、特別法に不備のある場合や、解釈に問題を生じた場合には、民法の共有規定に立ち戻って考察がなされるべきであろうから、民法の個人主義的な共有が問題の解決に示唆を与える側面もあると言えよう。

---

[55] 団地との関係では最判平成21年4月23日（判時2045号116頁、判タ1299号121頁）が注目される。法70条を適用して団地の全建物を一括して建替える決議がなされた場合に、法70条は憲法29条に違反しないと判断された。

第 6 章

用 益 物 権

第1節　用益物権の意義

　物権法定主義に従って民法に規定されている物権としては、所有権と占有権の他に8つの制限物権がある。うち4つが用益物権、残る4つが担保物権となり、本書ではそのうちの用益物権だけを扱う。言うまでもなく、担保物権は今日の金融社会においてきわめて重要な役割を果たしており、抵当権、質権を中心に活発に利用されて、判例も多くの蓄積を見ているし、度々注目すべき法改正もなされている。さらに民法典の外にある仮登記担保や譲渡担保を視野に収めるならば、担保物権法はそれだけで浩瀚なものにならざるを得ない。独自のテキストも多く出ているので、本書を補うかたちで、それらを別途学習して頂きたいと考える。

　ここで取り上げた用益物権の領域にも問題は多い。中心となるべき地上権はあまり利用されておらず、永小作権についても民法の規定のほとんどが生きて活用されておらず、これらに代わって賃貸借契約がもっぱら行われているのがわが国の土地利用関係の特徴である。地役権の規定も、多くは慣習的に行われてきたものに適用されていると見られ、判例においては通行地役権の黙示的な利用だけが、今日的な特徴を示す事例として注目される。残る入会権は、すでに述べて来たように、そもそも民法典には固有の規定が置かれておらず、もっぱら慣習法に委ねられてきたいわば将来性のない物権である。したがって、アクチュアルな現行法として学ぶべきと

ころは相対的に少なく、判例の動いている領域に重点を置きながら、民法制定当時と今日との社会状況の落差に関心を深めることが必要となろう。

　約110年前の民法制定当時における農業社会がどのように変貌したかを考えれば、とりわけこの領域において、民法がほとんど改正されることなく今日に引き継がれていることは、むしろ驚きと言えるかもしれない。このことは物権法全体についてもある程度は当てはまる。しかし、同時に、土地の利用関係の基本的なあり方は、国土の自然的な特色や国民性とも密接な関係を有しており、容易には変更し難いものがあることに気づかせられる。昨今、債権法を中心に民法改正が活発に論じられていることにも配慮しながら、以下の記述においては、将来の物権法改正がどうあるべきかにも、できる範囲で言及しておきたい。そのような考察が制度全体の理解を深めることにもなるであろう。

第2節　地上権

1　地上権の法的性質

　物権編の第4章に当たる民法265条から民法269条の2が地上権に関する規定である。地上権は、他人の土地を利用して工作物や竹木を所有するための物権とされている。工作物には当然家屋が含まれる他、トンネル、溝渠、橋梁、記念碑、鉄道など多様な築造物が想定される。地上権が設定されると、その土地の使用、収益権と占有権を含めた排他的利用権が完全に地上権者に移転することになるので、所有権者に残されるのは、所有権の名義（タイトル）と賃料収取の権利だけになる。しかし、地上権は原則的には無償のものとして規定されているため（民法265、266条）、地代支払いの特約がない場合には、所有者の法的地位はますます小さくなり、所有権の内容としては処分権と地上権消滅時に完全な所有権を回復する権利だけが残されることになる。このように実質的な利用を伴わなくなった所有権を、フランス法は虚有権（nue-propriété）と呼んでいる。

　このように、地上権は、土地所有権の一定範囲の権利を取り出して排他

的に行使させる制限物権であるが、物権であるところから譲渡性があり、地上権自体の売却、転貸も可能である。当然、存続期間も長く、民法268条2項は裁判所が制限する場合でも最長50年としている。また民法177条の適用を受け、登記しなければ第三者に対抗できない。1筆の土地の一部に地上権を設定することも可能と論じられているが[1]、しかし、登記をするためには該当する土地の部分を分筆しなければならないので、土地の一部だけを支配する地上権はきわめて例外的なものとなる。制限物権は所有権に制約を与え、これを長期にわたり拘束するものであるから、ここでも所有権と地上権の相克は必然的に生じる。そのため、所有権者にはより大きな自由が残される賃貸借契約が望まれることになり、逆に、賃借人の保護のための賃借権の物権化という現象も見られる結果になったことは、後述のとおりである。

2　地上権の取得と消滅

(1)　地上権の取得

　地上権は土地所有者と設定契約を締結することによって取得される。相続や取得時効によって取得される場合ももちろんある。物権の設定契約は債権契約とはことなり、もっぱら物権変動に向けられた意思表示（物権契約）によるものであるが、日本法では用語の区別もなされていないので、債権契約との区別が意識されることは少ない。しかし、地上権については民法177条の適用があり、その得喪変更に登記が求められることは先にも触れた。民法265条は地上権を、「工作物又は竹木を所有するために他人の土地を利用する権利」と定義しているので、地上権の設定には利用目的の確認が必要である。工作物と竹木の双方、またはいずれか一方を指定したり、工作物や竹木の種類を特定することもできる。地代の支払いには一括支払いと定期支払いがあり、特約がなければ無償とされる。特約は登記されなければ第三者に対抗できない。

　地上権の存続期間については民法268条があり、存続期間の定めのあるものとないものに二分され得る。規定によれば、期間に関する合意にはい

---

[1]　不動産登記法はかつて地上権の範囲を登記することも認めていたが廃止された。我妻＝有泉・新訂物権法344頁参照。

かなる制約もないので、当事者が設定行為で期間を定めた場合にはすべて有効と考える余地もあるが、3年、5年といった短期については、判例は地代据置き期間としたり、例文としてその効力を否定しており、学説もこれを支持している。また、長期の面では永久の地上権を認め得るかが議論されている。判例は有効とするが、学説は賛否が分かれている[(2)]。設定契約で存続期間が定められない場合には、慣習が適用され、それもなければ地上権者はいつでもその権利を放棄できる。ただし、地代支払いの特約がある場合には、1年前に予告をするか、1年分の地代を支払う必要がある（民法268条1項参照）。当事者の請求によって裁判所が地上権の存続期間を決定する場合もある。民法268条2項は、この場合について、20年以上50年以下の範囲内でという基準を設けているため、地上権が本来長期の存続を予定する権利であることを確認することができる。存続期間についても、これを第三者に対抗するためには、登記が必要であることは言うまでもない。

　他方、建物所有を目的とする地上権に関しては、期間についても借地借家法の適用により重要な変更が生じることを看過できない。借地借家法の適用対象となる借地権には、土地の賃借権とともに地上権が含まれるので（借地借家法2条1号）、地上権の期間は全面的にこの特別法によって修正されるからである。すなわち、原則30年、契約でそれより長くする場合は契約による（借地借家法3条）。期間の更新については、最初の更新は更新の日から20年、その後の更新は10年、ただし当事者がそれより長い期間を定めた場合には契約に従がう（借地借家法4条）。その他に、期間満了時における更新請求と更新拒絶の規定に関する借地借家法5条、6条があり、いずれも借地権者の保護を念頭に置いた強行規定とされている。このように特別法によって民法の規定は一部死文化している状況であるが、その他の工作物、竹木の所有を目的とする地上権についても、民法の規定が適切であるかどうかは、改めて検討の余地があろう。

　地上権設定契約は書面を要しない諾成契約であり、地上権の文言は必ず

[(2)] 我妻＝有泉・新訂物権法351頁以下参照。なお、地上権の存続期間等に関しては、後述の民法施行法44条にも規定が見られ、建物の旧廃期、竹木の伐採期を基準とし、それにより得ない場合は裁判所が存続期間を定めるとされている。

しも要求されない。したがって、たとえば建物所有のための借地契約が、果たして地上権の設定であるのか賃貸借契約であるのか、明確にし難い場合も生じる。一般的には契約の解釈の問題として処理されることになるが、その際には譲渡性の有無が重要な判断要素となる。他にも、期間の長期性や地主の土地修繕義務の有無などが考慮されるべきであろうが、今日では都市部の土地利用は賃貸借契約であることが通常であるため、そのような一般的な推定がなされる場合が多いと考えられる。なお、民法制定前からの土地利用権をどのように判断するかも古くから重要な課題とされていたが、明治33年の「地上権ニ関スル法律」では地上権と推定されるものとなっている[3]。このほかに、民法388条の適用によって必然的に生じる法定地上権があることも看過できない。抵当権の実行にともなって設定される特殊な地上権であるが、その内容には民法265条以下が適用され、通常の地上権と変わるものではない。

(2) **地上権の消滅**

地上権は存続期間が満了し、更新がなされなければ消滅する。その他、物権に共通する消滅原因として、土地の滅失、混同、消滅時効の完成などを挙げ得るが、とりわけ民法に規定されている地上権に固有の消滅原因が注目される。民法266条は、永小作権に関する民法276条を準用して、地上権者が引き続き2年以上地代の支払いを怠ったときには、地主から「地上権の消滅請求」をなし得るとする。賃貸借契約における賃料不払いにおいては、催告が不可欠であることや判例の信頼関係理論が考慮されることと比べると単純明快である。地主から消滅請求がなされると地上権は将来に向かって解約される。民法273条が賃貸借に関する規定も準用しており、賃貸借の解約に関する民法620条が準用されるからである。地上権者が破産した場合も同様である。

物権としての地上権は、土地所有者に対する意思表示によって自由に放棄することができる。ただし、地代を支払う特約がある場合には、1年前に予告するか、期限の到来していない1年分の地代を支払わなければならない（民法268条1項）。しかし、永小作権に関する民法275条が準用される

---

[3] 我妻＝有泉・新訂物権法348頁以下参照。他人の土地の利用関係は、伝統的に物権にふさわしい強力なものが多かったことを示すと言えよう。

ことにより、不可抗力で引き続き3年以上まったく収入を得ず、又は5年以上小作料より少ない収益を得たときは、当然に地上権の放棄が認められることになる。このような規定が地上権の運用にどのような利益をもたらすのかは、永小作権の場合と合わせて後に検討することになろうが、土地の利用権に大きな経済的価値が認められる現代の社会状況には、あまり適合しないようである。民法269条は、地上権が消滅した場合には、地上権者は土地を現状に復して所有者に返還する義務があるとする。ただし、土地所有者は時価相当額を提供して土地上の工作物や竹木の買取請求をすることができる（民法269条1項ただし書参照）。

3　地上権の効力

　地上権者は設定行為で定められた目的に従がって、工作物や竹木を所有することにより、目的の土地を使用収益することができる。すなわち、占有すべき権利とともに全面的な土地支配権を行使して目的に従がった利用をすることになり、所有者はこれを妨げてはならない。地上権を譲渡ないし転貸できることはすでに触れたが、物権としての重要な効果である。その反面、賃貸借契約の場合と違って、土地所有者は土地の修繕義務を負担することはない。民法267条は、相隣関係の規定が地上権に準用されるとしている。その結果、境界線上に設置された囲障、障壁、溝渠等については地上権者と隣接地の所有者との共有と推定されることになる（民法229条参照）。地上権者は物権から派生する物権的請求権、土地の返還請求権、妨害排除請求権、妨害予防請求権を行使できることはすでに述べた。地上権の上には抵当権を設定することができる（民法369条2項参照）。

　民法266条1項によれば、地上権者は地代を支払う特約をした場合だけ地代支払いの義務がある。一時払い、定期払いのいずれもあり得る。地代に対する権利義務は当事者の合意により生じるのであるから、地代は債権的な権利義務であるようにも解されるが、物権としての地上権の本質的な要素になるのであるから、地代請求権は土地所有権と結合し、地代支払い義務は地上権の移転に伴ってこれに随伴すると解さなければならない。

　地上権には民法177条が適用されるところから、どのような場合にいかなる範囲で対抗力を生じるかについて、詳細な議論もなされているが、基

本的には所有権に準じて考えれば足りる(4)。しかし、問題が複雑になるのは、主としては建物所有のための地上権について借地借家法が適用される場合であり、賃借権の対抗力と同様に考えることができる(5)。このように、地上権の重要な部分は、賃貸借契約と同様に借地借家法によって大幅な修正を蒙っており、民法本来の権利である地上権の評価を困難にしている。したがって、建物所有のための地上権とそれ以外の地上権をまず区別し、それぞれの側面から、地上権の機能を明確にすることが必要であろう。賃借権との比較については後述する。

4　区分地上権

区分地上権は、昭和44年の改正によって追加された民法269条の2により導入されたものである。民法207条は土地所有権が土地の上下に及ぶことを規定しており、その占有、支配の権限を承継する地上権も本来は土地の上下に及ぶと考えられる。しかし、建築技術が進歩し、都市生活が複雑さを増すにつれて、土地の上空、地下などを地表とは別個の権原によって把握し、多角的な土地利用を可能にすることが求められ、区分地上権が立法化された。地表に工作物や竹木を所有する地上権者があり、同じ土地の上空にはたとえば送電線を通過させる空中権を別個の地上権とし、さらに地下には地下鉄の線路のための地下権を設置するなどの利用形態が可能となる。こうした利用関係は、後述する地役権によっても達成することができるし、賃貸借契約によることも不可能というわけではない。しかし、地上権によることがより適切であり、登記によって対抗力を取得できることも利用者に有利である。

区分地上権の設定においては、土地の「上下の範囲を定めて」地上権の目的とし、またそれが明確になるようなかたちで登記をしなければならない。民法269条の2の2項は、第三者が土地の使用収益をする場合にも、これらの者すべての承諾があれば区分地上権を設定できるとする。当然の

---

(4) 我妻＝有泉・新訂物権法362頁以下参照。
(5) 建物所有のための地上権は民法388条の適用による法定地上権の例がほとんどであり、対抗力の論点は、借地借家法10条による建物登記の効力の拡張、罹災都市借地借家臨時処理法の適用方法などが中心となる。

ことであり、承諾を与えた者が区分地上権の行使を妨げてはならないことも言うまでもない。

5 地上権と賃借権

　建物所有のための地上権には借地借家法の適用があり、民法が規定する地上権の内容は大きく修正されていることはすでに述べた。土地の工作物の代表的なものは居住用の建物であろうから、民法265条以下の地上権も当然それを想定して立法されているはずである。しかし、同じ目的は賃貸借契約によっても対応できるため、わが国では建物所有のための契約のほとんどがこの債権契約によって行われている。賃貸借の規定によれば、存続期間は20年を超えることができず（民法604条）、譲渡・転貸も禁止され（民法612条）、賃借権の登記はできるが、賃貸人には登記協力義務がない（民法605条）等の内容になるため、賃借権は本来地上権よりはずっと弱い権利である。土地の需要と供給の関係から見てはるかに有利な立場にある賃貸人が、債権契約を選ぶことは当然と言えよう。

　こうした事情を背景として、特別法である旧借地法、借家法がたびたび改正され、賃借権の保護が強化された結果、賃借権の物権化という現象が生じた。物権化した賃借権は、現行の借地借家法の下でも地上権以上に強力な権利となっているため、地上権を設定する意義は必ずしも大きくはなくなっている。したがって、現行の地上権は、居住用建物以外のたとえば鉄塔、記念碑、地下トンネル等の設置を使用目的とするものに限定した上で、あるべき本来の構想を再検討することが望ましいと考えられる。

　ただ、現状でも、むしろ既存の賃借権の継続が妥当ではないかと思われる状況の下で、民法388条の法定地上権の成立が認められる状況はしばしば生じている[6]。なぜなら、判例は要件が満たされる場合には常に法定地上権の発生を認めているからで、それは地上権の方が借主にとって有利であるからにほかならない。貸主に登記義務が課されないことと、民法612

---

[6] たとえば、抵当権設定当時土地建物が同一所有者に帰属していたが、その後建物が第三者に譲渡され、さらに抵当権が実行された場合である。建物譲受人にとっては賃借権の継続がノーマルであろうが、判例・学説ともに法定地上権の発生を肯定している。大連判大正12年12月14日（民集2巻676頁）、最判昭和44年4月18日（裁判集民事95号157頁、判時556号43頁）参照。

条の適用による賃借権の譲渡・転貸の原則的な禁止は、賃借権の物権化によっても克服されていない、賃借権の重要な限界となっている。したがって、制度の将来という観点から見たとき、ここで区別した居住用の長期借地権を第2種の地上権として物権編に並存させるのか、それとも長期賃借権として債権編に位置づけることが望ましいかは、大きな検討課題と考えられる。以下ではもう少し法改正の問題に触れておきたい。

6　地上権の将来

　これまでに述べたところからも、民法の最も重要な物権であるべき地上権が、必ずしも実社会で十分に機能し得ていない状況を看取できたはずである。日本民法典については近時改正論議が活発であるから、このような観点から、地上権の将来を展望してみることも必要かつ有意義であろう[7]。そこでの第1の問題は、借地借家法の適用を受ける賃借権を民法の規定にどのように取り込むかである。現状に鑑みれば、債権契約によって派生する長期の賃借権と比較的短期あるいは契約の終了がより容易であるタイプの賃借権を2種類規定して、並存させることが適当になるのではなかろうか。他方、地上権についても居住用建物の地上権とそれ以外の工作物・竹木所有のための地上権を区別して並存させることが現状からのスムーズな移行を保証することになるかと考えられる。そうなると、現行法どおりであれば、長期賃借権と居住用建物の地上権とは、譲渡・転貸の自由の点を除けばほぼ同じ内容のものとなる。必要に応じてこれらを機能別に再整理し、より活用されやすいかたちに構成し直すことが立法的課題となるに違いない。

　その際には、債権契約としての賃借権には、信義則を加味してよりきめ細かい配慮が可能となるように、他方地上権については、その権原の範囲を明確にすることによって、よりシンプルな決断ができるように、条文を工夫することが適当と考えられる。現行の地上権の期間設定がかなりあいまいであるのは、契約の明確性を好まない古い日本人の体質を反映するものであろうし、地上権の存続期間について慣習への配慮がなされているこ

---

　　[7]　物権法の改正については、民法改正研究会（代表・加藤雅信）編・民法改正——国民・法曹・学会有志案（日本評論社、2009年）参照。

とも、時代的な背景を感じさせる。永小作権の規定が多数準用されていることは、永小作権そのものが、次節に述べるように時代遅れのものであることを踏まえて、抜本的な見直しがなされなければならない。このように手を加えつつ、しかし全面的に新しい物権の創出を目指さないのは、人間生活も人の法意識もきわめて緩慢に変化を遂げて行くものであり、無理のない漸進的な発展こそが法改正の主要なテーマであると考えるからである。

第3節　永小作権

1　永小作権の意義

　民法270条によれば、永小作権は他人の土地において耕作又は牧畜をする権利である。またこの条文には「小作料を支払って」の文言があり、対価の支払いが要件となるところが地上権と大きく異なっている。地上権における「竹木の所有」と本条の「耕作」とは区別が必ずしも容易でない場合があるかと考えられるが、樹木の所有であっても、果樹の栽培のように主たる目的が収穫にある場合には、耕作に分類することが適当となろう。要するに農耕のための物権が永小作権であり、永小作権者としては耕作農家ないしは畜産農家が想定されている。

　このような土地利用の形態は、当然ながら民法制定時以前のわが国の農業社会の中で広く行われてきた権利関係を参考にしつつ立法されている。しかし、当時の農民の土地利用関係は、封建的な人間関係の温情に縛られた賃借小作が主流であり、その権利は物権としての地上権よりは、賃貸借契約に基づく賃借権と構成されることがはるかに適切であった。もちろん、建物所有のための賃借権において物権化が必須であったように、耕作地の賃借権においても、その強化による農民の保護は不可欠の要請であった。しかし、小作権の強化はなかなか進捗せず、第2次大戦後の農地解放を待つことになる[8]。

　他方で、伝統的な永小作権としては、物権にふさわしい強力なタイプのものも存在した。主としては開墾によって生じた新田において、領主に準

ずる者の永久の小作料収取権と百姓の永久耕作権が分離・並存する状況が見られたのであり、慣習法による分割所有権が形成されていたと見得る[9]。耕作権は上土権、貢納徴収権は底土権と呼ばれる。このような場合、民法の近代的所有権はいずれに付与することが適当であろうか。仮に上土権を永小作権と位置づけるならば、存続期間を最長50年とするこの民法典の物権は耕作者に重大な不利益をもたらすことが明らかであった。にもかかわらず、民法施行法はこれら長期の永小作権のすべてが民法施行後50年で消滅するものとしたため、各地に小作人の争議が見られたことは重要な歴史的事実である[10]。こうした背景をもつ民法の永小作権が、物権として必ずしも十分に機能し得るものとならなかったのは当然であろう。民法の規定は、しばしば小作人に苛酷な不利益を課し、物権の本質である譲渡・転貸の権利や長期の存続期間も土地所有者の意向にかからせており、きわめて中途半端な権利となっている。

　何よりも大きな問題は、永小作権が今日の日本社会にほとんど存在しない権利となっており、民法の規定は死文化している事情である。わが国の農業社会は、戦後の農地解放による自作農創設の結果、農業経営者のほとんどは自作農となり、他人の土地の利用は、あったとしてもすべて賃貸借契約によるものであり、判例でもそのように推定されている[11]。したがって、物権としての永小作権を将来的にどのように構成し直して、現代社会の需要に応えるものとするかは、大きな課題でありまた難問でもある。

2　永小作権の内容

　民法270条の定義規定についてはすでに触れた。永小作権は他人の土地を利用するための物権として、地上権と共通する要素が多く、現に地上権に関する民法266条は、地代の支払いについて永小作権の規定を準用して

---

(8)　小作法の制定は実現しないまま、不十分な農地調整法による対応がなされ、戦後の農地法に引き継がれた。農地解放（農地改革）とは、昭和21年の自作農創設特別措置法によって、不在地主の小作地を国が強制的に買収し、耕作者に安く売り渡して小作を自作農化することを目指した改革であり、日本社会の民主化の出発点となった。我妻＝有泉・新訂物権法394頁参照。
(9)　舟橋・物権法410頁以下、我妻＝有泉・新訂物権法393頁参照。
(10)　舟橋・物権法410頁以下、我妻＝有泉・新訂物権法393頁参照。
(11)　大判昭和13年5月27日（新聞4291号17頁）参照。

いる。地上権における相隣関係の規定の準用は、民法267条が確認するところであるが、永小作権についても同様の処理が望ましいとされている[12]。ここでは、地上権と比較しながら、永小作権の特徴を明らかにすることが必要となる。

民法271条は、永小作人が土地に対して回復することのできない損害を生ずべき変更を加えることを禁じる。畑を田に改変したり、一部を溜池にするなどであるが、地上権でも同様に解するべきであろう。民法272条は、永小作権の譲渡・転貸が可能であるとする。しかし、物権として当然の前提であるから、むしろ本条のただし書によって、設定行為で禁じることが可能とされている点に特色があり、権利としての弱さが注目される。民法273条が永小作人の義務について、その性質に反しない限り賃貸借の規定を準用するとしたことにも、物権になりきれていない権利の特徴を見ることができる。さらに、民法274条から276条までの規定は、永小作人にとって相当に苛酷であり、伝統的な農業社会における小作人の地位がどのようなものであったかを知らしめている。たとえば、不可抗力によって3年以上収入がまったくない場合には、小作人は永小作権を放棄することができる（民法275条）のに対して、土地所有者は、小作人が2年間小作料を支払わないときは、永小作権の消滅を請求することができるのである（民法276条）。

永小作料に関する上記の規定は、地代支払義務を伴う場合の地上権に準用されており、地上権者も同様に不利な立場に置かれている。また、小作地上の植栽物、工作物等の収去に関しても、扱いは規定の準用によって地上権と共通になる（民法279条、269条参照）。慣習がある場合にはそれが優先するという規定は地上権にも見られたが、慣習の援用は永小作権の方がさらに広範である。現実には、条文がもたらす永小作人の不利益は、温情ある慣習によって緩和されていた事情もあるとされる[13]。

3　永小作権の将来

これまで概観してきたように、永小作権は民法中の重要な物権の1つで

---

(12) 我妻＝有泉・新訂物権法283頁参照。
(13) 我妻＝有泉・新訂物権法403頁参照。

第3節　永小作権

あるにもかかわらず、実質的には物権の本質とも言える譲渡・転貸性も保証されていない、賃借権に近い弱い権利となっている。また、他人の土地を耕作する関係は、今日では圧倒的に賃貸借契約によって占められており、民法の永小作権の規定はほとんど機能していない状況である。では永小作権を廃止し、社会の実態に即した賃借小作を農地利用の中心に置くことがあるべき将来像となるのであろうか。難しい問題であるが、耕作・牧畜の側面においても、長期の安定した土地利用関係の必要性は否定できないので、できるだけ利用の可能性が高いかたちで農耕のための物権を民法に規定することは必要と見るべきであろう。また、地上権と区別して農業経営のための物権を置いた民法典の伝統をできるだけ生かすことも有意義である。結局、課題は永小作権をどのようなかたちで現代的にリメイクするかとなる。

　この意味では、永小作権という名称自体にも抵抗はあるはずである。小作はまさに封建的な身分関係を象徴する用語だからである。この点にこだわらず、割り切って永小作権を継続するという考え方も十分あり得るけれども、「農地利用権」「耕作権」などに変更することも可能と考えられる[14]。その上で、できるだけ慣習を介入させず、客観的な物権の利用が可能になるように、現代の農村社会の事情に合致した新たな物権の構想を立てることが必要となる。どのような利害関係の下でこの物権が活用され得るのか、慎重な検討がなされるべきであることは言うまでもない。

---

[14]　民法改正研究会（代表・加藤雅信）編・民法改正──国民・法曹・学会有志案（日本評論社、2009年）によれば、永小作権に代わる物権として「農用地上権」という提案が見られる。地上権と永小作権を別々に立法する意義が必ずしも明確ではない事情もあることが示されていると言えよう。その上に賃借権の並存も念頭に置いて、土地利用の権利関係をどのように構想するかは難しい課題である。一般論としては、現行の規定を尊重しつつ、既存の枠組内で可能な限りの現代化を実現するという発想が最も有意義となるはずである。

第6章　用益物権

第4節　地役権

1　地役権の意義

(1)　地役権の特徴

　他人の土地を利用するための物権でありながら、地上権や永小作権が全面的な土地の支配をなさしめる権利とされているのに対して、地役権は土地の部分的な利用を目的とするところに特徴がある。すなわち、土地甲の利用価値を大きくするために、土地乙を必要に応じて部分的に利用する関係を物権として保証するものであり、乙地を通行する、乙地から水を引く、乙地に高い建物を建てない不作為を課す、などが考えられる。いずれの場合にも、それにより甲地の利用価値が増大するのであって、他人の土地から便益を受ける甲地を要役地、要役地の便益に供される乙地を承役地と呼ぶ（民法281条、285条参照）。承役地が負担する地役権は、要役地の所有権と一体化したものと取り扱われる。

　地役権が可能にするような土地の利用関係は、賃貸借契約によって土地の一部を賃借することによっても実現され得る。しかし、対抗要件を取得するためには、利用地を分筆、登記しなければならないという不都合がある[15]。これに対して物権としての地役権は、承役地の所有者に当然に登記協力義務を課し、登記されれば要役地の転々譲渡に伴って、新所有者に地役権が承継される。また、目的に限定された土地利用がなされるために、承役地の所有権者はそれ以外の範囲において所有権の行使を妨げられることがない。また、地役権者と共同で地役権の内容を享受することも認められるため（民法285条、288条参照）、承役地の所有権者にとっても不利益ばかりではない。

　このように地役権は、複数の土地所有権における利用の調節という機能をもっており、その限りでは民法209条以下の相隣関係に類似している。

---

　[15]　分筆の面倒も大きな不都合である他、賃貸借契約に基づく権利は物権と違って、当然に登記を請求できないという事情もあることは、地上権と賃借権の比較の際に触れた。

そこで、地役権が契約で設定されることと比較して、相隣関係を法定地役権と呼ぶこともあるが、後者は所有権に内在する最小限度の利用の限界を法定したものと見るべきであり、契約により土地利用関係の積極的な創造を可能にする地役権は、やはり独自の性質をもった独立の物権として別個に扱わなければならない。

地役権が設定されると、要役地の所有者はもちろんであるが、要役地を利用する地上権者、永小作権者も当然この地役権を行使できる。要役地の賃借権者の利用については疑問も投じられているが、必要があれば用益物権に準じて認めるべきであろう。逆に、承役地にこれらの利用権が設定された場合には、利用権者が地役権者の権利行使を甘受すべきことは言うまでもない。なお、用益物権のうちには、土地に対する便益ではなく、特定の人に対して便益を与える人役権という種類もある。他人の土地で狩猟をしたり、他人の一定の動産を恒常的に利用したりする権利で、ローマ法では広く認められたが、現行民法には置かれていない。

(2) 地役権の種類

民法280条によれば、地役権は「目的に従い、他人の土地を自己の土地の便益に供する権利」であるから、利用目的に応じてさまざまな内容の地役権が考えられる。判例に見られる最も多い例は圧倒的に通行地役権であるが、その他には、引水地役権、電線や配水管を埋設する地役権、日照、眺望などを確保するため一定の工作物を作らないという地役権などが見られる。学説はこれらを整理して、以下のように地役権の分類をすることが一般的である[16]。このような区別は、地役権の取得時効と消滅時効においてその成否を判断する場合の手がかりとして大きな役割を果たす。

①作為の地役権・不作為の地役権

地役権者が積極的に一定の行為をなすことができ、承役地の所有者がこれを認容するべき義務を負担するのが作為の地役権であり、たとえば承役地にある湧水で地役権者が水を汲むなどが考えられる。不作為の地役権は、先に挙げた日照、観望等のための地役権のように、承役地の所有者に

---

[16] 我妻＝有泉・新訂物権法417頁以下、舟橋・物権法430頁参照。最近の教科書にこの記述があまり見られないのは、実務上分類の意義が必ずしも大きくないことを示すものであろう。

第6章　用益物権

一定の行為をしないことを義務づけるような例を指す。

②継続の地役権・不継続の地役権

地役権の行使が間断なく行われる場合は継続の地役権、間を置いて断続的に地役権が行使されるものは不継続の地役権と呼ばれる。通路を開設して通行地役権を行使するものは前者、必要に応じて適宜に通行する権利をもつ場合には後者に該当することになる。日照、観望のための不作為の地役権が継続の地役権に当たることには異論ないであろう。

③表現地役権・不表現地役権

外部から認識可能なかたちで地役権の行使がなされるものを表現の地役権と呼び、地役権の行使の有無が外部からは見えないものは不表現の地役権と呼ばれる。通行地役権や汲水の地役権は、継続とそうでないとにかかわらず、表現の地役権になるのに対して、地下に給排水の管を通過させるための地役権は不表現の地役権となる。不作為の地役権も後者に含まれることになるのは当然である。

これらの区別の意義は、民法283条が「地役権は、継続的に行使され、かつ、外形上認識することができるものに限り、時効によって取得することができる」とし、民法291条が消滅時効の期間に関して、「継続的でなく行使される地役権については最後の行使の時から起算し、継続的に行使される地役権についてはその行使を妨げる事実が発生した時から起算する」と規定するために、これらの解釈、適用を容易にすることにある。通行地役権であれば、判例は必然的に、通路が開設されているものについてのみ時効取得を認めている[17]。好意で認めた通行は容易くは権利とはならないのである。また、通路が開設されている通行地役権は、通路が妨害物によって通行不可能になった時から消滅時効が進行することも当然であろうし、不継続の通行地役権の場合には、最後に通行した時から20年間が経過すれば、民法167条2項により消滅時効にかかることになる。

---

[17] 最判昭和30年12月26日（民集9巻14号2097頁、判時69号8頁、判タ54号27頁）、最判昭和33年2月14日（民集12巻2号268頁）参照。これらの判例は、通路の開設が要役地の所有者によってなされなければならないとするが、学説は要役地の所有者に通路の準占有があればよいとし、自己の費用や労力によって通路を維持管理していれば可とする。我妻＝有泉・新訂物権法420頁、能見＝加藤・判例民法2物権394頁参照。

2　地役権の取得と消滅

　地役権は地上権や永小作権と同じく民法上の物権であるから、設定契約（設定行為）によって取得されることになるが、相続による取得や時効取得があり得ることも同じである。また、民法177条が適用され、登記をしなければ第三者に対抗できないこともちろんである。ただし、地役権の登記は要役地と承役地という2つの土地の関係を示すものとなるため、やや複雑である。まず、地役権を負担する承役地への登記が中心となるが、要役地に登記がなされていない場合には登記できない（不登法80条3項参照）。また、承役地への登記がなされた後には、要役地について地役権を有する土地であることの登記が職権によりなされることになっている（不登法80条4項参照）。この事情は、設定の登記でも譲渡による移転登記の場合でも同じである。

　地役権と時効の関係では、民法283条が継続・表現の地役権のみ時効取得できるとする。この条文からは、通路の開設がある場合に限って通行地役権を時効取得できるとは当然には言えないのであるが、判例により厳しい解釈がなされているわけである。また民法289条は、承役地が時効取得されることによって地役権が消滅すると規定する。民法290条、291条、293条は消滅時効に関する規定である。地役権が多様性ある権利であるために、これらの規定が必要とされたのであるが、考え方の基本は他の物権の場合と共通であるから、確認の意義があるだけと見てよいであろう。民法284条、292条は、地役権の共有に関する規定であるから、後に改めて触れたい。

　地役権はまず、契約で定めた設定期間の満了により消滅する。設定契約で定めたその他の消滅事由が発生した場合も同じである。要役地ないし承役地が滅失すれば地役権も消滅することは物権一般の理論による。地役権者は地役権を放棄することにより消滅させることもできる。法律の規定による消滅としては、前述した消滅時効の効果や、承役地の取得時効の効果を考えることができ、民法179条の混同による消滅も同様である。土地収用法3条、5条によって地役権が収用される場合もあり得る。

3 地役権の効果

(1) 付従性・随伴性

地役権は独立の用益物権であるけれども、要役地の便益のために存在する権利であるから、要役地から分離して単独で機能したり、譲渡したり他の権利の目的となったりすることはできない。すなわち、従たる権利であって、要役地の物権変動に際してはこれに随伴する。民法281条が規定するのはこのような趣旨であり、付従性と呼ばれる。ただし、同条1項ただし書は、設定行為によって例外を認める余地があるとしており、譲渡・転貸に際しては地役権が消滅することもあるので、この場合には地役権は事実上人役権のように機能することになろう。

(2) 不可分性[18]

不可分性は、地役権に特有の性質として民法282条、284条、292条等が規定するところであり、地役権と共有との関係に関わる。要役地、承役地の両方あるいはいずれかが共有地であった場合には、地役権の特性がそこにどのような影響を及ぼすかを明確にする必要がある。民法は基本的には、共有者の1人のためにであっても地役権をできるだけ存続させるという方針を採っており、これが不可分性と呼ばれる。すなわち、持分権者の単独の意思によって地役権を消滅させることはできず、分割や一部譲渡の場合であっても、各共有権者は要役地の利益を享受できるし、逆に承役地の負担がなくなることもない（民法282条1項、2項参照）。時効取得にもこの考え方は応用され、共有者の1人が時効取得した地役権は他の共有者にも取得されるし、時効の中断は各共有者に対してなされなければならない（民法284条1項、2項）。時効の停止だけは当該共有者の1人の効果とされているが（民法284条3項）、それにより結果的に共有者の時効の利益が失われることはなく、各共有者のために時効が進行する。消滅時効の中断、停止が1人について生じた場合には他の共有者にも効果が及ぶ（民法292条）。

---

[18] 不可分性は、多数当事者の権利関係が一体的に処理される場合の用語として、民法428条の不可分債権、民法544条の解除権の不可分性などに見られる場合と同質のものである。

(3) 地役権者の権利義務

　地役権の存続期間については民法に規定が見られない。地役権はそもそも設定行為で定めた目的のために行使される権利であるから、要役地にとって目的の必要性がある限り、地役権は継続するべきものと解される。学説では永久の地役権があるかが論じられ、肯定されている[19]。しかし、設定行為で期間を限ることはもちろん可能であり、その場合には登記すれば第三者に対抗することもできる。

　地役権の効力に関しては、他に、民法285条が用水地役権の水量の調節について規定している。複数の要役地のために用水地役権を設定した場合、水が不足した時の配分をどうするかである。民法286条によれば、設定行為で負担された承役地所有者の工作物設置、修繕の義務は、その特定承継人にも引き継がれる。ただし、当然登記による対抗が必要となる。また民法288条は、承役地の所有者に地役権を行使させるための工作物の設置義務がある場合に、所有者自身も当該工作物を使用できると規定し、便益を中心とする地役権の特性を確認している。民法287条によれば、このような承役地所有者の義務が負担であるならば、地役権行使に必要な承役地の部分の所有権を放棄して義務を免れることができる。明快な解決のようであるが、これにより常に承役地所有者の利益が確保されるとは限らない。

　地役権の具体的な行使方法に関わる上述のような規定は、土着性の強い古くからの地役権を念頭に置き、それらに固有の問題に対して指針を与えるものであって、その解決が果たして今日的であるかは、再検討を要するはずである。そこには民法の用益物権一般に共通する課題が認められると言えよう。

(4) 最近の判例

　地役権の中で最も活発に利用されているのが通行地役権であることは先にも触れた[20]。日本の土地事情から見ても、都市部の住宅化に際しては、通行権の確保が重要な課題となるために、民法210条の隣地通行権においても通行権の負担の有無や通路の幅員をめぐる紛争が判例に多数見られた[21]。

---

[19]　我妻＝有泉・新訂物権法416頁参照。
[20]　古くは引水地役権も判例に多く登場しているが、時代の影響で牧歌的な自然水の利用はほとんど見られなくなっている。

法定の通行権の場合と異なるのは、通行地役権には物権として登記による対抗が求められる点であり、少なからず深刻な問題となっている。最近の判例としては、以下の2つのケースが特に注目される。

最判平成10年2月13日（民集52巻1号65頁、判時1633号74頁、判タ969号119頁）[22]においては、A所有の土地が6区画と係争地である通路部分に分割され、公道に面していない1区画がXに譲渡され、AX間では通路部分の使用について黙示で通行地役権設定が合意された。他方、通路用地と他の3区画がA→B→Yに譲渡されたのであるが、Bが認めていた通路用地の使用をYは拒み、通行を妨害したために、XからYに対して、通行地役権の確認、通行妨害の禁止、地役権の設定登記が訴求された。1審は、予備的請求であった民法210条の通行権を認め、通行妨害の禁止を認容した。原審は、Yが背信的悪意者に当たるとして、未登記である地役権の確認請求と通行妨害禁止請求を認容した。Yは、悪意を認定することなく背信的悪意者としたことは不当であるとして上告。最高裁は、背信的悪意者という判断形式を避けて、Yは「地役権設定登記の欠缺を主張するについて正当な利益を有する第三者に当らない」と論じ、Yの上告を棄却した。

ここには通行地役権の今日的な問題が典型的なかたちで示されている。まず、土地の分譲による宅地化において、通路の問題に法的に十分な対応がなされていないという事情である。上記事案におけるA地の分譲においては係争の通路部分は形式的にAの所有地であり、通行地役権の設定契約と登記が不可欠であるところ、事実上の通路の存在だけでXは分譲を受けているため、後に判例は黙示の地役権設定を認めざるを得なかった。また、登記されず対抗力のない通行地役権の妨害排除請求は難しいため、背信的悪意者論が援用されざるを得なかった。上告審は、背信的悪意者という表現を避けて、民法177条の第三者の範囲論で使われて来た「登記の

---

[21] 第5章第3節3で扱った。なお、通行地役権においても自動車通行の可否をめぐって、幅員が争われる場合はかなり見られる。判例は個別の事情に応じて自動車の通行を認めたり、認めなかったりしているが、地役権の設定が黙示でなされる等、法的な立ち遅れが見られる以上止むを得ない現象であろう。能見＝加藤・判例民法2物権366頁参照。

[22] 田中康博解説・判例講義民法Ⅰ174頁、児玉寛解説・判例百選Ⅰ〔第6版〕120頁参照。他の参考文献も多数挙げられている。

欠缺を主張する正当な利益を有する第三者」という枠組みに議論を置き換え、結果的に第三者の範囲の判断を柔軟にしている。とは言え、Yを背信的悪意者と言えるかどうかの判断は、この判決によって基準変更がなされたと見るべきではなく[23]、それよりも、通行権の重要性から未登記地役権の対抗力を認めざるを得ないという実質的な理由に着目する必要があろう。

続いて登場した類似の事案である最判平成10年12月18日（民集52巻9号1975頁、判時1662号91頁、判タ992号85頁）[24]においては、前出の2月13日判決で判断が回避された地役権者の登記請求権の問題が正面から判断されている。事案は通路用地を設けて土地が分譲された際に、売主と買主間で黙示の通行地役権の設定があり、後に承役地の譲受人らが通行妨害に及んだため、通行地役権の確認、通行妨害禁止請求および地役権の設定登記請求がなされたところは前例と同じである。しかし本件では、前例で不問とされた原告らの登記請求が積極的に肯定されている。判旨は通行地役権が承役地の譲受人に対抗できる場合には、この譲受人に当然に地役権の設定登記を請求することができると簡単に論じているが、この場合の登記原因をどう解するかには議論の余地が残される[25]。ただし、地役権に関する限りは、民法281条の規定が付従性を確認しており、地役権は要役地の所有権とともに移転するのであるから、地役権者の設定当時の登記請求権も一緒に移転するという説明が容易である。

4 地役権の将来

これまで見て来たような地役権の問題点を、立法によってどのように現代化して行けるかにも言及しておきたい。法的構成の枠組みとしては、現行民法の規定を尊重することが適当であろうし、人役権の立法化といった

---

[23] Yの上告理由は、Xの通行地役権の存在につき悪意を認定することなく背信的悪意ありとすることはできない、というものであった。しかし、背信的悪意者の概念はそれ自体が柔軟なもので、信義則違反や権利濫用からも導くことができるものであった。

[24] 判時1662号91頁以下の解説、滝沢聿代批評・民商法雑誌121巻3号423頁以下参照。原判決である東京高判平成8年7月23日（判時1576号44頁）の評釈として滝沢聿代評論・判時1591号209頁以下も参照されたい。

[25] たとえば、未登記の地上権の譲受人は、当然に土地所有権者に対して地上権設定登記を請求できることにはならず、譲渡人の登記請求権を地上権とともに承継取得したという議論が必要ということである。

改革が望ましいとも考えられない[26]。しかし、分譲・宅地化に際しては、通行地役権の設定登記を義務付けるような行政的な側面からの対応は不可欠と言えるであろう。他方、地役権の存続期間を目的の必要度に合わせて調整できるようにすることが望ましく、環境の変化に応じて地役権の種類を再編し、必要な規定をすることも、現代的な土地利用への布石として望まれる。

第5節　入会権

1　入会権の意義

(1)　入会権の特徴

　入会権は、民法が規定する4つの用益物権の中でもとりわけ特殊である。民法典の第4章から第6章までにはそれぞれ地上権、永小作権、地役権が置かれているけれども入会権の章はない。すでに見て来たように、民法263条が共有の性質を有する入会権に共有の規定を準用するとし、民法294条が共有の性質を有しない入会権に地役権の章の規定を準用するとした他は、入会権に関する固有の条文も見られない。すなわち、入会権は基本的に各地の慣習によって規律される物権とされているのである。民法典制定時には、各地の入会の慣習を調査する試みがなされるべきであったが、その余裕がなかったとされる[27]。しかし、仮に調査してみても、そこから統一的な規範を導くことはかなり難しかったであろう。また、物権法一般から見ても、制定法以前の慣習による多様な権利行使のあり方は、各所で生活に重要な影響を及ぼしていたはずである。物権編の規定には、慣

---

[26]　電力会社が鉄塔を建てて送電線を張りめぐらす場合には、現状では空間の地上権を設定する（民法269条の2参照）、あるいは鉄塔の敷地を要役地とする送電線通過のための地役権を設定するという理論構成が必要となるが、これを電力会社が持つ人役権とすることが簡便であるとの提案もある（民法改正研究会（代表・加藤雅信）編・民法改正──国民・法曹・学会有志案（日本評論社、2009年）参照）。しかし、今日の民主社会に特権の可能性を作るような人役権の導入は適当ではないであろう。

[27]　我妻＝有泉・新訂物権法428頁参照。

習に配慮するものがかなり見られるのはそのためである。

　入会権を定義すれば、村落共同体、あるいはこれに準ずる一定地域の住民が、一定の山林原野において共同して収益をする慣習上の権利となる。これだけでも入会権が現代社会には必ずしも適応し難い、どちらかと言えば衰退して行く権利であろうと推測することができる。実際、入会権は昭和30年前後から、社会経済の発展に伴って解体、消滅の方向に進み、その過程の中で生じた各種の紛争や入会権者の保護の必要性などが、民法学者、法社会学者の研究対象となって注目されて来た。入会権の理論もこのようにして明らかにされた面が大きく、将来的な紛争解決に役立ち得るとは必ずしも言えない。そのことを踏まえつつ、入会権が辿ってきた歴史と残された課題を確認しなければならない。

(2)　入会権の形成と変化

　入会権の基本的な存在形態は、古典的入会権と呼ばれる。徳川時代から明治時代のはじめにかけて、農民が農地や居住地周辺の山林原野で薪や食用、家畜の飼料用の雑草を採取する、落葉を集めて燃料や肥料に活用するというように、自給活動をする入会慣行が自然的に形成されていた。その主体となった村落的団体は入会集団（実在的綜合法人と呼ばれる）であり、入会の対象となる土地の管理・支配権がそこに帰属する。これに対して実際に入会権を行使する入会権者は、入会団体の構成員である農民であり、収益活動は多くの場合団体の規律に従って共同で行われている。しかし、共有持分が指定されることはなく、そこには典型的な総有という法関係が認められる。

　入会権行使の対象となる土地は、国有地の場合、市町村所有などの公有地の場合、私有地の場合がある。前2者については、公権力が慣行的に形成された周辺住民の入会を黙認しているうちは問題なかったが、やがて国や市町村が土地の管理を合理化するようになると入会権者の立入りを禁止し、入会権そのものを否定する政策が採られるようになった。そうした状況の中では、当然入会権者であった部落民との抗争も生じている[28]。また、私有地としては、寺や神社の所有地である場合、部落団体の共有地である

---

[28]　我妻＝有泉・新訂物権法432頁以下参照。

場合(ここでは民法263条が適用される)、地方の有力者の私有地である場合などが考えられるが、いずれにおいても所有権の支配力が徐々に強くなって行くのが歴史の流れであった。しかし、入会慣行が行われている限り、入会権は存続していると見なければならない。また、不動産登記法上も登記すべき権利とはされていないので、入会権は登記なしに第三者に対抗できる。学説、判例は、主としては国有地入会、公有地入会において、ともすれば排除され否定される入会権者の私権を保護するために尽力してきた。

古典的入会権は、時代の変化に応じて、利用形態の変化を示している。直轄利用形態、分割利用形態、契約利用形態が指摘されており、変容もこの順序で進んだと見られる。直轄利用形態は、古典的利用を止めて(留山と呼ぶ)入会団体が中心となって植林、造林等の経営を行い、そこから得られた収入を各入会権者に分割・配分するものである。分割利用形態では、入会地は各入会権者に平等に分割され、割当てられて(割山、分け地と呼ばれる)、個別的利用がなされる。こうなると入会権は消滅したように見えるが、入会団体の規制が機能している限り、入会権は存続するので、私的な収益権は尊重されなければならない。契約利用形態は、入会団体が個々の入会権者または入会権者以外の者と契約して入会地を利用させ、収益を得るものである。収益が入会団体に帰属し、その管理権が契約関係に及んでいる限り、入会権は存続している。

2　入会権の法的構成

入会権の主体は入会部落(入会団体)であり、入会権行使による収益権は部落民(入会団体の各構成員)に帰属する。しかし、各個人には持分権は認められず、分割請求権もないので、この権利関係は総有と解されている。共有の一種であるから、入会権の確認を求める訴訟は入会権者全員によってのみなされるとするのが判例であったが、学説は、民事訴訟法46条、47条に従い、代表者ないし選定当事者による訴訟遂行も可能であるとし、後にはこれが判例となった[29]。

民法の規定から、入会権には2種の区別を確認することができる。1つは民法263条が規定する「共有の性質を有する入会権」であり、入会地の地盤が入会部落の所有である場合がこれに当たる。しかし、慣習の適用が

優先され、民法の個人主義的な共有とは性質を異にする総有関係が前提となるために、実際に共有の規定が準用されることはほとんどない。部落有の土地に入り会うことは「村中入会」などと呼ばれる。

2つ目は民法294条の「共有の性質を有しない入会権」であり、地役権の規定が準用されている。入会地の地盤が入会部落以外の者の所有に属する場合を指しており、国有地、公有地、その他の私人の所有地に入り会う場合がこれに当たる。他の部落の所有地にも入り会う場合には、「数村持地入会」「他村持地入会」などとも呼ばれる。入会という目的に従った他人の土地の部分的な利用であり、確かに地役権の権利関係に類似するが、民法263条の共有に類似する場合と同様に、この条文が具体的に適用されることは少ない。

入会権の内容は、各地の慣習により決められる。共同収益の対象や範囲、収益権の配分、入会地の管理方法、管理費用の負担などが規律されなければならない。問題が多いのは、入会権を行使できる部落民の範囲についてである。慣習によれば通常は1所帯1人であり、部落から転出した者や新入り所帯には入会権行使は認められないが、部落民全員の合意で慣習を変更することは可能である。入会権は物権であるから、その侵害に対しては、妨害排除請求権と損害賠償請求権が認められる。これらの権利は、入会権が総有的に帰属している入会団体が行使する他、個別の収益行為を侵害された部落民各自も、独立してこの権利を行使することができる。なお、入会権は不動産物権であるが、登記すべき権利とはされていないため、登記なくして第三者に対抗できる[30]。

入会権の得喪にも多くの問題が見られる。入会権の取得は慣習によることが民法の規定からも明らかであり、民法制定以前から存在した旧い慣習が念頭に置かれている。しかし、学説は新たに慣習的に形成される入会権

---

[29] 大判明治39年2月5日（民録12輯165頁）、最判昭和41年11月25日（民集20巻9号1921頁、判時468号39頁、判タ200号95頁）等は固有必要的共同訴訟とした判決であり、後に最判平成6年5月31日（民集48巻4号1065頁、判時1498号75頁、判タ854号62頁）（関武志解説・判例講義民法Ⅰ176頁、山田誠一解説・判例百選Ⅰ〔第6版〕158頁参照）によって変更された。事案は、入会地が入会団体である組合の総有に属することの確認請求であり、授権を受けた代表者による訴訟遂行が認められた。

[30] 大判大正6年11月28日（民録23輯2018頁）参照。

や入会権の時効取得もあり得ると論じている[31]。その認定には難しい要素もあり、積極的に認めて行く必要があるかも疑問であるが、現実に存在する権利が尊重されるべきことは言うまでもない。入会団体の成員としての個人的な入会権の取得が、慣習の規律下にあることはすでに触れた。慣習を成文化した規約があるような場合も、その解釈をめぐって議論が生じる余地はあり、最終的には判例によってコントロールされる。

入会権は、民法の近代的な権利の体系の中では、きわめて特殊な集団的権利であり、現代の経済社会には適応し難いものであって、消滅の方向にあることは明らかである。すでに昭和41年には、「入会林野等に係る権利関係の近代化の助長に関する法律」が制定され、入会権者全員の合意を得て、入会権を消滅させ、所有権、地上権、賃借権等の権利関係に整備し直すための手続が用意されている[32]。そこでは共有や準共有が活用されることになろうが、民法の規定が直接適用され、本来あるべき土地関係が実現されるわけであり、入会権の将来のすがたを先取りしていると見ることができる。しかし、多数の利害関係者のからむ入会権の整理が、このような立法で簡単に実現することは難しいであろう。残された多くの入会権は、社会経済の変化と入会集団の変容の中で、時には消滅の危機に瀕しながらも、判例、学説の援護によって生き延びて行った。この状況は、とりわけ判例に顕著に示されているので、以下に概観しておきたい。

3　判例における入会権の展開

これまで見てきたように、入会権は民法制定当時の農村に見られた固有の収益慣行を物権として保護したものであり、その規定の仕方ももっぱら慣習による統制に委ねることによっている。したがって、入会の内部で紛争が生じた場合には、裁判所による慣習の解釈が必要になり、入会権もまた判例法によってコントロールされることになった。入会権の判例を概観すると、初期にはまず、入会権の運用にかかわる紛争類型が見られ、たとえば入会における収益の方法、とりわけ部落民の収益権の原則的な平等を

---

[31]　我妻＝有泉・新訂物権法447頁、石田・物権法496頁参照。しかし、いずれも取得時効の成立は、慣習の形成による取得と重なり合うであろうと認めている。
[32]　我妻＝有泉・新訂物権法453頁参照。

確認するものなどが注目される[33]。次に、国有地入会、公有地入会を中心に農村近代化の流れの中で、ともすれば侵害されがちな入会権者の私権を保護する判例の活動が注目される。さらに最後の段階では、解体、消滅して行く入会権において、個々の入会権者の利益をどう守るかという、最も今日的な類型が登場している。以下には、これら後者の類型に対応する判例の中から代表的なものをいくつか紹介しておく。

たとえば、最判昭和40年5月20日（民集19巻4号822頁、判時413号54頁、判タ178号105頁）[34]は、分け地後も入会権が存続することを認めた事例である。本件土地はA部落の住民45名の共有として登記され、明治初年にその一部が分け地として配分され、分筆登記されていた。分け地の譲受人から立木伐採権を譲り受けて伐採を行ったYに対して、A部落民の共有持分を買い受けて登記したXが所有権確認請求しており、判旨は入会権の存在を肯定してYを勝訴させた。他方、明治初年に官有地に編入された土地にそれ以前から入会権が存在した場合に、入会権の排除を望む明治政府の意向に添った判決もなされたが、学説の批判を受けて、最判昭和48年3月13日（民集27巻2号271頁、判時697号31頁、判タ295号119頁）[35]は、官有地編入後も入会権の存続を認める方向に判例変更している。これらから、入会権者の私権の保護に判例が果した役割を看取することができるであろう。

最判平成18年3月17日（民集60巻3号773頁、判時1931号29頁、判タ1209号76頁）[36]においては、沖縄県所在の林野の入会権について、その入会団体の構成員たる資格の有無が争われている。本件入会地は入会団体との契約によって米軍が利用し、入会権者はその賃料を補償金の名目で配分されていた。配分を受けることができる資格は慣習によって決められており、各世帯の代表者のみが入会権者とされている。判旨は、この点は入会権の本質

---

[33] 大判明治39年2月5日（民録12輯165頁）（自村持地入会、他村持地入会のいずれも可とする）、大判大正6年11月28日（民録23輯2018頁）（石材採取目的の入会権を認める）等参照。

[34] 関武志解説・判例講義民法Ⅰ177頁、上谷均解説・判例百選Ⅰ〔第4版〕162頁参照。分け地となることにより入会権が消滅するとした旧判例（最判昭和32年9月13日民集11巻9号1518頁、判タ75号41頁参照）を変更している。

[35] 大判大正4年3月16日（民録21輯328頁）は入会権の当然消滅を認めている。昭和48年判決の解説としては、上谷均解説・判例百選Ⅰ〔第4版〕164頁参照。

[36] 大村敦志解説・判例百選Ⅰ〔第6版〕64頁参照。

に適うものとして肯定する一方、男子孫のみが入会権者になれるとする規約条項は、民法90条に違反し無効であるとした。男女差別をなくすための規約変更は、慣習それ自体の中でも徐々に実現されているようであり、時代の流れとして興味深い。

最判平成20年7月17日民集62巻7号1994頁[37]は、鹿児島県にある入会団体の所有地につき入会地であることの確認を求める訴訟において、訴訟に同調しない構成員がある場合でも、これらの者を被告に加える訴訟であれば、入会団体に当事者適格が認められるとした。入会権の存在確認請求は固有必要的共同訴訟であるという従来の判例を維持しながら、できるだけ柔軟な理論構成によって紛争の解決を可能にしようとする姿勢が認められる。

4　入会権の将来

このように、入会権は民法の規定が簡略であるため、慣習の確認、解釈を含めた判例の役割が大きく、判例法の重要な一画をなしてきた。古典的入会権の歴史に鑑みれば、入会権が今後は消滅の一途を辿るべき存在であることは明らかである。しかし、現に存在して機能している入会権者の権利は、適切に保護され、尊重されなければならない。また、学説においては、入会権が時効取得される可能性や、新たな入会慣習が形成される可能性も指摘されている。こうした状況の中で、民法の用益物権を立法によって刷新する場合、入会権にはどのような対応が望ましいかはきわめて難しい。いずれにしても、現行規定のように慣習にもっぱら依拠する物権を残すことはできないであろう。他方、伝統社会に育てられた日本人の感性が、将来にわたって同種の共同利用関係を求める可能性も否定できない。

そうなると、結局立法の手がかりとしては、現行の民法263条、民法294条に立ち戻ることが最も適当となるであろう。前者は共有の性質を有する入会権であるが、少なくとも総有の規定をそこに取り込むことによっ

---

[37] 上谷均解説・平成20年度重要判例解説（ジュリスト臨時増刊）77頁参照。本判決においては、山口県下上関町の入会団体が中部電力に原発用地を売却した行為の効力が問われた。当初は部落民全員の総有であった入会財産が役員会の全員一致により処分された例であり、判旨は慣習の存在を認定して、処分を有効としている。前注(29)に指摘した判例の延長上に本判決を位置づけることができる。

て、入会的利用への対応が可能となるはずである。また、地役権の規定には、目的に応じた類型化が加えられてもよいであろうから、その中で、総有的に他人の土地を利用する物権が具体化されることが適当ではなかろうか。とは言え、もちろん、この種の用益物権が、今日または将来の社会にとって有意義であるかどうかの十分な検証は不可欠であり、不要と見られる場合には果敢に切り捨てることも必要な配慮である。

参 考 文 献

※以下は筆者が日頃利用したり目に触れる機会のあったものを列挙しており、網羅的な文献表ではない。1つの目安として学習の手がかりになれば幸いである。

淡路剛久＝鎌田薫＝原田純孝＝生熊長幸『民法Ⅱ－物権』有斐閣、第3版補訂・2010年
石田穣『物権法（民法大系2）』信山社、2008年
石田喜久夫『物権法』日本評論社、1977年
稲本洋之助『民法Ⅱ物権』青林書院新社、1983年
内田貴『民法Ⅰ総則・物権総論』東京大学出版会、1994年　第4版・2008年
近江幸治『民法講義Ⅱ物権法』成文堂、1990年、第3版・2006年
奥田昌道＝安永正昭＝池田真朗編『判例講義民法1総則・物権』悠々社、2002年　補訂版3刷・2008年
於保不二雄『物権法（上）』有斐閣、1966年
加藤雅信『新民法大系Ⅱ物権法』有斐閣、2003年　第2版・2005年
鎌田薫『民法ノート物権法①』日本評論社、1992年、第3版・2007年
川井健『民法概論2物権』有斐閣、第2版・2005年
河上正二『物権法講義（法セミLAW CLASSシリーズ）』日本評論社、2012年
川島武宜『民法Ⅰ』有斐閣、1960年
末川博『物権法』日本評論社、1956年
末弘厳太郎『物権法（上巻）』一粒社、1960年
鈴木禄彌『物権法講義』創文社、1964年　5訂版・2007年
滝沢聿代『物権変動の理論』有斐閣、1987年
滝沢聿代『物権変動の理論Ⅱ』有斐閣、2009年
田高寛貴『クロススタディ物権法』日本評論社、2008年
田山輝明『物権法』弘文堂、第3版・2008年
能見善久＝加藤新太郎編『論点体系・判例民法2物権』第一法規、2009年
野村豊弘『民法2物権法』有斐閣、第2版・2009年
平野裕之『物権法（新論点講義シリーズ10）』弘文堂、2012年
広中俊雄『物権法』青林書院新社、第2版・1982年
舟橋諄一『物権法』有斐閣、1960年
星野英一『民法概論Ⅱ（物権・担保物権）』良書普及会、合本新訂版・1976年
槇悌次『物権法概論』有斐閣、1984年
松坂佐一『民法提要・物権法』有斐閣、第4版・1984年
宮本健蔵編著『マルシェ物権法・担保物権法』嵯峨野書院、改訂第2版・2005年
安永正昭『講義物権・担保物権法』有斐閣、2009年
山川一陽『物権法講義』日本評論社、第3版・2012年
山野目章夫『物権法』日本評論社、第5版・2012年
我妻栄著＝有泉亨補訂『新訂物権法（民法講義Ⅱ）』岩波書店、1983年

事項索引

あ

- アウフラッスング（Auflassung） ……………… 52
- 悪意者排除説 …………………………………… 77
- 悪意者包含説 …………………………………… 82
- 悪意占有 ……………………………………… 129
- 悪意と背信的悪意 ……………………………… 80
- 悪魔の証明 …………………………………… 169

い

- 遺産分割と登記 ………………………………… 95
- 意思主義 …………………………………… 48・53
- 意思主義・対抗要件主義 …………………… 1・49
- 遺失物の拾得 ………………………………… 178
- 遺失物法 ………………………………… 150・178
- 意思表示
  - 債権的—— ………………………………… 66
  - 物権的—— ………………………………… 66
- 囲障 …………………………………………… 175
- 遺贈と登記 ……………………………………… 96
- 一物一権主義 ………………………………… 15・21
- 一般財産 ………………………………………… 19
- 囲繞地（いにょうち） ………………………… 172
- 入会権 ………………………………………… 216
  - 古典的—— ……………………………… 218
- 入会集団 ……………………………………… 217

う

- 上土権 …………………………………… 165・205
- 宇奈月温泉事件 ……………………………… 168

え

- 永小作権 ……………………………………… 204

か

- 解除と登記 ……………………………………… 90
- 回復請求権 …………………………………… 151
- 回復登記 ………………………………………… 47
- 価額賠償 ……………………………………… 190
- 加工 …………………………………………… 179
- 瑕疵ある占有 ………………………………… 130
- 果実 ……………………………………………… 17
- 果実収取権 …………………………………… 138
- 過失ある占有 ………………………………… 130
- 家畜外動物の取得 …………………………… 141
- 価値の上のヴィンディカチオ ………………… 19
- 仮登記 …………………………………… 47・113
  - ——の順位保全効 ……………………… 114
- 仮登記仮処分 ………………………………… 114
- 仮登記担保権 …………………………………… 26
- 仮登記担保法 ………………………………… 115
- 簡易の引渡 ……………………………… 118・133
- 間接占有 ………………………………… 130・131・159
- 観念的所有権 ………………………………… 56
- 管理行為 ……………………………………… 186

き

- 危険負担 ………………………………………… 52
- 客観説 ………………………………………… 125
- 境界 …………………………………………… 175
- 共同申請主義 …………………………………… 46
- 共同占有 ……………………………………… 126
- 共同相続と登記 ………………………………… 93
- 共有 …………………………………………… 182
  - ——の対外関係 ………………………… 188
  - ——の内部関係 ………………………… 185
- 共有（狭義の） ……………………………… 183
- 共有物の分割 ………………………………… 188
- 金銭 …………………………………… 18・121・144
- 近代的所有権 ………………………………… 164

く

- 区分所有権 …………………………………… 179
- 区分所有法 …………………………………… 192
- 区分地上権 …………………………………… 201

け

- 形式主義 …………………………………… 49・53
- 形式的審査主義 …………………………… 47・107
- 契約時（所有権）移転説 ………………… 53・55
- 契約の拘束力 …………………………………… 55
- ゲヴェーレ（Gewere） …………………… 15・124
- ゲルマン法 ………………………………… 15・143
- 原始取得 ………………………………………… 39

事項索引

現実の占有 148
現実の引渡 118・133
建築基準法 177
　　——43条 174
　　——65条 177
権利保護資格要件 73・90

こ

行為請求権 31
交互侵奪 157
公示主義 42・44
公示の原則 42
公信の原則 42
公信力 43
公信力説 44・64
公図 23
更正登記 106
合有 184
公用徴収と登記 88
古典的入会権 218
小丸船事件 157
混同 40
混和 179

さ

債権的意思表示 66
債権的効果説 63
差押債権者 75
指図による占有移転 119・149

し

自己占有 130・159
自己のためにする意思 123
資産 19
自主占有 127
借地借家法 198
集合物 18・22
取得時効 161
　　——と抵当権 104
　　——と登記 98
順位優先取得 67
準共有 182・191
準占有 160
準袋地 172
承役地 208
償金 172
承継取得 39
消費物／非消費物 18

所持 123
所有権 163
　　——の観念性 51・53・165
　　——の限界 164
　　——の恒久性（永久性） 166
　　——の自由 163
　　——の取得 178
　　——の絶対性 166
　　——の弾力性 166・196
　　——の歴史 163
　　近代的—— 164
所有権移転時期 54・56
　　請負契約における—— 57
所有者意思説 125
所有物返還請求権 168
自力救済 152
人役権 209
新権原（民法185条の） 128
心素（animus） 124

せ

制限物権 16
絶対的構成 79・83
絶対的無効 59
善意・悪意不問説 77
善意取得 142
善意占有 129
先占 127・178
占有 123
　　——の意思的要素 125
　　——の効力 136
　　——の承継 132
　　——の消滅 159
　　悪意—— 129
　　瑕疵ある—— 130
　　過失ある—— 130
　　間接—— 130・131・159
　　共同—— 126
　　現実の—— 148
　　自己—— 130・159
　　自主—— 127
　　善意—— 129
　　代理—— 130
　　他主—— 127
　　直接—— 159
占有回収の訴え 156
占有改定 118・147
占有機関 132・153

227

占有権	123	大深度地下	167
占有者と回復者の関係	139	体素（corpus）	124
占有訴権	152	代替物／不代替物	18
──と本権の訴えの関係	157	代理占有	130
占有尊重説	101	鷹の湯温泉事件	26
占有代理関係	131	他主占有	127
占有代理人	132・153	建前	22
占有の観念化	118	建物区分所有法	192
占有保持の訴え	154	他物権	16・39
占有補助者	131	段階的（なしくずし的）所有権移転説	56
占有保全の訴え	155	短期取得時効	130・136
		団地	194
		担保物権	13

そ

相続介在二重譲渡	94
「相続させる」の文言を含んだ遺言	97
相続登記要求連合部判決	87・93
相続と登記	93
相続放棄と登記	97
相対的構成	79・83
相対的無効	59
相対的無効説	63
総有	183
相隣関係	164・170
遡及的物権変動	76
──と登記	89
即時取得	142
──の意義	142
──の効果	149
──の成立要件	143
底土権	165・205
訴訟法説	64

ち

地役権	208
──の効果	212
──の種類	209
──の随伴性	212
──の不可分性	212
──の付従性	212
継続／不継続の──	210
作為／不作為の──	209
通行──	195
表現／不表現の──	210
竹木の枝・根	176
地上権	196
──と賃借権	202
──の効力	200
──の取得	197
──の消滅	199
区分──	201
地目	22
中間省略登記	46・107
直接占有	159

た

対抗	58
対抗の一般理論	58・74
対抗問題限定説	72
対抗要件主義	39・58・59
狭義の──	110
対抗力遡及説／不遡及説	114
第三者	
──とならない場合	75
──となる場合	74
──の主観的要件	76
──の承認	69
──の範囲	70・121
第三者主張説	64・68
第三者制限説	71
第三者制限連合部判決	71

つ

追及効	27
通行権の幅員	174
通行地役権	195
通路開設	172

て

出来形	58
手続的登記請求権	117
転得者の保護	81
添付	179

と

ドイツ法主義 …………………………… 48
登記 …………………………………… 43
　——の権利推定力 ……………… 110・137
　——の公信力 ………………………… 111
　——の効力 …………………………… 106
　——の順位優先主義 …………… 62・113
　——の推定力 ………………………… 48
　——の対抗力 ………………………… 108
　——の有効性 ………………………… 106
　——の流用 …………………………… 107
　遺産分割と—— ……………………… 95
　遺贈と—— …………………………… 96
　解除と—— …………………………… 90
　共同相続と—— ……………………… 93
　公用徴収と—— ……………………… 88
　取得時効と—— ……………………… 98
　相続と—— …………………………… 93
　相続放棄と—— ……………………… 97
　遡及的物権変動と—— ……………… 89
　取消と—— …………………………… 89
　無効と—— …………………………… 93
登記原因証明情報 ……………………… 45
登記効力要件説 ………………………… 65
登記識別情報 …………………………… 45
登記主義 ………………………………… 49
登記すべき物権変動の範囲 …………… 86
登記請求権 ……………………………… 116
登記尊重主義 ………………… 73・101・108
登記尊重説 ……………………………… 101
登記中心主義 …………………… 73・108
登記引取請求権 ………………………… 116
登記・引渡・代金支払時移転説 ……… 55
登記簿 …………………………… 22・46
登記簿取得時効 ………………………… 100
動産及び債権譲渡特例法 ……… 43・120
動産の受寄者 …………………………… 121
動産物権変動 ……………………… 117・133
盗品・遺失物に関する特則 …………… 150
特定物／不特定物 ……………………… 18
取消と登記 ……………………………… 89

に

二重譲渡 ………………………………… 60
二重譲渡ケース ………………………… 102
二段階物権変動説 ……………………… 65
認容請求権 ……………………………… 31

ね

Nemo plus juris ad alium transferre potest quam ipse habet …………………………… 67

の

農地解放 …………………………… 204・205

は

背信的悪意者排除説 …………………… 78
排他性 …………………………………… 20
配当加入申立債権者 …………………… 75
破産債権者 ……………………………… 75
Hand wahre Hand ……………………… 147

ひ

引揚者更生生活協同連盟杉並支部事件 …… 183
引渡 …………………………………… 117
　簡易の—— ……………………… 118・133
　現実の—— ……………………… 118・133
引渡主義 ………………………………… 118
筆界特定 ………………………………… 23
必要費 …………………………………… 140
非典型担保 ……………………………… 25
否認権説 ………………………………… 68
費用負担 ………………………………… 33

ふ

不可侵性 ………………………………… 21
不完全物権 ………………………… 63・110
不完全物権変動説 ……………………… 63
袋地 ……………………………………… 172
附合 ……………………………………… 179
物権
　——の消滅 …………………………… 40
　——の優先的効力 …………………… 27
物権行為
　——の独自性 …………………… 52・54
　——の無因性 …………………… 52・54
物権的意思表示 ………………………… 66
物権的請求権 ………………… 27・29・32
物権法
　——の特徴 …………………………… 14
　——の範囲 …………………………… 13
物権法定主義 …………………… 13・20・195
物上請求権 ……………………………… 27
物的編成主義 …………………………… 45
不動産登記　→登記

229

不動産登記制度 …………………………… 44
不動産登記法 …………………………… 44・45
不特定物 …………………………………… 18
フランス法主義 …………………………… 48
Prior tempore, potior jure ………………… 28・62
分割所有権 ………………………………… 205

へ

変更行為 …………………………………… 186
変更登記 …………………………………… 47
変動原因無制限説 ………………………… 87

ほ

妨害排除請求 ……………………………… 31
――権 ……………………………………… 35
妨害予防請求権 ……………………… 29・35・38
包括的所有権 ……………………………… 57
法定取得 …………………………………… 145
法定取得－失権説 …………………… 61・66・109
法定制度説 ………………………………… 65
法定地上権 ……………………… 46・199・202
法の継受 …………………………………… 50
ポセッシオ（possessio） ………………… 124
保存行為 …………………………………… 186
保存登記 …………………………………… 108
本権 ………………………………… 29・124
――の推定 ………………………………… 136

ま

埋蔵物 ……………………………………… 178
抹消登記 …………………………………… 47

み

未登記物権 …………………………… 61・67・110
民法185条の新権原 ………………… 127・128
民法94条2項の類推適用 ………………… 111

む

無権利の法理 ………………………… 67・146

無効と登記 ………………………………… 92
無主物 ……………………………………… 39
無制限説 …………………………………… 71
村中入会 …………………………………… 219

め

明認方法 ……………………………… 43・120

も

持分 ………………………………………… 186
持分率 ……………………………………… 186
物の概念 …………………………………… 16
物の種類 …………………………………… 17

ゆ

有因主義 …………………………………… 51
有益費 ……………………………………… 140
有体物 ……………………………………… 17
融通物／不融通物 ………………………… 17
湯口権 ………………………………… 25・43・120

よ

要役地 ……………………………………… 208
用益物権 ……………………………… 13・195
予備登記 …………………………………… 47

り

流水 ………………………………………… 175
立木法 ……………………………………… 120
隣地
――の使用 ………………………………… 171
――の通行 ………………………………… 171

ろ

ローマ法 ……………………………… 15・184

わ

分け地 ……………………………………… 218
割山 ………………………………………… 218

判例索引

〈明治〉

大判明治36年5月21日（刑録9輯874頁）···17
大判明治37年6月22日（民録10輯861頁）···57
大判明治39年2月5日（民録12輯165頁）··219・221
大判明治40年2月27日（民録13輯188頁）···71
大連判明治41年12月15日（民録14輯1276頁）··71
大連判明治41年12月15日（民録14輯1301頁）···87・93
大判明治44年4月7日（民録17輯187頁）···135

〈大正〉

大判大正2年10月25日（民録19輯857頁）···54
大判大正4年3月16日（民録21輯328頁）···221
大判大正4年4月27日（民録21輯590頁）···122
大判大正4年5月20日（民録21輯730頁）···144
大判大正4年6月23日（民録21輯1005頁）··134
大判大正5年9月20日（民録22輯1440頁）···43
大判大正5年11月29日（民録22輯2333頁）···179
大判大正6年2月6日（民録23輯202頁）···26
大判大正6年11月28日（民録23輯2018頁）··219・221
大判大正7年3月2日（民録24輯423頁）··99
大判大正8年7月5日（民録25輯1258頁）··54
大判大正9年5月11日（民録26輯640頁）··94
大判大正10年3月18日（民録27輯547頁）··187
大判大正10年5月17日（民録27輯929頁）···91
大判大正10年6月1日（民録27輯1032頁）··180
大判大正10年6月9日（民録27輯1122頁）···54
大判大正10年6月13日（民録27輯1155頁）···187
大判大正11年10月25日（民集1巻604頁）··132
大連判大正12年12月14日（民集2巻676頁）··202
大判大正13年5月22日（民集3巻224頁）···157
大連判大正13年10月7日（民集3巻476頁）··22
大判大正13年10月29日（新聞2331号21頁）···99
大判大正14年6月9日（刑集4巻378頁）··178
大連判大正14年7月8日（民集4巻412頁）··99
大連判大正15年2月1日（民集5巻44頁）···94

〈昭和〉

大判昭和3年6月11日（新聞2890号13頁）···160
大判昭和3年8月8日（新聞2907号9頁）··144
大判昭和5年5月6日（新聞3126号16頁）···160
大判昭和5年10月2日（民集9巻930頁）···54

231

判例	頁
大判昭和5年10月31日（民集9巻1009頁）	31
大判昭和6年8月7日（民集10巻763頁）	128
大判昭和7年2月16日（民集11巻138頁）	141
大判昭和7年4月13日（新聞3400号14頁）	154
大判昭和7年5月9日（民集11巻824頁）	57
大判昭和7年5月18日（民集11巻1963頁）	144
大判昭和8年3月18日（民集12巻987頁）	41
大判昭和8年5月9日（民集12巻1123頁）	72
大判昭和9年11月20日（民集13巻2302頁）	148
大判昭和10年10月1日（民集14巻1671頁）	22
大判昭和10年10月5日（民集14巻1965頁）	168
大判昭和11年7月17日（民集15巻1481頁）	168
大判昭和12年11月19日（民集16巻1881頁）	34
大判昭和12年11月26日（民集16巻1665頁）	161
大判昭和13年1月28日（民集17巻1頁）	150
大判昭和13年5月27日（新聞4291号17頁）	205
大判昭和13年6月7日（民集17巻1331頁）	173
大判昭和13年8月3日（刑集17巻624頁）	19
大判昭和13年9月28日（民集17巻1927頁）	43
大判昭和13年12月26日（民集17巻2835頁）	157
大判昭和15年9月18日（民集19巻1611頁）	26
大判昭和17年9月30日（民集21巻911頁）	90
大判昭和18年6月19日（民集22巻491頁）	139
大判昭和19年10月6日（民集23巻591頁）	68
最判昭和25年11月30日（民集4巻11号607頁）	72
最判昭和29年3月12日（民集8巻3号696頁）	187
最判昭和29年8月31日（民集8巻8号1567頁）	122
最判昭和30年6月2日（民集9巻7号855頁）	119
最判昭和30年6月24日（民集9巻7号919頁）	22
東京地判昭和30年10月27日（下民集6巻10号2246頁、判時67号13頁）	125
最判昭和30年11月18日（裁判集民事20号443頁）	159
最判昭和30年12月26日（民集9巻14号2097頁、判時69号8頁、判タ54号27頁）	210
最判昭和31年5月10日（民集10巻5号487頁、判タ60号48頁）	187
最判昭和31年6月19日（民集10巻6号678頁）	180
最判昭和32年2月15日（民集11巻2号270頁、判時104号18頁、判タ69号62頁）	132
最判昭和32年9月13日（民集11巻9号1518頁、判タ75号41頁）	221
最判昭和33年2月14日（民集12巻2号268頁）	210
最判昭和33年6月20日（民集12巻10号1585頁）	54
最判昭和33年7月29日（民集12巻12号1879頁）	68
最判昭和33年10月14日（民集12巻14号3111頁、判時165号6頁）	94
最判昭和34年1月8日（民集13巻1号1頁）	110
最判昭和34年1月8日（民集13巻1号17頁）	156
最判昭和34年9月22日（民集13巻11号1451頁）	54
最判昭和35年2月11日（民集14巻2号168頁、判時214号21頁）	148
最判昭和35年3月1日（民集14巻3号307頁、判時216号19頁）	180
最判昭和35年3月22日（民集14巻4号501頁、判時229号38頁）	54
最判昭和35年4月21日（民集14巻6号946頁）	107
最判昭和35年6月17日（民集14巻8号1396頁）	170

判例索引

最判昭和 35 年 7 月 27 日（民集 14 巻 10 号 1871 頁、判時 232 号 20 頁）……………… 99
最判昭和 35 年 11 月 29 日（民集 14 巻 13 号 2869 頁）……………………………………… 91
東京地判昭和 36 年 3 月 24 日（判時 255 号 27 頁）………………………………………… 125
最判昭和 36 年 4 月 27 日（民集 15 巻 4 号 901 頁）………………………………………… 79
最判昭和 36 年 5 月 4 日（民集 15 巻 5 号 1253 頁）………………………………………… 43
最判昭和 36 年 6 月 29 日（民集 15 巻 6 号 1764 頁）……………………………………… 115
最判昭和 36 年 7 月 20 日（民集 15 巻 7 号 1903 頁）……………………………………… 99
最判昭和 36 年 9 月 15 日（民集 15 巻 8 号 2172 頁）……………………………………… 143
最判昭和 37 年 3 月 15 日（民集 16 巻 3 号 556 頁）………………………………………… 174
最判昭和 37 年 5 月 18 日（民集 16 巻 5 号 1073 頁、判時 307 号 25 頁）…………………… 134
最判昭和 38 年 2 月 22 日（民集 17 巻 1 号 235 頁、判時 334 号 37 頁）……………………… 94
最判昭和 38 年 4 月 19 日（民集 17 巻 3 号 518 頁）………………………………………… 187
最判昭和 38 年 12 月 24 日（民集 17 巻 12 号 1720 頁、判時 362 号 24 頁、判タ 157 号 103 頁）……… 140
最判昭和 39 年 1 月 24 日（判時 365 号 26 頁、判タ 160 号 66 頁）………………………… 19
最判昭和 39 年 2 月 25 日（民集 18 巻 2 号 329 頁、判タ 160 号 75 頁）…………………… 187
最判昭和 39 年 3 月 6 日（民集 18 巻 3 号 437 頁、判時 369 号 20 頁、判タ 161 号 73 頁）…… 96
最判昭和 39 年 10 月 15 日（民集 18 巻 8 号 1671 頁、判時 393 号 28 頁、判タ 169 号 117 頁）… 183
最判昭和 39 年 11 月 19 日（民集 18 巻 9 号 1891 頁、判時 397 号 8 頁、判タ 170 号 124 頁）…… 88
最判昭和 40 年 3 月 4 日（民集 19 巻 2 号 197 頁、判時 406 号 50 頁、判タ 175 号 104 頁）…… 158
最判昭和 40 年 3 月 9 日（民集 19 巻 2 号 233 頁、判時 402 号 25 頁、判タ 175 号 104 頁）…… 168
最判昭和 40 年 5 月 4 日（民集 19 巻 4 号 797 頁、判時 414 号 20 頁、判タ 178 号 103 頁）…… 108
最判昭和 40 年 5 月 20 日（民集 19 巻 4 号 822 頁、判時 413 号 54 頁、判タ 178 号 105 頁）…… 221
最判昭和 40 年 9 月 21 日（民集 19 巻 6 号 1560 頁、判時 425 号 30 頁、判タ 183 号 102 頁）…… 107
最判昭和 40 年 12 月 21 日（民集 19 巻 9 号 2221 頁、判時 438 号 28 頁、判タ 188 号 106 頁）…… 80
最判昭和 41 年 6 月 9 日（民集 20 巻 5 号 1011 頁、判時 453 号 30 頁、判タ 194 号 80 頁）…… 130・143
最判昭和 41 年 10 月 7 日（民集 20 巻 8 号 1615 頁、判時 465 号 42 頁、判タ 199 号 124 頁）…… 126
最判昭和 41 年 11 月 18 日（民集 20 巻 9 号 1827 頁、判時 471 号 27 頁、判タ 202 号 105 頁）…… 107
最判昭和 41 年 11 月 22 日（民集 20 巻 9 号 1901 頁、判時 468 号 33 頁、判タ 200 号 92 頁）…… 99
最判昭和 41 年 11 月 25 日（民集 20 巻 9 号 1921 頁、判時 468 号 39 頁、判タ 200 号 95 頁）…… 219
最判昭和 42 年 1 月 20 日（民集 21 巻 1 号 16 頁、判時 476 号 34 頁、判タ 204 号 109 頁）…… 97
東京地判昭和 42 年 1 月 24 日（判時 487 号 49 頁）…………………………………………… 56
最判昭和 42 年 7 月 21 日（民集 21 巻 6 号 1643 頁、判時 488 号 21 頁、判タ 210 号 151 頁）…… 99
最判昭和 43 年 8 月 2 日（民集 22 巻 8 号 1571 頁、判時 533 号 36 頁、判タ 226 号 75 頁）…… 79
最判昭和 43 年 11 月 15 日（民集 22 巻 12 号 2671 頁、判時 541 号 39 頁、判タ 229 号 132 頁）…… 80
最判昭和 44 年 1 月 16 日（民集 23 巻 1 号 18 頁、判時 547 号 36 頁、判タ 232 号 102 頁）…… 80
最判昭和 44 年 4 月 18 日（裁判集民事 95 号 157 頁、判時 556 号 43 頁）………………… 202
最判昭和 44 年 4 月 25 日（民集 23 巻 4 号 904 頁、判時 558 号 51 頁、判タ 235 号 113 頁）…… 80
最判昭和 44 年 5 月 27 日（民集 23 巻 6 号 998 頁、判時 561 号 40 頁、判タ 236 号 119 頁）…… 73・112
最判昭和 44 年 7 月 25 日（民集 23 巻 8 号 1627 頁、判時 568 号 43 頁、判タ 239 号 155 頁）…… 179
最判昭和 45 年 9 月 22 日（民集 24 巻 10 号 1424 頁、判時 609 号 40 頁、判タ 254 号 144 頁）…… 112
最判昭和 45 年 11 月 19 日（民集 24 巻 12 号 1916 頁、判時 616 号 63 頁、判タ 256 号 120 頁）…… 112
最判昭和 45 年 12 月 4 日（民集 24 巻 13 号 1987 頁、判時 617 号 55 頁、判タ 257 号 123 頁）…… 143
最判昭和 46 年 1 月 26 日（民集 25 巻 1 号 90 頁、判時 620 号 45 頁、判タ 259 号 153 頁）…… 95
最判昭和 46 年 10 月 14 日（民集 25 巻 7 号 933 頁、判時 650 号 64 頁、判タ 270 号 225 頁）…… 42
最判昭和 46 年 11 月 5 日（民集 25 巻 8 号 1087 頁、判時 652 号 34 頁、判タ 271 号 168 頁）…… 102
最判昭和 46 年 11 月 11 日（裁判集民事 104 号 227 頁、判時 654 号 52 頁）………………… 130
最判昭和 46 年 11 月 30 日（民集 25 巻 8 号 1437 頁、判時 652 号 37 頁、判タ 271 号 179 頁）…… 128
最判昭和 47 年 4 月 14 日（民集 26 巻 3 号 483 頁、判時 667 号 25 頁、判タ 277 号 140 頁）…… 172

233

最判昭和 47 年 12 月 7 日（民集 26 巻 10 号 1829 頁、判時 702 号 59 頁、判タ 294 号 332 頁）……… 170
最判昭和 48 年 3 月 13 日（民集 27 巻 2 号 271 頁、判時 697 号 31 頁、判タ 295 号 119 頁）………… 221
津地伊勢支決昭和 48 年 6 月 20 日（判時 714 号 216 頁）…………………………………… 171
最判昭和 49 年 3 月 19 日（民集 28 巻 2 号 325 頁、判時 741 号 74 頁、判タ 309 号 251 頁）………72
最判昭和 49 年 4 月 9 日（裁判集民事 111 号 531 頁）………………………………………… 175
最判昭和 49 年 9 月 26 日（民集 28 巻 6 号 1213 頁、判時 756 号 68 頁、判タ 313 号 224 頁）……… 89
東京高判昭和 51 年 4 月 28 日（判時 820 号 67 頁、判タ 340 号 172 頁）……………………… 35
最判昭和 51 年 12 月 2 日（民集 30 巻 11 号 1021 頁、判時 841 号 32 頁、判タ 346 号 191 頁）…… 128
最判昭和 52 年 3 月 3 日（民集 31 巻 2 号 157 頁、判時 848 号 61 頁、判タ 348 号 195 頁）……… 128
最判昭和 53 年 3 月 6 日（民集 32 巻 2 号 135 頁、判時 886 号 38 頁、判タ 362 号 208 頁）……… 135
最判昭和 54 年 1 月 25 日（民集 33 巻 1 号 26 頁、判時 921 号 87 頁、判タ 381 号 78 頁）……… 181
最判昭和 54 年 2 月 15 日（民集 33 巻 1 号 51 頁、判時 922 号 45 頁、判タ 383 号 95 頁）………22
最判昭和 54 年 9 月 11 日（判時 944 号 52 頁、判タ 399 号 116 頁）……………………………… 115
大阪高判昭和 55 年 7 月 9 日（判時 987 号 53 頁、判タ 426 号 116 頁）………………………… 192
最判昭和 57 年 3 月 12 日（民集 36 巻 3 号 349 頁、判時 1039 号 63 頁、判タ 468 号 99 頁）…… 143
東京地判昭和 57 年 4 月 28 日（判時 1051 号 104 頁）………………………………………… 174
最判昭和 57 年 6 月 4 日（判時 1048 号 97 頁、判タ 474 号 107 頁）……………………………54
東京高判昭和 57 年 8 月 31 日（下民集 33 巻 5〜8 号 968 頁、判時 1055 号 47 頁、判タ 481 号 68 頁）…83
最判昭和 57 年 9 月 7 日（民集 36 巻 8 号 1527 頁、判時 1057 号 131 頁、判タ 480 号 88 頁）…… 149
東京高判昭和 58 年 3 月 17 日（判時 497 号 117 頁）……………………………………………… 35
最判昭和 59 年 1 月 27 日（判時 1113 号 63 頁、判タ 524 号 206 頁）…………………………… 125
横浜地判昭和 61 年 2 月 21 日（判時 1202 号 97 頁、判タ 638 号 174 頁）…………………… 35・37
仙台高判昭和 61 年 10 月 29 日（判時 1214 号 75 頁、判タ 625 号 174 頁）……………………… 172
最大判昭和 62 年 4 月 22 日（民集 41 巻 3 号 408 頁、判時 1227 号 21 頁、判タ 633 号 93 頁）… 189
最判昭和 62 年 4 月 24 日（裁判集民事 150 号 925 頁、判時 1243 号 24 頁、判タ 642 号 169 頁）… 143
名古屋高判昭和 62 年 10 月 29 日（判時 1268 号 47 頁）……………………………………… 113

〈平成〉

最判平成 1 年 9 月 19 日（民集 43 巻 8 号 955 頁、判時 1327 号 3 頁、判タ 710 号 115 頁）……… 177
最判平成 2 年 11 月 20 日（民集 44 巻 8 号 1037 頁、判時 1398 号 60 頁、判タ 768 号 62 頁）…… 173
最判平成 3 年 4 月 19 日（民集 45 巻 4 号 477 頁、判時 1384 号 24 頁、判タ 756 号 107 頁）……97
最判平成 4 年 1 月 24 日（判時 1424 号 54 頁、判タ 789 号 116 頁）…………………………… 190
大阪高判平成 5 年 4 月 27 日（判時 1467 号 51 頁）…………………………………………… 174
最判平成 5 年 10 月 19 日（民集 47 巻 8 号 5061 頁、判時 1480 号 72 頁、判タ 835 号 140 頁）……57
浦和地判平成 5 年 11 月 19 日（判時 1495 号 120 頁）………………………………………… 192
最判平成 5 年 12 月 17 日（判時 1480 号 69 頁、判タ 834 号 67 頁）…………………………… 173
最判平成 6 年 1 月 25 日（民集 48 巻 1 号 18 頁、判時 1492 号 89 頁、判タ 844 号 81 頁）…… 182
最判平成 6 年 2 月 8 日（民集 48 巻 2 号 373 頁）……………………………………………… 170
最判平成 6 年 5 月 31 日（民集 48 巻 4 号 1065 頁、判時 1498 号 75 頁、判タ 854 号 62 頁）…… 219
最判平成 6 年 9 月 13 日（判時 1513 号 99 頁、判タ 867 号 155 頁）…………………………… 127
東京高判平成 8 年 7 月 23 日（判時 1576 号 44 頁）…………………………………………… 215
最判平成 8 年 10 月 29 日（民集 50 巻 9 号 2506 頁、判時 1609 号 108 頁、判タ 947 号 185 頁）・79・81・84
最判平成 8 年 10 月 31 日（民集 50 巻 9 号 2563 頁、判時 1592 号 51 頁、判タ 931 号 148 頁）… 190
最判平成 8 年 11 月 12 日（民集 50 巻 10 号 2591 頁）………………………………………… 129
東京高判平成 8 年 12 月 11 日（判タ 955 号 174 頁）…………………………………………… 146
福岡高判平成 9 年 12 月 25 日（判時 1635 号 91 頁、判タ 989 号 120 頁）……………………… 146
最判平成 10 年 2 月 13 日（民集 52 巻 1 号 65 頁、判時 1633 号 74 頁、判タ 969 号 119 頁）…… 214
最判平成 10 年 12 月 18 日（民集 52 巻 9 号 1975 頁、判時 1662 号 91 頁、判タ 992 号 85 頁）… 215

最判平成 11 年 7 月 13 日（裁判集民事 193 号 427 頁、判時 1687 号 75 頁、判タ 1010 号 235 頁）‥‥ 175
最判平成 11 年 11 月 9 日（民集 53 巻 8 号 1421 頁、判時 1699 号 79 頁、判タ 1021 号 128 頁）‥‥‥‥ 188
最大判平成 11 年 11 月 24 日（民集 53 巻 8 号 1899 頁、判時 1695 号 40 頁、判タ 1019 号 78 頁）‥‥‥ 30
大阪地判平成 13 年 9 月 5 日（判時 1785 号 59 頁）‥‥‥‥‥‥‥‥‥‥‥‥‥‥‥‥‥‥‥‥‥‥‥‥ 193
最判平成 14 年 6 月 10 日（判時 1791 号 59 頁、判タ 1102 号 158 頁）‥‥‥‥‥‥‥‥‥‥‥‥‥‥‥ 97
名古屋高判平成 14 年 9 月 10 日（判時 1810 号 73 頁）‥‥‥‥‥‥‥‥‥‥‥‥‥‥‥‥‥‥‥‥‥‥ 147
最判平成 15 年 6 月 13 日（判時 1831 号 99 頁、判タ 1128 号 370 頁）‥‥‥‥‥‥‥‥‥‥‥‥‥‥‥ 113
最判平成 15 年 7 月 11 日（民集 57 巻 7 号 787 頁、判時 1833 号 114 頁、判タ 1133 号 116 頁）‥‥‥‥ 187
最判平成 15 年 10 月 31 日（裁判集民事 211 号 313 頁、判時 1846 号 7 頁、判タ 1141 号 139 頁）‥‥ 104
最判平成 18 年 2 月 21 日（民集 60 巻 2 号 508 頁、判時 1947 号 50 頁、判タ 1222 号 147 頁）‥‥‥‥ 125
最判平成 18 年 2 月 23 日（民集 60 巻 2 号 546 頁、判時 1925 号 92 頁、判タ 1205 号 120 頁）‥‥‥‥ 113
最判平成 18 年 3 月 16 日（民集 60 巻 3 号 735 頁、判時 1966 号 53 頁、判タ 1238 号 183 頁）‥‥‥‥ 174
最判平成 18 年 3 月 17 日（民集 60 巻 3 号 773 頁、判時 1931 号 29 頁、判タ 1209 号 76 頁）‥‥‥‥ 221
東京地判平成 18 年 3 月 30 日（判時 1949 号 55 頁）‥‥‥‥‥‥‥‥‥‥‥‥‥‥‥‥‥‥‥‥‥‥‥ 193
東京地判平成 18 年 6 月 27 日（判時 1961 号 65 頁）‥‥‥‥‥‥‥‥‥‥‥‥‥‥‥‥‥‥‥‥‥‥‥ 193
東京高判平成 19 年 9 月 13 日（判タ 1258 号 228 頁）‥‥‥‥‥‥‥‥‥‥‥‥‥‥‥‥‥‥‥‥‥‥‥ 174
最判平成 20 年 7 月 17 日（民集 62 巻 7 号 1994 頁、判時 2019 号 22 頁、判タ 1279 号 115 頁）‥‥‥‥ 222
最判平成 21 年 4 月 23 日（民集 2045 号 116 頁、判時 1299 号 121 頁）‥‥‥‥‥‥‥‥‥‥‥‥‥‥ 194
最判平成 22 年 12 月 16 日（民集 64 巻 8 号 2050 頁）‥‥‥‥‥‥‥‥‥‥‥‥‥‥‥‥‥‥‥‥‥‥‥ 46
千葉地判平成 23 年 2 月 17 日（判時 2121 号 110 頁、判タ 1347 号 220 頁）‥‥‥‥‥‥‥‥‥‥‥‥‥ 174
東京地判平成 23 年 7 月 25 日（判時 2131 号 72 頁）‥‥‥‥‥‥‥‥‥‥‥‥‥‥‥‥‥‥‥‥‥‥‥ 176
最決平成 24 年 2 月 7 日（判時 2163 号 3 頁、判タ 1379 号 104 頁）‥‥‥‥‥‥‥‥‥‥‥‥‥‥‥‥ 189
最判平成 24 年 3 月 16 日（民集 66 巻 5 号 2321 頁、判時 2149 号 68 頁）‥‥‥‥‥‥‥‥‥‥‥‥‥ 105

民法条文索引

1条1項 …………………………………… 164
　　2項 ……………………………………… 79
　　3項 …………………………… 79・164・168
5条2項 ……………………………………… 89
9条 ………………………………………… 89
13条4項 …………………………………… 89
17条4項 …………………………………… 89
85条 …………………………………… 16・17
86条 …………………………………… 17・22
　　3項 …………………………………… 144
87条 ………………………………………… 17
88条 …………………………………… 17・138
89条 …………………………………… 17・138
　　1項 ………………………………… 138・185
90条 …………………………………… 79・222
94条2項 ………………… 58・63・73・81・82・90・
　　　　　　　　91・92・93・109・111・112・113
96条1項 …………………………………… 89
　　3項 ………………………… 58・89・90・92
101条 ……………………………………… 146
103条 ………………………………… 167・187
108条 ……………………………………… 47
110条 ………………………………… 112・113
121条 …………………………………… 89・92
144条 ……………………………………… 98
145条 ……………………………………… 98
147条 ……………………………………… 98
162条1項 …………………………… 103・127
　　1項 …………………………… 98・102・134
　　2項 ……………………… 98・102・103・129・
　　　　　　　　130・132・134・135・136・146
163条 ……………………………………… 161
167条2項 …………………………… 30・210
175条 ………………………………… 20・25・26
176条 ………………… 14・39・44・49・50・51・52・53・
　　　　　　　　58・60・61・62・64・65・66・67・
　　　　　　　　68・70・72・86・88・108・109・118
177条 ……………… 14・42・44・47・49・50・51・58・59・
　　　　　　　　60・61・62・64・65・66・67・69・70・72・
　　　　　　　　73・75・76・77・78・79・80・81・82・83・84・
　　　　　　　　85・86・87・88・89・90・91・92・93・94・96・
　　　　　　　　98・101・102・105・108・109・110・113・117・

118・121・137・170・180・197・200・211・214
178条 …………………… 14・42・43・117・118・119・
　　　　　　　　120・121・122・133・145・148
179条 …………………… 14・40・41・166・211
　　1項 ……………………………………… 41
　　1項ただし書 ………………………………… 41
　　2項 ……………………………………… 41
　　3項 ……………………………………… 42
180条 ………………………………… 123・126
181条 ……………………………………… 130
182条1項 …………………………… 118・123・133
　　2項 ………………………………… 118・123・133
183条 ………………………………… 119・123・133
184条 ………………………………… 119・123・133
185条 ………………………… 127・128・133・134
　　前段 ………………………………… 127・129
　　後段 ……………………………… 127・128・129
186条 ………………… 48・127・129・130・137・146
187条 ………………………………… 134・136
　　1項 ……………………………………… 136
　　2項 ………………………………… 134・136
188条 … 48・110・111・130・136・137・138・146
189条 ………………………………… 138・139
　　1項 ………………………………… 129・130・140
　　2項 ………………………………… 129・139
190条 ……………………………………… 139
　　1項 ……………………………………… 139
　　2項 ……………………………………… 139
191条 ………………… 127・129・130・140
　　前段 ……………………………………… 140
　　後段 ……………………………………… 140
　　ただし書 …………………………………… 140
192条 ……………… 43・64・67・119・121・129・130・
　　　　　　　　144・145・146・148・149・150・151・161
193条 ………………………………… 144・150・151
194条 ………………………………… 144・150・151
195条 ……………………………………… 141
196条 ………………………………… 129・130・139
　　1項 ……………………………………… 140
　　1項ただし書 ………………………………… 140
　　2項 ……………………………………… 140
　　2項ただし書 ………………………………… 141

197条	158	236条	177・178
198条	29・154・155・156	237条	178
199条	29・154・155	238条	178
200条	29・154・156	239条	39・127・178
1項	156	1項	141
2項	157	2項	19・178
201条1項	155	240条	150・178
2項	155	241条	178
3項	156・157	242条	179
202条	29・152・157・159	ただし書	58・179
1項	152・157・158	243条	180
2項	152・157・158・159	244条	180・182・185
203条	159	245条	19・180・181・185
ただし書	160	246条	57・180
205条	160・161	1項	181
206条	166・167	2項	181
207条	167・201	247条1項	181
209条	170・171	2項	182
1項ただし書	171	248条	57・179・181
2項	171	249条	185・186
210条	170・171・172・173・174・213・214	250条	186
2項	172	251条	186・187
211条1項	172	252条	186
2項	172	ただし書	186
212条	172	253条1項	188
213条	173	2項	188
215条	33	254条	188
217条	175	255条	166・186
219条	175	256条1項	189
3項	175	1項ただし書	189
222条	175	2項	189
223条	37	257条	189
225条	175	258条	189
2項	175	1項	189
226条	37	2項	189
227条	175	259条	191
228条	175	260条	191
229条	35・36・37・176・185・189・200	261条	191
231条1項	176	262条	191
2項	176	1項	191
232条	37	2項	191
233条1項	176	3項	191
2項	176	4項	191
234条1項	177	263条	182・216・218・219・222
2項	177	264条	182・185・191
2項ただし書	177	265条	196・197
235条1項	177	266条	196・199・205
2項	177	1項	200

条文	頁
267条	170・200・206
268条	40・197
1項	198・199
2項	197・198
269条	200・206
1項ただし書	200
269条の2	216
2項	201
270条	204・205
271条	206
272条	206
273条	199・206
274条	206
275条	40・199・206
276条	199・206
279条	206
280条	209
281条	208・212・215
1項ただし書	212
282条	212
1項	212
2項	212
283条	210・211
284条	211・212
1項	212
2項	212
3項	212
285条	208・213
287条	40・41・213
288条	208・213
289条	211
290条	211
291条	210・211
292条	211・212
293条	211
294条	216・219・222
302条	29
333条	29
337条	74
338条	74
340条	74
353条	29
369条2項	200
373条	28・72
388条	46・199・201・202
397条	104・105
428条	185・187・212
467条1項	59・62
2項	59・62
478条	161
520条	41
534条	56
544条	212
545条1項ただし書	91・92
560条	66
604条	202
605条	28・72・74・202
612条	202
620条	199
662条	122
667条	184
668条	184
676条	184
703条	139・140
704条	139
709条	33・139
717条	155
1項	33
891条	97
892条	97
898条	184
907条1項	95
938条	97
909条ただし書	96
987条	96
998条	96
1012条	167

● 著者紹介

滝沢 聿代（たきざわ・いつよ）

1940年生まれる。
1963年　お茶の水女子大学英文科卒業。
1968年　東京大学法学部卒業。
1975年　東京大学大学院法学博士。
成城大学法学部教授、法政大学法学部・法科大学院教授を経て
現在、弁護士。

［主な著書］
『物権変動の理論』（有斐閣、1987年）（CD版あり）
『物権変動の理論Ⅱ』（有斐閣、2009年）

物権法
2013年4月10日　第1刷発行

著　者	滝　沢　聿　代
発行者	株式会社　三　省　堂
	代表者　北口克彦
印刷者	三省堂印刷株式会社
発行所	株式会社　三　省　堂

〒101-8371　東京都千代田区三崎町二丁目22番14号
電話　編集　（03）3230-9411
　　　営業　（03）3230-9412
振替口座　　00160-5-54300
http://www.sanseido.co.jp/

Ⓒ I.Takizawa 2013　Printed in Japan

落丁本・乱丁本はお取替えいたします。　　〈滝沢物権法・240pp.〉
ISBN 978-4-385-32077-9

Ⓡ 本書を無断で複写複製することは、著作権法上の例外を除き、禁じられています。本書をコピーされる場合は、事前に日本複製権センター（03-3401-2382）の許諾を受けてください。また、本書を請負業者等の第三者に依頼してスキャン等によってデジタル化することは、たとえ個人や家庭内での利用であっても一切認められておりません。